T&P BOOKS

COREANO

VOCABOLARIO

PER STUDIO AUTODIDATTICO

ITALIANO-COREANO

Le parole più utili
Per ampliare il proprio lessico e affinare
le proprie abilità linguistiche

9000 parole

Vocabolario Italiano-Coreano per studio autodidattico - 9000 parole

Di Andrey Taranov

I vocabolari T&P Books si propongono come strumento di aiuto per apprendere, memorizzare e revisionare l'uso di termini stranieri. Il dizionario si divide in vari argomenti che includono la maggior parte delle attività quotidiane, tra cui affari, scienza, cultura, ecc.

Il processo di apprendimento delle parole attraverso i dizionari divisi in liste tematiche della collana T&P Books offre i seguenti vantaggi:

- Le fonti d'informazione correttamente raggruppate garantiscono un buon risultato nella memorizzazione delle parole
- La possibilità di memorizzare gruppi di parole con la stessa radice (piuttosto che memorizzarle separatamente)
- Piccoli gruppi di parole facilitano il processo di apprendimento per associazione, utile al potenziamento lessicale
- Il livello di conoscenza della lingua può essere valutato attraverso il numero di parole apprese

T&P Books Publishing
www.tpbooks.com

ISBN: 978-1-78616-563-3

Questo libro è disponibile anche in formato e-book.
Visitate il sito www.tpbooks.com o le principali librerie online.

VOCABOLARIO COREANO
per studio autodidattico

I vocabolari T&P Books si propongono come strumento di aiuto per apprendere, memorizzare e revisionare l'uso di termini stranieri. Il vocabolario contiene oltre 9000 parole di uso comune ordinate per argomenti.

- Il vocabolario contiene le parole più comunemente usate
- È consigliato in aggiunta ad un corso di lingua
- Risponde alle esigenze degli studenti di lingue straniere sia essi principianti o di livello avanzato
- Pratico per un uso quotidiano, per gli esercizi di revisione e di autovalutazione
- Consente di valutare la conoscenza del proprio lessico

Caratteristiche specifiche del vocabolario:

- Le parole sono ordinate secondo il proprio significato e non alfabeticamente
- Le parole sono riportate in tre colonne diverse per facilitare il metodo di revisione e autovalutazione
- I gruppi di parole sono divisi in sottogruppi per facilitare il processo di apprendimento
- Il vocabolario offre una pratica e semplice trascrizione fonetica per ogni termine straniero

Il vocabolario contiene 256 argomenti tra cui:

Concetti di Base, Numeri, Colori, Mesi, Stagioni, Unità di Misura, Abbigliamento e Accessori, Cibo e Alimentazione, Ristorante, Membri della Famiglia, Parenti, Personalità, Sentimenti, Emozioni, Malattie, Città, Visita Turistica, Acquisti, Denaro, Casa, Ufficio, Lavoro d'Ufficio, Import-export, Marketing, Ricerca di un Lavoro, Sport, Istruzione, Computer, Internet, Utensili, Natura, Paesi, Nazionalità e altro ancora ...

INDICE

Guida alla pronuncia 11
Abbreviazioni 13

CONCETTI DI BASE 14
Concetti di base. Parte 1 14

1. Pronomi 14
2. Saluti. Convenevoli. Saluti di congedo 14
3. Come rivolgersi 15
4. Numeri cardinali. Parte 1 15
5. Numeri cardinali. Parte 2 16
6. Numeri ordinali 17
7. Numeri. Frazioni 17
8. Numeri. Operazioni aritmetiche di base 17
9. Numeri. Varie 17
10. I verbi più importanti. Parte 1 18
11. I verbi più importanti. Parte 2 19
12. I verbi più importanti. Parte 3 20
13. I verbi più importanti. Parte 4 21
14. Colori 22
15. Domande 22
16. Preposizioni 23
17. Parole grammaticali. Avverbi. Parte 1 23
18. Parole grammaticali. Avverbi. Parte 2 25

Concetti di base. Parte 2 27

19. Giorni della settimana 27
20. Ore. Giorno e notte 27
21. Mesi. Stagioni 28
22. Orario. Varie 30
23. Contrari 31
24. Linee e forme 32
25. Unità di misura 33
26. Contenitori 34
27. Materiali 35
28. Metalli 36

ESSERE UMANO 37
Essere umano. Il corpo umano 37

29. L'uomo. Concetti di base 37
30. Anatomia umana 37

31. Testa 38
32. Corpo umano 39

Abbigliamento e Accessori 40

33. Indumenti. Soprabiti 40
34. Abbigliamento uomo e donna 40
35. Abbigliamento. Biancheria intima 41
36. Copricapo 41
37. Calzature 41
38. Tessuti. Stoffe 42
39. Accessori personali 42
40. Abbigliamento. Varie 43
41. Cura della persona. Cosmetici 43
42. Gioielli 44
43. Orologi da polso. Orologio 45

Cibo. Alimentazione 46

44. Cibo 46
45. Bevande 47
46. Verdure 48
47. Frutta. Noci 49
48. Pane. Dolci 50
49. Pietanze cucinate 50
50. Spezie 51
51. Pasti 52
52. Preparazione della tavola 53
53. Ristorante 53

Famiglia, parenti e amici 54

54. Informazioni personali. Moduli 54
55. Membri della famiglia. Parenti 54
56. Amici. Colleghi 55
57. Uomo. Donna 56
58. Età 56
59. Bambini 57
60. Coppie sposate. Vita di famiglia 57

Personalità. Sentimenti. Emozioni 59

61. Sentimenti. Emozioni 59
62. Personalità. Carattere 60
63. Dormire. Sogni 61
64. Umorismo. Risata. Felicità 62
65. Discussione. Conversazione. Parte 1 62
66. Discussione. Conversazione. Parte 2 63
67. Discussione. Conversazione. Parte 3 65
68. Accordo. Rifiuto 65
69. Successo. Fortuna. Fiasco 66
70. Dispute. Sentimenti negativi 66

Medicinali 69

71. Malattie 69
72. Sintomi. Cure. Parte 1 70
73. Sintomi. Cure. Parte 2 71
74. Sintomi. Cure. Parte 3 72
75. Medici 73
76. Medicinali. Farmaci. Accessori 73
77. Fumo. Prodotti di tabaccheria 74

HABITAT UMANO 75
Città 75

78. Città. Vita di città 75
79. Servizi cittadini 76
80. Cartelli 77
81. Mezzi pubblici in città 78
82. Visita turistica 79
83. Acquisti 80
84. Denaro 81
85. Posta. Servizio postale 82

Abitazione. Casa 83

86. Casa. Abitazione 83
87. Casa. Ingresso. Ascensore 84
88. Casa. Elettricità 84
89. Casa. Porte. Serrature 84
90. Casa di campagna 85
91. Villa. Palazzo 85
92. Castello. Reggia 86
93. Appartamento 86
94. Appartamento. Pulizie 87
95. Arredamento. Interno 87
96. Biancheria da letto 88
97. Cucina 88
98. Bagno 89
99. Elettrodomestici 90
100. Riparazioni. Restauro 90
101. Impianto idraulico 91
102. Incendio. Conflagrazione 91

ATTIVITÀ UMANA 93
Lavoro. Affari. Parte 1 93

103. Ufficio. Lavorare in ufficio 93
104. Operazioni d'affari. Parte 1 94
105. Operazioni d'affari. Parte 2 95
106. Attività produttiva. Lavori 96
107. Contratto. Accordo 97
108. Import-export 98

109. Mezzi finanziari 98
110. Marketing 99
111. Pubblicità 99
112. Attività bancaria 100
113. Telefono. Conversazione telefonica 101
114. Telefono cellulare 101
115. Articoli di cancelleria 102
116. Diversi tipi di documenti 102
117. Generi di attività commerciali 103

Lavoro. Affari. Parte 2 106

118. Spettacolo. Mostra 106
119. Mezzi di comunicazione di massa 107
120. Agricoltura 108
121. Edificio. Attività di costruzione 109
122. Scienza. Ricerca. Scienziati 110

Professioni e occupazioni 111

123. Ricerca di un lavoro. Licenziamento 111
124. Gente d'affari 111
125. Professioni amministrative 112
126. Professioni militari e gradi 113
127. Funzionari. Sacerdoti 114
128. Professioni agricole 114
129. Professioni artistiche 115
130. Professioni varie 115
131. Attività lavorative. Condizione sociale 117

Sport 118

132. Tipi di sport. Sportivi 118
133. Tipi di sport. Varie 119
134. Palestra 119
135. Hockey 120
136. Calcio 120
137. Sci alpino 122
138. Tennis. Golf 122
139. Scacchi 123
140. Pugilato 123
141. Sport. Varie 124

Istruzione 126

142. Scuola 126
143. Istituto superiore. Università 127
144. Scienze. Discipline 128
145. Sistema di scrittura. Ortografia 128
146. Lingue straniere 129

147. Personaggi delle fiabe 130
148. Segni zodiacali 131

Arte 132

149. Teatro 132
150. Cinema 133
151. Pittura 134
152. Letteratura e poesia 135
153. Circo 135
154. Musica. Musica pop 136

Ristorante. Intrattenimento. Viaggi 138

155. Escursione. Viaggio 138
156. Hotel 138
157. Libri. Lettura 139
158. Caccia. Pesca 141
159. Ciochi. Biliardo 142
160. Giochi. Carte da gioco 142
161. Casinò. Roulette 142
162. Riposo. Giochi. Varie 143
163. Fotografia 143
164. Spiaggia. Nuoto 144

ATTREZZATURA TECNICA. MEZZI DI TRASPORTO 146
Attrezzatura tecnica 146

165. Computer 146
166. Internet. Posta elettronica 147
167. Elettricità 148
168. Utensili 148

Mezzi di trasporto 151

169. Aeroplano 151
170. Treno 152
171. Nave 153
172. Aeroporto 154
173. Bicicletta. Motocicletta 155

Automobili 156

174. Tipi di automobile 156
175. Automobili. Carrozzeria 156
176. Automobili. Vano passeggeri 157
177. Automobili. Motore 158
178. Automobili. Incidente. Riparazione 159
179. Automobili. Strada 160
180. Segnaletica stradale 161

GENTE. SITUAZIONI QUOTIDIANE 162
Situazioni quotidiane 162

181. Vacanze. Evento 162
182. Funerali. Sepoltura 163
183. Guerra. Soldati 163
184. Guerra. Azioni militari. Parte 1 165
185. Guerra. Azioni militari. Parte 2 166
186. Armi 167
187. Gli antichi 169
188. Il Medio Evo 169
189. Leader. Capo. Le autorità 171
190. Strada. Via. Indicazioni 172
191. Infrangere la legge. Criminali. Parte 1 173
192. Infrangere la legge. Criminali. Parte 2 174
193. Polizia. Legge. Parte 1 175
194. Polizia. Legge. Parte 2 176

LA NATURA 178
La Terra. Parte 1 178

195. L'Universo 178
196. La Terra 179
197. Punti cardinali 180
198. Mare. Oceano 180
199. Nomi dei mari e degli oceani 181
200. Montagne 182
201. Nomi delle montagne 183
202. Fiumi 183
203. Nomi dei fiumi 184
204. Foresta 184
205. Risorse naturali 185

La Terra. Parte 2 187

206. Tempo 187
207. Rigide condizioni metereologiche. Disastri naturali 188
208. Rumori. Suoni 188
209. Inverno 189

Fauna 191

210. Mammiferi. Predatori 191
211. Animali selvatici 191
212. Animali domestici 192
213. Cani. Razze canine 193
214. Versi emessi dagli animali 194
215. Cuccioli di animali 194
216. Uccelli 195
217. Uccelli. Cinguettio e versi 196
218. Pesci. Animali marini 196
219. Anfibi. Rettili 197

220. Insetti 198
221. Animali. Parti del corpo 198
222. Azioni degli animali 199
223. Animali. Ambiente naturale 199
224. Cura degli animali 200
225. Animali. Varie 201
226. Cavalli 201

Flora 203

227. Alberi 203
228. Arbusti 203
229. Funghi 204
230. Frutti. Bacche 204
231. Fiori. Piante 205
232. Cereali, granaglie 206
233. Ortaggi. Verdure 207

GEOGRAFIA REGIONALE 208
Paesi. Nazionalità 208

234. Europa occidentale 208
235. Europa centrale e orientale 210
236. Paesi dell'ex Unione Sovietica 211
237. Asia 212
238. America del Nord 214
239. America centrale e America del Sud 214
240. Africa 215
241. Australia. Oceania 216
242. Città 216
243. Politica. Governo. Parte 1 217
244. Politica. Governo. Parte 2 219
245. Paesi. Varie 220
246. Principali gruppi religiosi. Credi religiosi 220
247. Religioni. Sacerdoti 222
248. Fede. Cristianesimo. Islam 222

VARIE 225

249. Varie parole utili 225
250. Modificatori. Aggettivi. Parte 1 226
251. Modificatori. Aggettivi. Parte 2 228

I 500 VERBI PRINCIPALI 231

252. Verbi A-C 231
253. Verbi D-G 234
254. Verbi I-O 235
255. Verbi P-R 237
256. Verbi S-V 239

GUIDA ALLA PRONUNCIA

Lettera	Esempio coreano	Alfabeto fonetico T&P	Esempio italiano

Consonanti

Lettera	Esempio coreano	Alfabeto fonetico T&P	Esempio italiano
ㄱ [1]	개	[k]	cometa
ㄱ [2]	아기	[g]	guerriero
ㄲ	겹	[k]	secco
ㄴ	눈	[n]	notte
ㄷ [3]	달	[t]	tattica
ㄷ [4]	사다리	[d]	doccia
ㄸ	딸	[t]	viottolo
ㄹ [5]	라디오	[r]	ritmo, raro
ㄹ [6]	십팔	[l]	saluto
ㅁ	문	[m]	mostra
ㅂ [7]	봄	[p]	pieno
ㅂ [8]	아버지	[b]	bianco
ㅃ	빵	[p]	troppo
ㅅ [9]	실	[s]	sapere
ㅅ [10]	옷	[t]	tattica
ㅆ	쌀	[ja:]	piazza
ㅇ [11]	강	[ŋg]	unghia
ㅈ [12]	집	[tɕ]	come [tch] ma più schiacciato
ㅈ [13]	아주	[dʑ]	giraffa
ㅉ	잠	[tɕ]	[tch] duro
ㅊ	차	[tʃh]	[tsch] aspirate
ㅌ	택시	[th]	[t] aspirate
ㅋ	칼	[kh]	[k] aspirate
ㅍ	포도	[ph]	[p] aspirate
ㅎ	한국	[h]	[h] aspirate

Vocali e combinazioni di vocali

Lettera	Esempio coreano	Alfabeto fonetico T&P	Esempio italiano
ㅏ	사	[a]	macchia
ㅑ	향	[ja]	piazza
ㅓ	머리	[ʌ]	fare

Lettera	Esempio coreano	Alfabeto fonetico T&P	Esempio italiano
ㅕ	병	[jɑ]	piazza
ㅗ	몸	[o]	notte
ㅛ	표	[jɔ]	New York
ㅜ	물	[u]	prugno
ㅠ	슈퍼	[ju]	aiutare
ㅡ	음악	[ı]	tattica
ㅣ	길	[i], [i:]	vittoria
ㅐ	뱀	[ɛ], [ɛ:]	bestia
ㅒ	얘기	[je]	pietra
ㅔ	펜	[e]	meno, leggere
ㅖ	계산	[je]	pietra
ㅘ	왕	[wa]	arrivare
ㅙ	왜	[ʊə]	quest'anno
ㅚ	회의	[ø], [we]	oblò, web
ㅝ	권	[uɔ]	fuoco
ㅞ	웬	[ʊə]	quest'anno
ㅟ	쥐	[wi]	kiwi
ㅢ	거의	[ɯi]	combinazione [ıi]

Note di commento

1 all'inizio di una parola
2 tra due suoni vocalizzati
3 all'inizio di una parola
4 tra due suoni vocalizzati
5 all'inizio di una sillaba
6 alla fine di una sillaba
7 all'inizio di una parola
8 tra due suoni vocalizzati
9 all'inizio di una sillaba
10 alla fine di una sillaba
11 alla fine di una sillaba
12 all'inizio di una parola
13 tra due suoni vocalizzati

ABBREVIAZIONI
usate nel vocabolario

Italiano. Abbreviazioni

agg	-	aggettivo
anim.	-	animato
avv	-	avverbio
cong	-	congiunzione
ecc.	-	eccetera
f	-	sostantivo femminile
f pl	-	femminile plurale
fem.	-	femminile
form.	-	formale
inanim.	-	inanimato
inform.	-	familiare
m	-	sostantivo maschile
m pl	-	maschile plurale
m, f	-	maschile, femminile
masc.	-	maschile
mil.	-	militare
pl	-	plurale
pron	-	pronome
qc	-	qualcosa
qn	-	qualcuno
sing.	-	singolare
v aus	-	verbo ausiliare
vi	-	verbo intransitivo
vi, vt	-	verbo intransitivo, transitivo
vr	-	verbo riflessivo
vt	-	verbo transitivo

CONCETTI DI BASE

Concetti di base. Parte 1

1. Pronomi

io	나, 저	na
tu	너	neo
lui	그, 그분	geu, geu-bun
lei	그녀	geu-nyeo
esso	그것	geu-geot
noi	우리	u-ri
voi	너희	neo-hui
Lei	당신	dang-sin
loro	그들	geu-deul

2. Saluti. Convenevoli. Saluti di congedo

Salve!	안녕!	an-nyeong!
Buongiorno!	안녕하세요!	an-nyeong-ha-se-yo!
Buongiorno! (la mattina)	안녕하세요!	an-nyeong-ha-se-yo!
Buon pomeriggio!	안녕하세요!	an-nyeong-ha-se-yo!
Buonasera!	안녕하세요!	an-nyeong-ha-se-yo!
salutare (vt)	인사하다	in-sa-ha-da
Ciao! Salve!	안녕!	an-nyeong!
saluto (m)	인사	in-sa
salutare (vt)	인사하다	in-sa-ha-da
Come sta? Come stai?	잘 지내세요?	jal ji-nae-se-yo?
Che c'è di nuovo?	어떻게 지내?	eo-tteo-ke ji-nae?
Arrivederci!	안녕히 가세요!	an-nyeong-hi ga-se-yo!
A presto!	또 만나요!	tto man-na-yo!
Addio! (inform.)	잘 있어!	jal ri-seo!
Addio! (form.)	안녕히 계세요!	an-nyeong-hi gye-se-yo!
congedarsi (vr)	작별인사를 하다	jak-byeo-rin-sa-reul ha-da
Ciao! (A presto!)	안녕!	an-nyeong!
Grazie!	감사합니다!	gam-sa-ham-ni-da!
Grazie mille!	대단히 감사합니다!	dae-dan-hi gam-sa-ham-ni-da!
Prego	천만이에요	cheon-man-i-e-yo
Non c'è di che!	천만의 말씀입니다	cheon-man-ui mal-sseum-im-ni-da
Di niente	천만에	cheon-man-e

Scusa!	실례!	sil-lye!
Scusi!	실례합니다!	sil-lye-ham-ni-da!
scusare (vt)	용서하다	yong-seo-ha-da
scusarsi (vr)	사과하다	sa-gwa-ha-da
Chiedo scusa	사과드립니다	sa-gwa-deu-rim-ni-da
Mi perdoni!	죄송합니다!	joe-song-ham-ni-da!
perdonare (vt)	용서하다	yong-seo-ha-da
per favore	부탁합니다	bu-tak-am-ni-da
Non dimentichi!	잊지 마십시오!	it-ji ma-sip-si-o!
Certamente!	물론이에요!	mul-lon-i-e-yo!
Certamente no!	물론 아니에요!	mul-lon a-ni-e-yo!
D'accordo!	그래요!	geu-rae-yo!
Basta!	그만!	geu-man!

3. Come rivolgersi

signore	선생	seon-saeng
signora	여사님	yeo-sa-nim
signorina	아가씨	a-ga-ssi
signore	젊은 분	jeol-meun bun
ragazzo	꼬마	kko-ma
ragazza	꼬마	kko-ma

4. Numeri cardinali. Parte 1

zero (m)	영	yeong
uno	일	il
due	이	i
tre	삼	sam
quattro	사	sa
cinque	오	o
sei	육	yuk
sette	칠	chil
otto	팔	pal
nove	구	gu
dieci	십	sip
undici	십일	si-bil
dodici	십이	si-bi
tredici	십삼	sip-sam
quattordici	십사	sip-sa
quindici	십오	si-bo
sedici	십육	si-byuk
diciassette	십칠	sip-chil
diciotto	십팔	sip-pal
diciannove	십구	sip-gu
venti	이십	i-sip
ventuno	이십일	i-si-bil

ventidue	이십이	i-si-bi
ventitre	이십삼	i-sip-sam
trenta	삼십	sam-sip
trentuno	삼십일	sam-si-bil
trentadue	삼십이	sam-si-bi
trentatre	삼십삼	sam-sip-sam
quaranta	사십	sa-sip
quarantuno	사십일	sa-si-bil
quarantadue	사십이	sa-si-bi
quarantatre	사십삼	sa-sip-sam
cinquanta	오십	o-sip
cinquantuno	오십일	o-si-bil
cinquantadue	오십이	o-si-bi
cinquantatre	오십삼	o-sip-sam
sessanta	육십	yuk-sip
sessantuno	육십일	yuk-si-bil
sessantadue	육십이	yuk-si-bi
sessantatre	육십삼	yuk-sip-sam
settanta	칠십	chil-sip
settantuno	칠십일	chil-si-bil
settantadue	칠십이	chil-si-bi
settantatre	칠십삼	chil-sip-sam
ottanta	팔십	pal-sip
ottantuno	팔십일	pal-si-bil
ottantadue	팔십이	pal-si-bi
ottantatre	팔십삼	pal-sip-sam
novanta	구십	gu-sip
novantuno	구십일	gu-si-bil
novantadue	구십이	gu-si-bi
novantatre	구십삼	gu-sip-sam

5. Numeri cardinali. Parte 2

cento	백	baek
duecento	이백	i-baek
trecento	삼백	sam-baek
quattrocento	사백	sa-baek
cinquecento	오백	o-baek
seicento	육백	yuk-baek
settecento	칠백	chil-baek
ottocento	팔백	pal-baek
novecento	구백	gu-baek
mille	천	cheon
duemila	이천	i-cheon
tremila	삼천	sam-cheon

diecimila	만	man
centomila	십만	sim-man
milione (m)	백만	baeng-man
miliardo (m)	십억	si-beok

6. Numeri ordinali

primo	첫 번째의	cheot beon-jjae-ui
secondo	두 번째의	du beon-jjae-ui
terzo	세 번째의	se beon-jjae-ui
quarto	네 번째의	ne beon-jjae-ui
quinto	다섯 번째의	da-seot beon-jjae-ui
sesto	여섯 번째의	yeo-seot beon-jjae-ui
settimo	일곱 번째의	il-gop beon-jjae-ui
ottavo	여덟 번째의	yeo-deol beon-jjae-ui
nono	아홉 번째의	a-hop beon-jjae-ui
decimo	열 번째의	yeol beon-jjae-ui

7. Numeri. Frazioni

frazione (f)	분수	bun-su
un mezzo	이분의 일	i-bun-ui il
un terzo	삼분의 일	sam-bun-ui il
un quarto	사분의 일	sa-bun-ui il
un ottavo	팔분의 일	pal-bun-ui il
un decimo	십분의 일	sip-bun-ui il
due terzi	삼분의 이	sam-bun-ui i
tre quarti	사분의 삼	sa-bun-ui sam

8. Numeri. Operazioni aritmetiche di base

sottrazione (f)	빼기	ppae-gi
sottrarre (vt)	빼다	ppae-da
divisione (f)	나누기	na-nu-gi
dividere (vt)	나누다	na-nu-da
addizione (f)	더하기	deo-ha-gi
addizionare (vt)	합하다	ha-pa-da
aggiungere (vt)	더하다	deo-ha-da
moltiplicazione (f)	곱하기	go-pa-gi
moltiplicare (vt)	곱하다	go-pa-da

9. Numeri. Varie

cifra (f)	숫자	sut-ja
numero (m)	숫자	sut-ja

numerale (m)	수사	su-sa
meno (m)	마이너스	ma-i-neo-seu
più (m)	플러스	peul-leo-seu
formula (f)	공식	gong-sik
calcolo (m)	계산	gye-san
contare (vt)	세다	se-da
calcolare (vt)	헤아리다	he-a-ri-da
comparare (vt)	비교하다	bi-gyo-ha-da
Quanto?	얼마?	eol-ma?
Quanti?	얼마나?	eo-di-ro?
somma (f)	총합	chong-hap
risultato (m)	결과	gyeol-gwa
resto (m)	나머지	na-meo-ji
qualche ...	몇	myeot
un po' di ...	조금	jo-geum
resto (m)	나머지	na-meo-ji
uno e mezzo	일과 이분의 일	il-gwa i-bun-ui il
dozzina (f)	다스	da-seu
in due	반으로	ba-neu-ro
in parti uguali	균등하게	gyun-deung-ha-ge
metà (f), mezzo (m)	절반	jeol-ban
volta (f)	번	beon

10. I verbi più importanti. Parte 1

accorgersi (vr)	알아차리다	a-ra-cha-ri-da
afferrare (vt)	잡다	jap-da
affittare (dare in affitto)	임대하다	im-dae-ha-da
aiutare (vt)	도와주다	do-wa-ju-da
amare (qn)	사랑하다	sa-rang-ha-da
andare (camminare)	가다	ga-da
annotare (vt)	적다	jeok-da
appartenere (vi)	… 에 속하다	… e sok-a-da
aprire (vt)	열다	yeol-da
arrivare (vi)	도착하다	do-chak-a-da
aspettare (vt)	기다리다	gi-da-ri-da
avere (vt)	가지다	ga-ji-da
avere fame	배가 고프다	bae-ga go-peu-da
avere fretta	서두르다	seo-du-reu-da
avere paura	무서워하다	mu-seo-wo-ha-da
avere sete	목마르다	mong-ma-reu-da
avvertire (vt)	경고하다	gyeong-go-ha-da
cacciare (vt)	사냥하다	sa-nyang-ha-da
cadere (vi)	떨어지다	tteo-reo-ji-da
cambiare (vt)	바꾸다	ba-kku-da
capire (vt)	이해하다	i-hae-ha-da

cenare (vi)	저녁을 먹다	jeo-nyeo-geul meok-da
cercare (vt)	… 를 찾다	… reul chat-da
cessare (vt)	그만두다	geu-man-du-da
chiedere (~ aiuto)	부르다, 요청하다	bu-reu-da, yo-cheong-ha-da
chiedere (domandare)	묻다	mut-da
cominciare (vt)	시작하다	si-jak-a-da
comparare (vt)	비교하다	bi-gyo-ha-da
confondere (vt)	혼동하다	hon-dong-ha-da
conoscere (qn)	알다	al-da
conservare (vt)	보관하다	bo-gwan-ha-da
consigliare (vt)	조언하다	jo-eon-ha-da
contare (calcolare)	세다	se-da
contare su …	… 에 의지하다	… e ui-ji-ha-da
continuare (vt)	계속하다	gye-sok-a-da
controllare (vt)	제어하다	je-eo-ha-da
correre (vi)	달리다	dal-li-da
costare (vt)	값이 … 이다	gap-si … i-da
creare (vt)	창조하다	chang-jo-ha-da
cucinare (vi)	요리하다	yo-ri-ha-da

11. I verbi più importanti. Parte 2

dare (vt)	주다	ju-da
dare un suggerimento	힌트를 주다	hin-teu-reul ju-da
decorare (adornare)	장식하다	jang-sik-a-da
difendere (~ un paese)	방어하다	bang-eo-ha-da
dimenticare (vt)	잊다	it-da
dire (~ la verità)	말하다	mal-ha-da
dirigere (compagnia, ecc.)	운영하다	u-nyeong-ha-da
discutere (vt)	의논하다	ui-non-ha-da
domandare (vt)	부탁하다	bu-tak-a-da
dubitare (vi)	의심하다	ui-sim-ha-da
entrare (vi)	들어가다	deu-reo-ga-da
esigere (vt)	요구하다	yo-gu-ha-da
esistere (vi)	존재하다	jon-jae-ha-da
essere d'accordo	동의하다	dong-ui-ha-da
fare (vt)	하다	ha-da
fare colazione	아침을 먹다	a-chi-meul meok-da
fare il bagno	수영하다	su-yeong-ha-da
fermarsi (vr)	정지하다	jeong-ji-ha-da
fidarsi (vr)	신뢰하다	sil-loe-ha-da
finire (vt)	끝내다	kkeun-nae-da
firmare (~ un documento)	서명하다	seo-myeong-ha-da
giocare (vi)	놀다	nol-da
girare (~ a destra)	돌다	dol-da
gridare (vi)	소리치다	so-ri-chi-da

indovinare (vt)	추측하다	chu-cheuk-a-da
informare (vt)	알리다	al-li-da
ingannare (vt)	속이다	so-gi-da
insistere (vi)	주장하다	ju-jang-ha-da
insultare (vt)	모욕하다	mo-yok-a-da
interessarsi di …	… 에 관심을 가지다	… e gwan-si-meul ga-ji-da
invitare (vt)	초대하다	cho-dae-ha-da
lamentarsi (vr)	불평하다	bul-pyeong-ha-da
lasciar cadere	떨어뜨리다	tteo-reo-tteu-ri-da
lavorare (vi)	일하다	il-ha-da
leggere (vi, vt)	읽다	ik-da
liberare (vt)	해방하다	hae-bang-ha-da

12. I verbi più importanti. Parte 3

mancare le lezioni	결석하다	gyeol-seok-a-da
mandare (vt)	보내다	bo-nae-da
menzionare (vt)	언급하다	eon-geu-pa-da
minacciare (vt)	협박하다	hyeop-bak-a-da
mostrare (vt)	보여주다	bo-yeo-ju-da
nascondere (vt)	숨기다	sum-gi-da
nuotare (vi)	수영하다	su-yeong-ha-da
obiettare (vt)	반대하다	ban-dae-ha-da
occorrere (vimp)	필요하다	pi-ryo-ha-da
ordinare (~ il pranzo)	주문하다	ju-mun-ha-da
ordinare (mil.)	명령하다	myeong-nyeong-ha-da
osservare (vt)	지켜보다	ji-kyeo-bo-da
pagare (vi, vt)	지불하다	ji-bul-ha-da
parlare (vi, vt)	말하다	mal-ha-da
partecipare (vi)	참가하다	cham-ga-ha-da
pensare (vi, vt)	생각하다	saeng-gak-a-da
perdonare (vt)	용서하다	yong-seo-ha-da
permettere (vt)	허가하다	heo-ga-ha-da
piacere (vi)	좋아하다	jo-a-ha-da
piangere (vi)	울다	ul-da
pianificare (vt)	계획하다	gye-hoek-a-da
possedere (vt)	소유하다	so-yu-ha-da
potere (v aus)	할 수 있다	hal su it-da
pranzare (vi)	점심을 먹다	jeom-si-meul meok-da
preferire (vt)	선호하다	seon-ho-ha-da
pregare (vi, vt)	기도하다	gi-do-ha-da
prendere (vt)	잡다	jap-da
prevedere (vt)	예상하다	ye-sang-ha-da
promettere (vt)	약속하다	yak-sok-a-da
pronunciare (vt)	발음하다	ba-reum-ha-da
proporre (vt)	제안하다	je-an-ha-da
punire (vt)	처벌하다	cheo-beol-ha-da

raccomandare (vt)	추천하다	chu-cheon-ha-da
ridere (vi)	웃다	ut-da
rifiutarsi (vr)	거절하다	geo-jeol-ha-da
rincrescere (vi)	후회하다	hu-hoe-ha-da
ripetere (ridire)	반복하다	ban-bok-a-da
riservare (vt)	예약하다	ye-yak-a-da
rispondere (vi, vt)	대답하다	dae-da-pa-da
rompere (spaccare)	깨뜨리다	kkae-tteu-ri-da
rubare (~ i soldi)	훔치다	hum-chi-da

13. I verbi più importanti. Parte 4

salvare (~ la vita a qn)	구조하다	gu-jo-ha-da
sapere (vt)	알다	al-da
sbagliare (vi)	실수하다	sil-su-ha-da
scavare (vt)	파다	pa-da
scegliere (vt)	선택하다	seon-taek-a-da
scendere (vi)	내려오다	nae-ryeo-o-da
scherzare (vi)	농담하다	nong-dam-ha-da
scrivere (vt)	쓰다	sseu-da
scusarsi (vr)	사과하다	sa-gwa-ha-da
sedersi (vr)	앉다	an-da
seguire (vt)	… 를 따라가다	… reul tta-ra-ga-da
sgridare (vt)	꾸짖다	kku-jit-da
significare (vt)	의미하다	ui-mi-ha-da
sorridere (vi)	미소를 짓다	mi-so-reul jit-da
sottovalutare (vt)	과소평가하다	gwa-so-pyeong-ga-ha-da
sparare (vi)	쏘다	sso-da
sperare (vi, vt)	희망하다	hui-mang-ha-da
spiegare (vt)	설명하다	seol-myeong-ha-da
studiare (vt)	공부하다	gong-bu-ha-da
stupirsi (vr)	놀라다	nol-la-da
tacere (vi)	침묵을 지키다	chim-mu-geul ji-ki-da
tentare (vt)	해보다	hae-bo-da
toccare (~ con le mani)	닿다	da-ta
tradurre (vt)	번역하다	beo-nyeok-a-da
trovare (vt)	찾다	chat-da
uccidere (vt)	죽이다	ju-gi-da
udire (percepire suoni)	듣다	deut-da
unire (vt)	연합하다	yeon-ha-pa-da
uscire (vi)	나가다	na-ga-da
vantarsi (vr)	자랑하다	ja-rang-ha-da
vedere (vt)	보다	bo-da
vendere (vt)	팔다	pal-da
volare (vi)	날다	nal-da
volere (desiderare)	원하다	won-ha-da

14. Colori

colore (m)	색	sae
sfumatura (f)	색조	saek-jo
tono (m)	색상	saek-sang
arcobaleno (m)	무지개	mu-ji-gae
bianco (agg)	흰	huin
nero (agg)	검은	geo-meun
grigio (agg)	회색의	hoe-sae-gui
verde (agg)	초록색의	cho-rok-sae-gui
giallo (agg)	노란	no-ran
rosso (agg)	빨간	ppal-gan
blu (agg)	파란	pa-ran
azzurro (agg)	하늘색의	ha-neul-sae-gui
rosa (agg)	분홍색의	bun-hong-sae-gui
arancione (agg)	주황색의	ju-hwang-sae-gui
violetto (agg)	보라색의	bo-ra-sae-gui
marrone (agg)	갈색의	gal-sae-gui
d'oro (agg)	금색의	geum-sae-gui
argenteo (agg)	은색의	eun-sae-gui
beige (agg)	베이지색의	be-i-ji-sae-gui
color crema (agg)	크림색의	keu-rim-sae-gui
turchese (agg)	청록색의	cheong-nok-sae-gui
rosso ciliegia (agg)	암적색의	am-jeok-sae-gui
lilla (agg)	연보라색의	yeon-bo-ra-sae-gui
rosso lampone (agg)	진홍색의	jin-hong-sae-gui
chiaro (agg)	밝은	bal-geun
scuro (agg)	짙은	ji-teun
vivo, vivido (agg)	선명한	seon-myeong-han
colorato (agg)	색의	sae-gui
a colori	컬러의	keol-leo-ui
bianco e nero (agg)	흑백의	heuk-bae-gui
in tinta unita	단색의	dan-sae-gui
multicolore (agg)	다색의	da-sae-gui

15. Domande

Chi?	누구?	nu-gu?
Che cosa?	무엇?	mu-eot?
Dove? (in che luogo?)	어디?	eo-di?
Dove? (~ vai?)	어디로?	eo-di-ro?
Di dove?, Da dove?	어디로부터?	eo-di-ro-bu-teo?
Quando?	언제?	eon-je?
Perché? (per quale scopo?)	왜?	wae?
Perché? (per quale ragione?)	왜?	wae?
Per che cosa?	무엇을 위해서?	mu-eos-eul rwi-hae-seo?

Come?	어떻게?	eo-tteo-ke?
Che? (~ colore è?)	어떤?	eo-tteon?
Quale?	어느?	eo-neu?
A chi?	누구에게?	nu-gu-e-ge?
Di chi?	누구에 대하여?	nu-gu-e dae-ha-yeo?
Di che cosa?	무엇에 대하여?	mu-eos-e dae-ha-yeo?
Con chi?	누구하고?	nu-gu-ha-go?
Quanti?, Quanto?	얼마?	eol-ma?
Di chi?	누구의?	nu-gu-ui?

16. Preposizioni

con (tè ~ il latte)	… 하고	... ha-go
senza	없이	eop-si
a (andare ~ ...)	… 에	... e
di (parlare ~ ...)	… 에 대하여	... e dae-ha-yeo
prima di ...	전에	jeon-e
di fronte a ...	… 앞에	... a-pe
sotto (avv)	밑에	mi-te
sopra (al di ~)	위에	wi-e
su (sul tavolo, ecc.)	위에	wi-e
da, di (via da ..., fuori di ...)	… 에서	... e-seo
di (fatto ~ cartone)	… 로	... ro
fra (~ dieci minuti)	… 안에	... a-ne
attraverso (dall'altra parte)	너머	dwi-e

17. Parole grammaticali. Avverbi. Parte 1

Dove?	어디?	eo-di?
qui (in questo luogo)	여기	yeo-gi
lì (in quel luogo)	거기	geo-gi
da qualche parte (essere ~)	어딘가	eo-din-ga
da nessuna parte	어디도	eo-di-do
vicino a ...	옆에	yeo-pe
vicino alla finestra	창문 옆에	chang-mun nyeo-pe
Dove?	어디로?	eo-di-ro?
qui (vieni ~)	여기로	yeo-gi-ro
ci (~ vado stasera)	거기로	geo-gi-ro
da qui	여기서	yeo-gi-seo
da lì	거기서	geo-gi-seo
vicino, accanto (avv)	가까이	ga-kka-i
lontano (avv)	멀리	meol-li
vicino (~ a Parigi)	근처에	geun-cheo-e
vicino (qui ~)	인근에	in-geu-ne

non lontano	멀지 않게	meol-ji an-ke
sinistro (agg)	왼쪽의	oen-jjo-gui
a sinistra (rimanere ~)	왼쪽에	oen-jjo-ge
a sinistra (girare ~)	왼쪽으로	oen-jjo-geu-ro
destro (agg)	오른쪽의	o-reun-jjo-gui
a destra (rimanere ~)	오른쪽에	o-reun-jjo-ge
a destra (girare ~)	오른쪽으로	o-reun-jjo-geu-ro
davanti	앞쪽에	ap-jjo-ge
anteriore (agg)	앞의	a-pui
avanti	앞으로	a-peu-ro
dietro (avv)	뒤에	dwi-e
da dietro	뒤에서	dwi-e-seo
indietro	뒤로	dwi-ro
mezzo (m), centro (m)	가운데	ga-un-de
in mezzo, al centro	가운데에	ga-un-de-e
di fianco	옆에	yeo-pe
dappertutto	모든 곳에	mo-deun gos-e
attorno	주위에	ju-wi-e
da dentro	내면에서	nae-myeon-e-seo
da qualche parte (andare ~)	어딘가에	eo-din-ga-e
dritto (direttamente)	똑바로	ttok-ba-ro
indietro	뒤로	dwi-ro
da qualsiasi parte	어디에서든지	eo-di-e-seo-deun-ji
da qualche posto (veniamo ~)	어디로부터인지	eo-di-ro-bu-teo-in-ji
in primo luogo	첫째로	cheot-jjae-ro
in secondo luogo	둘째로	dul-jjae-ro
in terzo luogo	셋째로	set-jjae-ro
all'improvviso	갑자기	gap-ja-gi
all'inizio	처음에	cheo-eum-e
per la prima volta	처음으로	cheo-eu-meu-ro
molto tempo prima di...	… 오래 전에	… o-rae jeon-e
di nuovo	다시	da-si
per sempre	영원히	yeong-won-hi
mai	절대로	jeol-dae-ro
ancora	다시	da-si
adesso	이제	i-je
spesso (avv)	자주	ja-ju
allora	그때	geu-ttae
urgentemente	급히	geu-pi
di solito	보통으로	bo-tong-eu-ro
a proposito, ...	그건 그렇고, …	geu-geon geu-reo-ko, …
è possibile	가능한	ga-neung-han
probabilmente	아마	a-ma
forse	어쩌면	eo-jjeo-myeon

inoltre ...	게다가 …	ge-da-ga ...
ecco perché ...	그래서 …	geu-rae-seo ...
nonostante (~ tutto)	… 에도 불구하고	... e-do bul-gu-ha-go
grazie a ...	… 덕분에	... deok-bun-e
qualcosa (qualsiasi cosa)	무엇인가	mu-eon-nin-ga
qualcosa (le serve ~?)	무엇이든지	mu-eon-ni-deun-ji
niente	아무것도	a-mu-geot-do
qualcuno (annuire a ~)	누구	nu-gu
qualcuno (dipendere da ~)	누군가	nu-gun-ga
nessuno	아무도	a-mu-do
da nessuna parte	아무데도	a-mu-de-do
di nessuno	누구의 것도 아닌	nu-gu-ui geot-do a-nin
di qualcuno	누군가의	nu-gun-ga-ui
così (era ~ arrabbiato)	그래서	geu-rae-seo
anche (penso ~ a ...)	역시	yeok-si
anche, pure	또한	tto-han

18. Parole grammaticali. Avverbi. Parte 2

Perché?	왜?	wae?
per qualche ragione	어떤 이유로	eo-tteon ni-yu-ro
perché ...	왜냐하면 …	wae-nya-ha-myeon ...
per qualche motivo	어떤 목적으로	eo-tteon mok-jeo-geu-ro
e (cong)	그리고	geu-ri-go
o (sì ~ no?)	또는	tto-neun
ma (però)	그러나	geu-reo-na
per (~ me)	위해서	wi-hae-seo
troppo	너무	neo-mu
solo (avv)	… 만	... man
esattamente	정확하게	jeong-hwak-a-ge
circa (~ 10 dollari)	약	yak
approssimativamente	대략	dae-ryak
approssimativo (agg)	대략적인	dae-ryak-jeo-gin
quasi	거의	geo-ui
resto	나머지	na-meo-ji
ogni (agg)	각각의	gak-ga-gui
qualsiasi (agg)	아무	a-mu
molti, molto	많이	ma-ni
molta gente	많은 사람들	ma-neun sa-ram-deul
tutto, tutti	모두	mo-du
in cambio di ...	… 의 교환으로	... ui gyo-hwa-neu-ro
in cambio	교환으로	gyo-hwa-neu-ro
a mano (fatto ~)	수공으로	su-gong-eu-ro
poco probabile	거의	geo-ui
probabilmente	아마	a-ma

apposta	일부러	il-bu-reo
per caso	우연히	u-yeon-hi
molto (avv)	아주	a-ju
per esempio	예를 들면	ye-reul deul-myeon
fra (~ due)	사이에	sa-i-e
fra (~ più di due)	중에	jung-e
tanto (quantità)	이만큼	i-man-keum
soprattutto	특히	teuk-i

Concetti di base. Parte 2

19. Giorni della settimana

lunedì (m)	월요일	wo-ryo-il
martedì (m)	화요일	hwa-yo-il
mercoledì (m)	수요일	su-yo-il
giovedì (m)	목요일	mo-gyo-il
venerdì (m)	금요일	geu-myo-il
sabato (m)	토요일	to-yo-il
domenica (f)	일요일	i-ryo-il
oggi (avv)	오늘	o-neul
domani	내일	nae-il
dopodomani	모레	mo-re
ieri (avv)	어제	eo-je
l'altro ieri	그저께	geu-jeo-kke
giorno (m)	낮	nat
giorno (m) lavorativo	근무일	geun-mu-il
giorno (m) festivo	공휴일	gong-hyu-il
giorno (m) di riposo	휴일	hyu-il
fine (m) settimana	주말	ju-mal
tutto il giorno	하루종일	ha-ru-jong-il
l'indomani	다음날	da-eum-nal
due giorni fa	이틀 전	i-teul jeon
il giorno prima	전날	jeon-nal
quotidiano (agg)	일간의	il-ga-nui
ogni giorno	매일	mae-il
settimana (f)	주	ju
la settimana scorsa	지난 주에	ji-nan ju-e
la settimana prossima	다음 주에	da-eum ju-e
settimanale (agg)	주간의	ju-ga-nui
ogni settimana	매주	mae-ju
due volte alla settimana	일주일에 두번	il-ju-i-re du-beon
ogni martedì	매주 화요일	mae-ju hwa-yo-il

20. Ore. Giorno e notte

mattina (f)	아침	a-chim
di mattina	아침에	a-chim-e
mezzogiorno (m)	정오	jeong-o
nel pomeriggio	오후에	o-hu-e
sera (f)	저녁	jeo-nyeok
di sera	저녁에	jeo-nyeo-ge

notte (f)	밤	bam
di notte	밤에	bam-e
mezzanotte (f)	자정	ja-jeong
secondo (m)	초	cho
minuto (m)	분	bun
ora (f)	시	si
mezzora (f)	반시간	ban-si-gan
un quarto d'ora	십오분	si-bo-bun
quindici minuti	십오분	si-bo-bun
ventiquattro ore	이십사시간	i-sip-sa-si-gan
levata (f) del sole	일출	il-chul
alba (f)	새벽	sae-byeok
mattutino (m)	이른 아침	i-reun a-chim
tramonto (m)	저녁 노을	jeo-nyeok no-eul
di buon mattino	이른 아침에	i-reun a-chim-e
stamattina	오늘 아침에	o-neul ra-chim-e
domattina	내일 아침에	nae-il ra-chim-e
oggi pomeriggio	오늘 오후에	o-neul ro-hu-e
nel pomeriggio	오후에	o-hu-e
domani pomeriggio	내일 오후에	nae-il ro-hu-e
stasera	오늘 저녁에	o-neul jeo-nyeo-ge
domani sera	내일 밤에	nae-il bam-e
alle tre precise	3시 정각에	se-si jeong-ga-ge
verso le quattro	4시쯤에	ne-si-jjeu-me
per le dodici	12시까지	yeoldu si-kka-ji
fra venti minuti	20분 안에	isib-bun na-ne
fra un'ora	한 시간 안에	han si-gan na-ne
puntualmente	제시간에	je-si-gan-e
un quarto di ...	... 십오 분	... si-bo bun
entro un'ora	한 시간 내에	han si-gan nae-e
ogni quindici minuti	15분 마다	sibo-bun ma-da
giorno e notte	하루종일	ha-ru-jong-il

21. Mesi. Stagioni

gennaio (m)	일월	i-rwol
febbraio (m)	이월	i-wol
marzo (m)	삼월	sam-wol
aprile (m)	사월	sa-wol
maggio (m)	오월	o-wol
giugno (m)	유월	yu-wol
luglio (m)	칠월	chi-rwol
agosto (m)	팔월	pa-rwol
settembre (m)	구월	gu-wol
ottobre (m)	시월	si-wol
novembre (m)	십일월	si-bi-rwol
dicembre (m)	십이월	si-bi-wol

primavera (f)	봄	bom
in primavera	봄에	bom-e
primaverile (agg)	봄의	bom-ui
estate (f)	여름	yeo-reum
in estate	여름에	yeo-reum-e
estivo (agg)	여름의	yeo-reu-mui
autunno (m)	가을	ga-eul
in autunno	가을에	ga-eu-re
autunnale (agg)	가을의	ga-eu-rui
inverno (m)	겨울	gyeo-ul
in inverno	겨울에	gyeo-u-re
invernale (agg)	겨울의	gyeo-ul
mese (m)	월, 달	wol, dal
questo mese	이번 달에	i-beon da-re
il mese prossimo	다음 달에	da-eum da-re
il mese scorso	지난 달에	ji-nan da-re
un mese fa	한달 전에	han-dal jeon-e
fra un mese	한 달 안에	han dal ra-ne
fra due mesi	두 달 안에	du dal ra-ne
un mese intero	한 달 내내	han dal lae-nae
per tutto il mese	한달간 내내	han-dal-gan nae-nae
mensile (rivista ~)	월간의	wol-ga-nui
mensilmente	매월, 매달	mae-wol, mae-dal
ogni mese	매달	mae-dal
due volte al mese	한 달에 두 번	han da-re du beon
anno (m)	년	nyeon
quest'anno	올해	ol-hae
l'anno prossimo	내년	nae-nyeon
l'anno scorso	작년	jang-nyeon
un anno fa	일년 전	il-lyeon jeon
fra un anno	일 년 안에	il lyeon na-ne
fra due anni	이 년 안에	i nyeon na-ne
un anno intero	한 해 전체	han hae jeon-che
per tutto l'anno	일년 내내	il-lyeon nae-nae
ogni anno	매년	mae-nyeon
annuale (agg)	연간의	yeon-ga-nui
annualmente	매년	mae-nyeon
quattro volte all'anno	일년에 네 번	il-lyeon-e ne beon
data (f) (~ di oggi)	날짜	nal-jja
data (f) (~ di nascita)	월일	wo-ril
calendario (m)	달력	dal-lyeok
mezz'anno (m)	반년	ban-nyeon
semestre (m)	육개월	yuk-gae-wol
stagione (f) (estate, ecc.)	계절	gye-jeol
secolo (m)	세기	se-gi

22. Orario. Varie

tempo (m)	시간	si-gan
istante (m)	순간	sun-gan
momento (m)	찰나	chal-la
istantaneo (agg)	찰나의	chal-la-ui
periodo (m)	기간	gi-gan
vita (f)	일생	il-saeng
eternità (f)	영원	yeong-won
epoca (f)	시대	si-dae
era (f)	시대	si-dae
ciclo (m)	주기	ju-gi
periodo (m)	기간	gi-gan
scadenza (f)	기간	gi-gan
futuro (m)	미래	mi-rae
futuro (agg)	미래의	mi-rae-ui
la prossima volta	다음번	da-eum-beon
passato (m)	과거	gwa-geo
scorso (agg)	지나간	ji-na-gan
la volta scorsa	지난 번에	ji-nan beon-e
più tardi	나중에	na-jung-e
dopo	… 후에	… hu-e
oggigiorno	요즘	yo-jeum
adesso, ora	이제	i-je
immediatamente	즉시	jeuk-si
fra poco, presto	곧	got
in anticipo	미리	mi-ri
tanto tempo fa	오래 전	o-rae jeon
di recente	최근	choe-geun
destino (m)	운명	un-myeong
ricordi (m pl)	회상, 추억	hoe-sang, chu-eok
archivio (m)	기록	gi-rok
durante …	… 동안	… dong-an
a lungo	오래	o-rae
per poco tempo	길지 않은	gil-ji a-neun
presto (al mattino ~)	일찍	il-jjik
tardi (non presto)	늦게	neut-ge
per sempre	영원히	yeong-won-hi
cominciare (vt)	시작하다	si-jak-a-da
posticipare (vt)	연기하다	yeon-gi-ha-da
simultaneamente	동시에	dong-si-e
tutto il tempo	영구히	yeong-gu-hi
costante (agg)	끊임없는	kkeu-nim-eom-neun
temporaneo (agg)	일시적인	il-si-jeo-gin
a volte	가끔	ga-kkeum
raramente	드물게	deu-mul-ge
spesso (avv)	자주	ja-ju

23. Contrari

ricco (agg)	부유한	bu-yu-han
povero (agg)	가난한	ga-nan-han
malato (agg)	아픈	a-peun
sano (agg)	건강한	geon-gang-han
grande (agg)	큰	keun
piccolo (agg)	작은	ja-geun
rapidamente	빨리	ppal-li
lentamente	천천히	cheon-cheon-hi
veloce (agg)	빠른	ppa-reun
lento (agg)	느린	neu-rin
allegro (agg)	기쁜	gi-ppeun
triste (agg)	슬픈	seul-peun
insieme	같이	ga-chi
separatamente	따로	tta-ro
ad alta voce (leggere ~)	큰소리로	keun-so-ri-ro
in silenzio	묵독	muk-dok
alto (agg)	높은	no-peun
basso (agg)	낮은	na-jeun
profondo (agg)	깊은	gi-peun
basso (agg)	얕은	ya-teun
sì	네	ne
no	아니오	a-ni-o
lontano (agg)	먼	meon
vicino (agg)	인근의	in-geu-nui
lontano (avv)	멀리	meol-li
vicino (avv)	인근에	in-geu-ne
lungo (agg)	긴	gin
corto (agg)	짧은	jjal-beun
buono (agg)	착한	cha-kan
cattivo (agg)	사악한	sa-a-kan
sposato (agg)	결혼한	gyeol-hon-han
celibe (agg)	미혼의	mi-hon-ui
vietare (vt)	금지하다	geum-ji-ha-da
permettere (vt)	허가하다	heo-ga-ha-da
fine (f)	끝	kkeut
inizio (m)	시작	si-jak

sinistro (agg)	왼쪽의	oen-jjo-gui
destro (agg)	오른쪽의	o-reun-jjo-gui
primo (agg)	첫 번째의	cheot beon-jjae-ui
ultimo (agg)	마지막의	ma-ji-ma-gui
delitto (m)	범죄	beom-joe
punizione (f)	벌	beol
ordinare (vt)	명령하다	myeong-nyeong-ha-da
obbedire (vi)	복종하다	bok-jong-ha-da
dritto (agg)	곧은	go-deun
curvo (agg)	굽은	gu-beun
paradiso (m)	천국	cheon-guk
inferno (m)	지옥	ji-ok
nascere (vi)	태어나다	tae-eo-na-da
morire (vi)	죽다	juk-da
forte (agg)	강한	gang-han
debole (agg)	약한	yak-an
vecchio (agg)	늙은	neul-geun
giovane (agg)	젊은	jeol-meun
vecchio (agg)	낡은	nal-geun
nuovo (agg)	새로운	sae-ro-un
duro (agg)	단단한	dan-dan-han
morbido (agg)	부드러운	bu-deu-reo-un
caldo (agg)	따뜻한	tta-tteu-tan
freddo (agg)	추운	chu-un
grasso (agg)	뚱뚱한	ttung-ttung-han
magro (agg)	마른	ma-reun
stretto (agg)	좁은	jo-beun
largo (agg)	넓은	neol-beun
buono (agg)	좋은	jo-eun
cattivo (agg)	나쁜	na-ppeun
valoroso (agg)	용감한	yong-gam-han
codardo (agg)	비겁한	bi-geo-pan

24. Linee e forme

quadrato (m)	정사각형	jeong-sa-gak-yeong
quadrato (agg)	사각의	sa-ga-gui
cerchio (m)	원	won
rotondo (agg)	원형의	won-hyeong-ui

triangolo (m)	삼각형	sam-gak-yeong
triangolare (agg)	삼각형의	sam-gak-yeong-ui
ovale (m)	타원	ta-won
ovale (agg)	타원의	ta-won-ui
rettangolo (m)	직사각형	jik-sa-gak-yeong
rettangolare (agg)	직사각형의	jik-sa-gak-yeong-ui
piramide (f)	피라미드	pi-ra-mi-deu
rombo (m)	마름모	ma-reum-mo
trapezio (m)	사다리꼴	sa-da-ri-kkol
cubo (m)	정육면체	jeong-yung-myeon-che
prisma (m)	각기둥	gak-gi-dung
circonferenza (f)	원주	won-ju
sfera (f)	구	gu
palla (f)	구체	gu-che
diametro (m)	지름	ji-reum
raggio (m)	반경	ban-gyeong
perimetro (m)	둘레	dul-le
centro (m)	중심	jung-sim
orizzontale (agg)	가로의	ga-ro-ui
verticale (agg)	세로의	se-ro-ui
parallela (f)	평행	pyeong-haeng
parallelo (agg)	평행한	pyeong-haeng-han
linea (f)	선, 줄	seon, jul
tratto (m)	획	hoek
linea (f) retta	직선	jik-seon
linea (f) curva	곡선	gok-seon
sottile (uno strato ~)	얇은	yal-beun
contorno (m)	외곽선	oe-gwak-seon
intersezione (f)	교점	gyo-jeom
angolo (m) retto	직각	jik-gak
segmento	활꼴	hwal-kkol
settore (m)	부채꼴	bu-chae-kkol
lato (m)	변	byeon
angolo (m)	각	gak

25. Unità di misura

peso (m)	무게	mu-ge
lunghezza (f)	길이	gi-ri
larghezza (f)	폭, 너비	pok, neo-bi
altezza (f)	높이	no-pi
profondità (f)	깊이	gi-pi
volume (m)	부피	bu-pi
area (f)	면적	myeon-jeok
grammo (m)	그램	geu-raem
milligrammo (m)	밀리그램	mil-li-geu-raem

chilogrammo (m)	킬로그램	kil-lo-geu-raem
tonnellata (f)	톤	ton
libbra (f)	파운드	pa-un-deu
oncia (f)	온스	on-seu
metro (m)	미터	mi-teo
millimetro (m)	밀리미터	mil-li-mi-teo
centimetro (m)	센티미터	sen-ti-mi-teo
chilometro (m)	킬로미터	kil-lo-mi-teo
miglio (m)	마일	ma-il
pollice (m)	인치	in-chi
piede (f)	피트	pi-teu
iarda (f)	야드	ya-deu
metro (m) quadro	제곱미터	je-gom-mi-teo
ettaro (m)	헥타르	hek-ta-reu
litro (m)	리터	ri-teo
grado (m)	도	do
volt (m)	볼트	bol-teu
ampere (m)	암페어	am-pe-eo
cavallo vapore (m)	마력	ma-ryeok
quantità (f)	수량, 양	su-ryang, yang
un po' di ...	... 조금	... jo-geum
metà (f)	절반	jeol-ban
dozzina (f)	다스	da-seu
pezzo (m)	조각	jo-gak
dimensione (f)	크기	keu-gi
scala (f) (modello in ~)	축척	chuk-cheok
minimo (agg)	최소의	choe-so-ui
minore (agg)	가장 작은	ga-jang ja-geun
medio (agg)	중간의	jung-gan-ui
massimo (agg)	최대의	choe-dae-ui
maggiore (agg)	가장 큰	ga-jang keun

26. Contenitori

barattolo (m) di vetro	유리병	yu-ri-byeong
latta, lattina (f)	캔, 깡통	kaen, kkang-tong
secchio (m)	양동이	yang-dong-i
barile (m), botte (f)	통	tong
catino (m)	대야	dae-ya
serbatoio (m) (per liquidi)	탱크	taeng-keu
fiaschetta (f)	휴대용 술병	hyu-dae-yong sul-byeong
tanica (f)	통	tong
cisterna (f)	탱크	taeng-keu
tazza (f)	머그컵	meo-geu-keop
tazzina (f) (~ di caffé)	컵	keop

piattino (m)	받침 접시	bat-chim jeop-si
bicchiere (m) (senza stelo)	유리잔	yu-ri-jan
calice (m)	와인글라스	wa-in-geul-la-seu
casseruola (f)	냄비	naem-bi
bottiglia (f)	병	byeong
collo (m) (~ della bottiglia)	병목	byeong-mok
caraffa (f)	디캔터	di-kaen-teo
brocca (f)	물병	mul-byeong
recipiente (m)	용기	yong-gi
vaso (m) di coccio	항아리	hang-a-ri
vaso (m) di fiori	화병	hwa-byeong
boccetta (f) (~ di profumo)	향수병	hyang-su-byeong
fiala (f)	약병	yak-byeong
tubetto (m)	튜브	tyu-beu
sacco (m) (~ di patate)	자루	ja-ru
sacchetto (m) (~ di plastica)	봉투	bong-tu
pacchetto (m) (~ di sigarette, ecc.)	갑	gap
scatola (f) (~ per scarpe)	박스	bak-seu
cassa (f) (~ di vino, ecc.)	상자	sang-ja
cesta (f)	바구니	ba-gu-ni

27. Materiali

materiale (m)	재료	jae-ryo
legno (m)	목재	mok-jae
di legno	목재의	mok-jae-ui
vetro (m)	유리	yu-ri
di vetro	유리의	yu-ri-ui
pietra (f)	돌	dol
di pietra	돌의	do-rui
plastica (f)	플라스틱	peul-la-seu-tik
di plastica	플라스틱의	peul-la-seu-ti-gui
gomma (f)	고무	go-mu
di gomma	고무의	go-mu-ui
stoffa (f)	직물	jing-mul
di stoffa	직물의	jing-mu-rui
carta (f)	종이	jong-i
di carta	종이의	jong-i-ui
cartone (m)	판지	pan-ji
di cartone	판지의	pan-ji-ui
polietilene (m)	폴리에틸렌	pol-li-e-til-len

cellofan (m)	셀로판	sel-lo-pan
legno (m) compensato	합판	hap-pan
porcellana (f)	도자기	do-ja-gi
di porcellana	도자기의	do-ja-gi-ui
argilla (f)	점토	jeom-to
d'argilla	점토의	jeom-to-ui
ceramica (f)	세라믹	se-ra-mik
ceramico	세라믹의	se-ra-mi-gui

28. Metalli

metallo (m)	금속	geum-sok
metallico	금속제의	geum-sok-je-ui
lega (f)	합금	hap-geum
oro (m)	금	geum
d'oro	금의	geum-ui
argento (m)	은	eun
d'argento	은의	eun-ui
ferro (m)	철	cheol
di ferro	철제의	cheol-je-ui
acciaio (m)	강철	gang-cheol
d'acciaio	강철의	gang-cheo-rui
rame (m)	구리	gu-ri
di rame	구리의	gu-ri-ui
alluminio (m)	알루미늄	al-lu-mi-nyum
di alluminio, alluminico	알루미늄의	al-lu-mi-nyum-ui
bronzo (m)	청동	cheong-dong
di bronzo	청동의	cheong-dong-ui
ottone (m)	황동	hwang-dong
nichel (m)	니켈	ni-kel
platino (m)	백금	baek-geum
mercurio (m)	수은	su-eun
stagno (m)	주석	ju-seok
piombo (m)	납	nap
zinco (m)	아연	a-yeon

ESSERE UMANO

Essere umano. Il corpo umano

29. L'uomo. Concetti di base

uomo (m) (essere umano)	사람	sa-ram
uomo (m) (adulto maschio)	남자	nam-ja
donna (f)	여자	yeo-ja
bambino (m) (figlio)	아이, 아동	a-i, a-dong
bambina (f)	소녀	so-nyeo
bambino (m)	소년	so-nyeon
adolescente (m, f)	청소년	cheong-so-nyeon
vecchio (m)	노인	no-in
vecchia (f)	노인	no-in

30. Anatomia umana

organismo (m)	생체	saeng-che
cuore (m)	심장	sim-jang
sangue (m)	피	pi
arteria (f)	동맥	dong-maek
vena (f)	정맥	jeong-maek
cervello (m)	두뇌	du-noe
nervo (m)	신경	sin-gyeong
nervi (m pl)	신경	sin-gyeong
vertebra (f)	척추	cheok-chu
colonna (f) vertebrale	등뼈	deung-ppyeo
stomaco (m)	위	wi
intestini (m pl)	창자	chang-ja
intestino (m)	장	jang
fegato (m)	간	gan
rene (m)	신장	sin-jang
osso (m)	뼈	ppyeo
scheletro (m)	뼈대	ppyeo-dae
costola (f)	늑골	neuk-gol
cranio (m)	두개골	du-gae-gol
muscolo (m)	근육	geu-nyuk
bicipite (m)	이두근	i-du-geun
tendine (m)	힘줄, 건	him-jul, geon
articolazione (f)	관절	gwan-jeol

polmoni (m pl)	폐	pye
genitali (m pl)	생식기	saeng-sik-gi
pelle (f)	피부	pi-bu

31. Testa

testa (f)	머리	meo-ri
viso (m)	얼굴	eol-gul
naso (m)	코	ko
bocca (f)	입	ip
occhio (m)	눈	nun
occhi (m pl)	눈	nun
pupilla (f)	눈동자	nun-dong-ja
sopracciglio (m)	눈썹	nun-sseop
ciglio (m)	속눈썹	song-nun-sseop
palpebra (f)	눈꺼풀	nun-kkeo-pul
lingua (f)	혀	hyeo
dente (m)	이	i
labbra (f pl)	입술	ip-sul
zigomi (m pl)	광대뼈	gwang-dae-ppyeo
gengiva (f)	잇몸	in-mom
palato (m)	입천장	ip-cheon-jang
narici (f pl)	콧구멍	kot-gu-meong
mento (m)	턱	teok
mascella (f)	턱	teok
guancia (f)	뺨, 볼	ppyam, bol
fronte (f)	이마	i-ma
tempia (f)	관자놀이	gwan-ja-no-ri
orecchio (m)	귀	gwi
nuca (f)	뒤통수	dwi-tong-su
collo (m)	목	mok
gola (f)	목구멍	mok-gu-meong
capelli (m pl)	머리털, 헤어	meo-ri-teol, he-eo
pettinatura (f)	머리 스타일	meo-ri seu-ta-il
taglio (m)	헤어컷	he-eo-keot
parrucca (f)	가발	ga-bal
baffi (m pl)	콧수염	kot-su-yeom
barba (f)	턱수염	teok-su-yeom
portare (~ la barba, ecc.)	기르다	gi-reu-da
treccia (f)	땋은 머리	tta-eun meo-ri
basette (f pl)	구레나룻	gu-re-na-rut
rosso (agg)	빨강머리의	ppal-gang-meo-ri-ui
brizzolato (agg)	흰머리의	huin-meo-ri-ui
calvo (agg)	대머리인	dae-meo-ri-in
calvizie (f)	땜통	ttaem-tong
coda (f) di cavallo	말총머리	mal-chong-meo-ri
frangetta (f)	앞머리	am-meo-ri

32. Corpo umano

mano (f)	손	son
braccio (m)	팔	pal
dito (m)	손가락	son-ga-rak
pollice (m)	엄지손가락	eom-ji-son-ga-rak
mignolo (m)	새끼손가락	sae-kki-son-ga-rak
unghia (f)	손톱	son-top
pugno (m)	주먹	ju-meok
palmo (m)	손바닥	son-ba-dak
polso (m)	손목	son-mok
avambraccio (m)	전박	jeon-bak
gomito (m)	팔꿈치	pal-kkum-chi
spalla (f)	어깨	eo-kkae
gamba (f)	다리	da-ri
pianta (f) del piede	발	bal
ginocchio (m)	무릎	mu-reup
polpaccio (m)	종아리	jong-a-ri
anca (f)	엉덩이	eong-deong-i
tallone (m)	발뒤꿈치	bal-dwi-kkum-chi
corpo (m)	몸	mom
pancia (f)	배	bae
petto (m)	가슴	ga-seum
seno (m)	가슴	ga-seum
fianco (m)	옆구리	yeop-gu-ri
schiena (f)	등	deung
zona (f) lombare	허리	heo-ri
vita (f)	허리	heo-ri
ombelico (m)	배꼽	bae-kkop
natiche (f pl)	엉덩이	eong-deong-i
sedere (m)	엉덩이	eong-deong-i
neo (m)	점	jeom
voglia (f) (~ di fragola)	모반	mo-ban
tatuaggio (m)	문신	mun-sin
cicatrice (f)	흉터	hyung-teo

Abbigliamento e Accessori

33. Indumenti. Soprabiti

vestiti (m pl)	옷	ot
soprabito (m)	겉옷	geo-tot
abiti (m pl) invernali	겨울옷	gyeo-u-rot
cappotto (m)	코트	ko-teu
pelliccia (f)	모피 외투	mo-pi oe-tu
pellicciotto (m)	짧은 모피 외투	jjal-beun mo-pi oe-tu
piumino (m)	패딩점퍼	pae-ding-jeom-peo
giubbotto (m), giaccha (f)	재킷	jae-kit
impermeabile (m)	트렌치코트	teu-ren-chi-ko-teu
impermeabile (agg)	방수의	bang-su-ui

34. Abbigliamento uomo e donna

camicia (f)	셔츠	syeo-cheu
pantaloni (m pl)	바지	ba-ji
jeans (m pl)	청바지	cheong-ba-ji
giacca (f) (~ di tweed)	재킷	jae-kit
abito (m) da uomo	양복	yang-bok
abito (m)	드레스	deu-re-seu
gonna (f)	치마	chi-ma
camicetta (f)	블라우스	beul-la-u-seu
giacca (f) a maglia	니트 재킷	ni-teu jae-kit
giacca (f) tailleur	재킷	jae-kit
maglietta (f)	티셔츠	ti-syeo-cheu
pantaloni (m pl) corti	반바지	ban-ba-ji
tuta (f) sportiva	운동복	un-dong-bok
accappatoio (m)	목욕가운	mo-gyok-ga-un
pigiama (m)	파자마	pa-ja-ma
maglione (m)	스웨터	seu-we-teo
pullover (m)	풀오버	pu-ro-beo
gilè (m)	조끼	jo-kki
frac (m)	연미복	yeon-mi-bok
smoking (m)	턱시도	teok-si-do
uniforme (f)	제복	je-bok
tuta (f) da lavoro	작업복	ja-geop-bok
salopette (f)	작업바지	ja-geop-ba-ji
camice (m) (~ del dottore)	가운	ga-un

35. Abbigliamento. Biancheria intima

biancheria (f) intima	속옷	so-got
maglietta (f) intima	러닝 셔츠	reo-ning syeo-cheu
calzini (m pl)	양말	yang-mal
camicia (f) da notte	잠옷	jam-ot
reggiseno (m)	브라	beu-ra
calzini (m pl) alti	무릎길이 스타킹	mu-reup-gi-ri seu-ta-king
collant (m)	팬티 스타킹	paen-ti seu-ta-king
calze (f pl)	밴드 스타킹	baen-deu seu-ta-king
costume (m) da bagno	수영복	su-yeong-bok

36. Copricapo

cappello (m)	모자	mo-ja
cappello (m) di feltro	중절모	jung-jeol-mo
cappello (m) da baseball	야구 모자	ya-gu mo-ja
coppola (f)	플랫캡	peul-laet-kaep
basco (m)	베레모	be-re-mo
cappuccio (m)	후드	hu-deu
panama (m)	파나마 모자	pa-na-ma mo-ja
berretto (m) a maglia	니트 모자	ni-teu mo-ja
fazzoletto (m) da capo	스카프	seu-ka-peu
cappellino (m) donna	여성용 모자	yeo-seong-yong mo-ja
casco (m) (~ di sicurezza)	안전모	an-jeon-mo
bustina (f)	개리슨 캡	gae-ri-seun kaep
casco (m) (~ moto)	헬멧	hel-met

37. Calzature

calzature (f pl)	신발	sin-bal
stivaletti (m pl)	구두	gu-du
scarpe (f pl)	구두	gu-du
stivali (m pl)	부츠	bu-cheu
pantofole (f pl)	슬리퍼	seul-li-peo
scarpe (f pl) da tennis	운동화	un-dong-hwa
scarpe (f pl) da ginnastica	스니커즈	seu-ni-keo-jeu
sandali (m pl)	샌들	saen-deul
calzolaio (m)	구둣방	gu-dut-bang
tacco (m)	굽	gup
paio (m)	켤레	kyeol-le
laccio (m)	끈	kkeun
allacciare (vt)	끈을 매다	kkeu-neul mae-da
calzascarpe (m)	구둣주걱	gu-dut-ju-geok
lucido (m) per le scarpe	구두약	gu-du-yak

38. Tessuti. Stoffe

cotone (m)	면	myeon
di cotone	면의	myeo-nui
lino (m)	리넨	ri-nen
di lino	린넨의	rin-ne-nui
seta (f)	실크	sil-keu
di seta	실크의	sil-keu-ui
lana (f)	모직, 울	mo-jik, ul
di lana	모직의	mo-ji-gui
velluto (m)	벨벳	bel-bet
camoscio (m)	스웨이드	seu-we-i-deu
velluto (m) a coste	코듀로이	ko-dyu-ro-i
nylon (m)	나일론	na-il-lon
di nylon	나일론의	na-il-lo-nui
poliestere (m)	폴리에스테르	pol-li-e-seu-te-reu
di poliestere	폴리에스테르의	pol-li-e-seu-te-reu-ui
pelle (f)	가죽	ga-juk
di pelle	가죽의	ga-ju-gui
pelliccia (f)	모피	mo-pi
di pelliccia	모피의	mo-pi-ui

39. Accessori personali

guanti (m pl)	장갑	jang-gap
manopole (f pl)	벙어리장갑	beong-eo-ri-jang-gap
sciarpa (f)	목도리	mok-do-ri
occhiali (m pl)	안경	an-gyeong
montatura (f)	안경테	an-gyeong-te
ombrello (m)	우산	u-san
bastone (m)	지팡이	ji-pang-i
spazzola (f) per capelli	빗, 솔빗	bit, sol-bit
ventaglio (m)	부채	bu-chae
cravatta (f)	넥타이	nek-ta-i
cravatta (f) a farfalla	나비넥타이	na-bi-nek-ta-i
bretelle (f pl)	멜빵	mel-ppang
fazzoletto (m)	손수건	son-su-geon
pettine (m)	빗	bit
fermaglio (m)	머리핀	meo-ri-pin
forcina (f)	머리핀	meo-ri-pin
fibbia (f)	버클	beo-keul
cintura (f)	벨트	bel-teu
spallina (f)	어깨끈	eo-kkae-kkeun
borsa (f)	가방	ga-bang
borsetta (f)	핸드백	haen-deu-baek
zaino (m)	배낭	bae-nang

40. Abbigliamento. Varie

moda (f)	패션	pae-syeon
di moda	유행하는	yu-haeng-ha-neun
stilista (m)	패션 디자이너	pae-syeon di-ja-i-neo
collo (m)	옷깃	ot-git
tasca (f)	주머니, 포켓	ju-meo-ni, po-ket
tascabile (agg)	주머니의	ju-meo-ni-ui
manica (f)	소매	so-mae
asola (f) per appendere	거는 끈	geo-neun kkeun
patta (f) (~ dei pantaloni)	바지 지퍼	ba-ji ji-peo
cerniera (f) lampo	지퍼	ji-peo
chiusura (f)	조임쇠	jo-im-soe
bottone (m)	단추	dan-chu
occhiello (m)	단춧 구멍	dan-chut gu-meong
staccarsi (un bottone)	떨어지다	tteo-reo-ji-da
cucire (vi, vt)	바느질하다	ba-neu-jil-ha-da
ricamare (vi, vt)	수놓다	su-no-ta
ricamo (m)	자수	ja-su
ago (m)	바늘	ba-neul
filo (m)	실	sil
cucitura (f)	솔기	sol-gi
sporcarsi (vr)	더러워지다	deo-reo-wo-ji-da
macchia (f)	얼룩	eol-luk
sgualcirsi (vr)	구겨지다	gu-gyeo-ji-da
strappare (vt)	찢다	jjit-da
tarma (f)	좀	jom

41. Cura della persona. Cosmetici

dentifricio (m)	치약	chi-yak
spazzolino (m) da denti	칫솔	chit-sol
lavarsi i denti	이를 닦다	i-reul dak-da
rasoio (m)	면도기	myeon-do-gi
crema (f) da barba	면도용 크림	myeon-do-yong keu-rim
rasarsi (vr)	깎다	kkak-da
sapone (m)	비누	bi-nu
shampoo (m)	샴푸	syam-pu
forbici (f pl)	가위	ga-wi
limetta (f)	손톱줄	son-top-jul
tagliaunghie (m)	손톱깎이	son-top-kka-kki
pinzette (f pl)	족집게	jok-jip-ge
cosmetica (f)	화장품	hwa-jang-pum
maschera (f) di bellezza	얼굴 마스크	eol-gul ma-seu-keu
manicure (m)	매니큐어	mae-ni-kyu-eo

fare la manicure	매니큐어를 칠하다	mae-ni-kyu-eo-reul chil-ha-da
pedicure (m)	페디큐어	pe-di-kyu-eo
borsa (f) del trucco	화장품 가방	hwa-jang-pum ga-bang
cipria (f)	분	bun
portacipria (m)	콤팩트	kom-paek-teu
fard (m)	블러셔	beul-leo-syeo
profumo (m)	향수	hyang-su
acqua (f) da toeletta	화장수	hwa-jang-su
lozione (f)	로션	ro-syeon
acqua (f) di Colonia	오드콜로뉴	o-deu-kol-lo-nyu
ombretto (m)	아이섀도	a-i-syae-do
eyeliner (m)	아이라이너	a-i-ra-i-neo
mascara (m)	마스카라	ma-seu-ka-ra
rossetto (m)	립스틱	rip-seu-tik
smalto (m)	매니큐어	mae-ni-kyu-eo
lacca (f) per capelli	헤어 스프레이	he-eo seu-peu-re-i
deodorante (m)	데오도란트	de-o-do-ran-teu
crema (f)	크림	keu-rim
crema (f) per il viso	얼굴 크림	eol-gul keu-rim
crema (f) per le mani	핸드 크림	haen-deu keu-rim
crema (f) antirughe	주름제거 크림	ju-reum-je-geo keu-rim
da giorno	낮의	na-jui
da notte	밤의	ba-mui
tampone (m)	탐폰	tam-pon
carta (f) igienica	화장지	hwa-jang-ji
fon (m)	헤어 드라이어	he-eo deu-ra-i-eo

42. Gioielli

gioielli (m pl)	보석	bo-seok
prezioso (agg)	귀중한	gwi-jung-han
marchio (m)	품질 보증 마크	pum-jil bo-jeung ma-keu
anello (m)	반지	ban-ji
anello (m) nuziale	결혼반지	gyeol-hon-ban-ji
braccialetto (m)	팔찌	pal-jji
orecchini (m pl)	귀걸이	gwi-geo-ri
collana (f)	목걸이	mok-geo-ri
corona (f)	왕관	wang-gwan
perline (f pl)	구슬 목걸이	gu-seul mok-geo-ri
diamante (m)	다이아몬드	da-i-a-mon-deu
smeraldo (m)	에메랄드	e-me-ral-deu
rubino (m)	루비	ru-bi
zaffiro (m)	사파이어	sa-pa-i-eo
perle (f pl)	진주	jin-ju
ambra (f)	호박	ho-bak

43. Orologi da polso. Orologio

orologio (m) (~ da polso)	손목 시계	son-mok si-gye
quadrante (m)	문자반	mun-ja-ban
lancetta (f)	바늘	ba-neul
braccialetto (m)	금속제 시계줄	geum-sok-je si-gye-jul
cinturino (m)	시계줄	si-gye-jul
pila (f)	건전지	geon-jeon-ji
essere scarico	나가다	na-ga-da
cambiare la pila	배터리를 갈다	bae-teo-ri-reul gal-da
andare avanti	빨리 가다	ppal-li ga-da
andare indietro	늦게 가다	neut-ge ga-da
orologio (m) da muro	벽시계	byeok-si-gye
clessidra (f)	모래시계	mo-rae-si-gye
orologio (m) solare	해시계	hae-si-gye
sveglia (f)	알람 시계	al-lam si-gye
orologiaio (m)	시계 기술자	si-gye gi-sul-ja
riparare (vt)	수리하다	su-ri-ha-da

Cibo. Alimentazione

44. Cibo

carne (f)	고기	go-gi
pollo (m)	닭고기	dak-go-gi
pollo (m) novello	영계	yeong-gye
anatra (f)	오리고기	o-ri-go-gi
oca (f)	거위고기	geo-wi-go-gi
cacciagione (f)	사냥감	sa-nyang-gam
tacchino (m)	칠면조고기	chil-myeon-jo-go-gi
maiale (m)	돼지고기	dwae-ji-go-gi
vitello (m)	송아지 고기	song-a-ji go-gi
agnello (m)	양고기	yang-go-gi
manzo (m)	소고기	so-go-gi
coniglio (m)	토끼고기	to-kki-go-gi
salame (m)	소시지	so-si-ji
w?rstel (m)	비엔나 소시지	bi-en-na so-si-ji
pancetta (f)	베이컨	be-i-keon
prosciutto (m)	햄	haem
prosciutto (m) affumicato	개먼	gae-meon
pâté (m)	파테	pa-te
fegato (m)	간	gan
carne (f) trita	다진 고기	da-jin go-gi
lingua (f)	혀	hyeo
uovo (m)	계란	gye-ran
uova (f pl)	계란	gye-ran
albume (m)	흰자	huin-ja
tuorlo (m)	노른자	no-reun-ja
pesce (m)	생선	saeng-seon
frutti (m pl) di mare	해물	hae-mul
caviale (m)	캐비어	kae-bi-eo
granchio (m)	게	ge
gamberetto (m)	새우	sae-u
ostrica (f)	굴	gul
aragosta (f)	대하	dae-ha
polpo (m)	문어	mun-eo
calamaro (m)	오징어	o-jing-eo
storione (m)	철갑상어	cheol-gap-sang-eo
salmone (m)	연어	yeon-eo
ippoglosso (m)	넙치	neop-chi
merluzzo (m)	대구	dae-gu
scombro (m)	고등어	go-deung-eo

tonno (m)	참치	cham-chi
anguilla (f)	뱀장어	baem-jang-eo
trota (f)	송어	song-eo
sardina (f)	정어리	jeong-eo-ri
luccio (m)	강꼬치고기	gang-kko-chi-go-gi
aringa (f)	청어	cheong-eo
pane (m)	빵	ppang
formaggio (m)	치즈	chi-jeu
zucchero (m)	설탕	seol-tang
sale (m)	소금	so-geum
riso (m)	쌀	ssal
pasta (f)	파스타	pa-seu-ta
tagliatelle (f pl)	면	myeon
burro (m)	버터	beo-teo
olio (m) vegetale	식물유	sing-mu-ryu
olio (m) di girasole	해바라기유	hae-ba-ra-gi-yu
margarina (f)	마가린	ma-ga-rin
olive (f pl)	올리브	ol-li-beu
olio (m) d'oliva	올리브유	ol-li-beu-yu
latte (m)	우유	u-yu
latte (m) condensato	연유	yeo-nyu
yogurt (m)	요구르트	yo-gu-reu-teu
panna (f) acida	사워크림	sa-wo-keu-rim
panna (f)	크림	keu-rim
maionese (m)	마요네즈	ma-yo-ne-jeu
crema (f)	버터크림	beo-teo-keu-rim
cereali (m pl)	곡물	gong-mul
farina (f)	밀가루	mil-ga-ru
cibi (m pl) in scatola	통조림	tong-jo-rim
fiocchi (m pl) di mais	콘플레이크	kon-peul-le-i-keu
miele (m)	꿀	kkul
marmellata (f)	잼	jaem
gomma (f) da masticare	껌	kkeom

45. Bevande

acqua (f)	물	mul
acqua (f) potabile	음료수	eum-nyo-su
acqua (f) minerale	미네랄 워터	mi-ne-ral rwo-teo
liscia (non gassata)	탄산 없는	tan-san neom-neun
gassata (agg)	탄산의	tan-sa-nui
frizzante (agg)	탄산이 든	tan-san-i deun
ghiaccio (m)	얼음	eo-reum
con ghiaccio	얼음을 넣은	eo-reu-meul leo-eun

analcolico (agg)	무알코올의	mu-al-ko-o-rui
bevanda (f) analcolica	청량음료	cheong-nyang-eum-nyo
bibita (f)	청량 음료	cheong-nyang eum-nyo
limonata (f)	레모네이드	re-mo-ne-i-deu
bevande (f pl) alcoliche	술	sul
vino (m)	와인	wa-in
vino (m) bianco	백 포도주	baek po-do-ju
vino (m) rosso	레드 와인	re-deu wa-in
liquore (m)	리큐르	ri-kyu-reu
champagne (m)	샴페인	syam-pe-in
vermouth (m)	베르무트	be-reu-mu-teu
whisky	위스키	wi-seu-ki
vodka (f)	보드카	bo-deu-ka
gin (m)	진	jin
cognac (m)	코냑	ko-nyak
rum (m)	럼	reom
caffè (m)	커피	keo-pi
caffè (m) nero	블랙 커피	beul-laek keo-pi
caffè latte (m)	밀크 커피	mil-keu keo-pi
cappuccino (m)	카푸치노	ka-pu-chi-no
caffè (m) solubile	인스턴트 커피	in-seu-teon-teu keo-pi
latte (m)	우유	u-yu
cocktail (m)	칵테일	kak-te-il
frullato (m)	밀크 셰이크	mil-keu sye-i-keu
succo (m)	주스	ju-seu
succo (m) di pomodoro	토마토 주스	to-ma-to ju-seu
succo (m) d'arancia	오렌지 주스	o-ren-ji ju-seu
spremuta (f)	생과일주스	saeng-gwa-il-ju-seu
birra (f)	맥주	maek-ju
birra (f) chiara	라거	ra-geo
birra (f) scura	흑맥주	heung-maek-ju
tè (m)	차	cha
tè (m) nero	홍차	hong-cha
tè (m) verde	녹차	nok-cha

46. Verdure

ortaggi (m pl)	채소	chae-so
verdura (f)	녹황색 채소	nok-wang-saek chae-so
pomodoro (m)	토마토	to-ma-to
cetriolo (m)	오이	o-i
carota (f)	당근	dang-geun
patata (f)	감자	gam-ja
cipolla (f)	양파	yang-pa
aglio (m)	마늘	ma-neul

cavolo (m)	양배추	yang-bae-chu
cavolfiore (m)	컬리플라워	keol-li-peul-la-wo
cavoletti (m pl) di Bruxelles	방울다다기 양배추	bang-ul-da-da-gi yang-bae-chu
broccolo (m)	브로콜리	beu-ro-kol-li
barbabietola (f)	비트	bi-teu
melanzana (f)	가지	ga-ji
zucchina (f)	애호박	ae-ho-bak
zucca (f)	호박	ho-bak
rapa (f)	순무	sun-mu
prezzemolo (m)	파슬리	pa-seul-li
aneto (m)	딜	dil
lattuga (f)	양상추	yang-sang-chu
sedano (m)	셀러리	sel-leo-ri
asparago (m)	아스파라거스	a-seu-pa-ra-geo-seu
spinaci (m pl)	시금치	si-geum-chi
pisello (m)	완두	wan-du
fave (f pl)	콩	kong
mais (m)	옥수수	ok-su-su
fagiolo (m)	강낭콩	gang-nang-kong
peperone (m)	피망	pi-mang
ravanello (m)	무	mu
carciofo (m)	아티초크	a-ti-cho-keu

47. Frutta. Noci

frutto (m)	과일	gwa-il
mela (f)	사과	sa-gwa
pera (f)	배	bae
limone (m)	레몬	re-mon
arancia (f)	오렌지	o-ren-ji
fragola (f)	딸기	ttal-gi
mandarino (m)	귤	gyul
prugna (f)	자두	ja-du
pesca (f)	복숭아	bok-sung-a
albicocca (f)	살구	sal-gu
lampone (m)	라즈베리	ra-jeu-be-ri
ananas (m)	파인애플	pa-in-ae-peul
banana (f)	바나나	ba-na-na
anguria (f)	수박	su-bak
uva (f)	포도	po-do
amarena (f)	신양	si-nyang
ciliegia (f)	양벚나무	yang-beon-na-mu
melone (m)	멜론	mel-lon
pompelmo (m)	자몽	ja-mong
avocado (m)	아보카도	a-bo-ka-do
papaia (f)	파파야	pa-pa-ya

mango (m)	망고	mang-go
melagrana (f)	석류	seong-nyu
ribes (m) rosso	레드커렌트	re-deu-keo-ren-teu
ribes (m) nero	블랙커렌트	beul-laek-keo-ren-teu
uva (f) spina	구스베리	gu-seu-be-ri
mirtillo (m)	빌베리	bil-be-ri
mora (f)	블랙베리	beul-laek-be-ri
uvetta (f)	건포도	geon-po-do
fico (m)	무화과	mu-hwa-gwa
dattero (m)	대추야자	dae-chu-ya-ja
arachide (f)	땅콩	ttang-kong
mandorla (f)	아몬드	a-mon-deu
noce (f)	호두	ho-du
nocciola (f)	개암	gae-am
noce (f) di cocco	코코넛	ko-ko-neot
pistacchi (m pl)	피스타치오	pi-seu-ta-chi-o

48. Pane. Dolci

pasticceria (f)	과자류	gwa-ja-ryu
pane (m)	빵	ppang
biscotti (m pl)	쿠키	ku-ki
cioccolato (m)	초콜릿	cho-kol-lit
al cioccolato (agg)	초콜릿의	cho-kol-lis-ui
caramella (f)	사탕	sa-tang
tortina (f)	케이크	ke-i-keu
torta (f)	케이크	ke-i-keu
crostata (f)	파이	pa-i
ripieno (m)	속	sok
marmellata (f)	잼	jaem
marmellata (f) di agrumi	마멀레이드	ma-meol-le-i-deu
wafer (m)	와플	wa-peul
gelato (m)	아이스크림	a-i-seu-keu-rim

49. Pietanze cucinate

piatto (m) (~ principale)	요리, 코스	yo-ri, ko-seu
cucina (f)	요리	yo-ri
ricetta (f)	요리법	yo-ri-beop
porzione (f)	분량	bul-lyang
insalata (f)	샐러드	sael-leo-deu
minestra (f)	수프	su-peu
brodo (m)	육수	yuk-su
panino (m)	샌드위치	saen-deu-wi-chi

uova (f pl) al tegamino	계란후라이	gye-ran-hu-ra-i
hamburger (m)	햄버거	haem-beo-geo
bistecca (f)	비프스테이크	bi-peu-seu-te-i-keu
contorno (m)	사이드 메뉴	sa-i-deu me-nyu
spaghetti (m pl)	스파게티	seu-pa-ge-ti
purè (m) di patate	으깬 감자	eu-kkaen gam-ja
pizza (f)	피자	pi-ja
porridge (m)	죽	juk
frittata (f)	오믈렛	o-meul-let
bollito (agg)	삶은	sal-meun
affumicato (agg)	훈제된	hun-je-doen
fritto (agg)	튀긴	twi-gin
secco (agg)	말린	mal-lin
congelato (agg)	얼린	eol-lin
sottoaceto (agg)	초절인	cho-jeo-rin
dolce (gusto)	단	dan
salato (agg)	짠	jjan
freddo (agg)	차가운	cha-ga-un
caldo (agg)	뜨거운	tteu-geo-un
amaro (agg)	쓴	sseun
buono, gustoso (agg)	맛있는	man-nin-neun
cuocere, preparare (vt)	삶다	sam-da
cucinare (vi)	요리하다	yo-ri-ha-da
friggere (vt)	부치다	bu-chi-da
riscaldare (vt)	데우다	de-u-da
salare (vt)	소금을 넣다	so-geu-meul leo-ta
pepare (vt)	후추를 넣다	hu-chu-reul leo-ta
grattugiare (vt)	강판에 갈다	gang-pa-ne gal-da
buccia (f)	껍질	kkeop-jil
sbucciare (vt)	껍질 벗기다	kkeop-jil beot-gi-da

50. Spezie

sale (m)	소금	so-geum
salato (agg)	짜	jja
salare (vt)	소금을 넣다	so-geu-meul leo-ta
pepe (m) nero	후추	hu-chu
peperoncino (m)	고춧가루	go-chut-ga-ru
senape (f)	겨자	gyeo-ja
cren (m)	고추냉이	go-chu-naeng-i
condimento (m)	양념	yang-nyeom
spezie (f pl)	향료	hyang-nyo
salsa (f)	소스	so-seu
aceto (m)	식초	sik-cho
anice (m)	아니스	a-ni-seu
basilico (m)	바질	ba-jil

chiodi (m pl) di garofano	정향	jeong-hyang
zenzero (m)	생강	saeng-gang
coriandolo (m)	고수	go-su
cannella (f)	계피	gye-pi
sesamo (m)	깨	kkae
alloro (m)	월계수잎	wol-gye-su-ip
paprica (f)	파프리카	pa-peu-ri-ka
cumino (m)	캐러웨이	kae-reo-we-i
zafferano (m)	사프란	sa-peu-ran

51. Pasti

cibo (m)	음식	eum-sik
mangiare (vi, vt)	먹다	meok-da
colazione (f)	아침식사	a-chim-sik-sa
fare colazione	아침을 먹다	a-chi-meul meok-da
pranzo (m)	점심식사	jeom-sim-sik-sa
pranzare (vi)	점심을 먹다	jeom-si-meul meok-da
cena (f)	저녁식사	jeo-nyeok-sik-sa
cenare (vi)	저녁을 먹다	jeo-nyeo-geul meok-da
appetito (m)	식욕	si-gyok
Buon appetito!	맛있게 드십시오!	man-nit-ge deu-sip-si-o!
aprire (vt)	열다	yeol-da
rovesciare (~ il vino, ecc.)	엎지르다	eop-ji-reu-da
rovesciarsi (vr)	쏟아지다	sso-da-ji-da
bollire (vi)	끓다	kkeul-ta
far bollire	끓이다	kkeu-ri-da
bollito (agg)	끓인	kkeu-rin
raffreddare (vt)	식히다	sik-i-da
raffreddarsi (vr)	식다	sik-da
gusto (m)	맛	mat
retrogusto (m)	뒷 맛	dwit mat
essere a dieta	살을 빼다	sa-reul ppae-da
dieta (f)	다이어트	da-i-eo-teu
vitamina (f)	비타민	bi-ta-min
caloria (f)	칼로리	kal-lo-ri
vegetariano (m)	채식주의자	chae-sik-ju-ui-ja
vegetariano (agg)	채식주의의	chae-sik-ju-ui-ui
grassi (m pl)	지방	ji-bang
proteine (f pl)	단백질	dan-baek-jil
carboidrati (m pl)	탄수화물	tan-su-hwa-mul
fetta (f), fettina (f)	조각	jo-gak
pezzo (m) (~ di torta)	조각	jo-gak
briciola (f) (~ di pane)	부스러기	bu-seu-reo-gi

52. Preparazione della tavola

cucchiaio (m)	숟가락	sut-ga-rak
coltello (m)	나이프	na-i-peu
forchetta (f)	포크	po-keu
tazza (f)	컵	keop
piatto (m)	접시	jeop-si
piattino (m)	받침 접시	bat-chim jeop-si
tovagliolo (m)	냅킨	naep-kin
stuzzicadenti (m)	이쑤시개	i-ssu-si-gae

53. Ristorante

ristorante (m)	레스토랑	re-seu-to-rang
caffè (m)	커피숍	keo-pi-syop
pub (m), bar (m)	바	ba
sala (f) da tè	카페, 티룸	ka-pe, ti-rum
cameriere (m)	웨이터	we-i-teo
cameriera (f)	웨이트리스	we-i-teu-ri-seu
barista (m)	바텐더	ba-ten-deo
menù (m)	메뉴판	me-nyu-pan
lista (f) dei vini	와인 메뉴	wa-in me-nyu
prenotare un tavolo	테이블 예약을 하다	te-i-beul rye-ya-geul ha-da
piatto (m)	요리, 코스	yo-ri, ko-seu
ordinare (~ il pranzo)	주문하다	ju-mun-ha-da
fare un'ordinazione	주문을 하다	ju-mu-neul ha-da
aperitivo (m)	아페리티프	a-pe-ri-ti-peu
antipasto (m)	애피타이저	ae-pi-ta-i-jeo
dolce (m)	디저트	di-jeo-teu
conto (m)	계산서	gye-san-seo
pagare il conto	계산하다	gye-san-ha-da
dare il resto	거스름돈을 주다	geo-seu-reum-do-neul ju-da
mancia (f)	팁	tip

Famiglia, parenti e amici

54. Informazioni personali. Moduli

nome (m)	이름	i-reum
cognome (m)	성	seong
data (f) di nascita	생년월일	saeng-nyeon-wo-ril
luogo (m) di nascita	탄생지	tan-saeng-ji
nazionalità (f)	국적	guk-jeok
domicilio (m)	거소	geo-so
paese (m)	나라	na-ra
professione (f)	직업	ji-geop
sesso (m)	성별	seong-byeol
statura (f)	키	ki
peso (m)	몸무게	mom-mu-ge

55. Membri della famiglia. Parenti

madre (f)	어머니	eo-meo-ni
padre (m)	아버지	a-beo-ji
figlio (m)	아들	a-deul
figlia (f)	딸	ttal
figlia (f) minore	작은딸	ja-geun-ttal
figlio (m) minore	작은아들	ja-geun-a-deul
figlia (f) maggiore	맏딸	mat-ttal
figlio (m) maggiore	맏아들	ma-da-deul
fratello (m)	형제	hyeong-je
sorella (f)	자매	ja-mae
cugino (m)	사촌 형제	sa-chon hyeong-je
cugina (f)	사촌 자매	sa-chon ja-mae
mamma (f)	엄마	eom-ma
papà (m)	아빠	a-ppa
genitori (m pl)	부모	bu-mo
bambino (m)	아이, 아동	a-i, a-dong
bambini (m pl)	아이들	a-i-deul
nonna (f)	할머니	hal-meo-ni
nonno (m)	할아버지	ha-ra-beo-ji
nipote (m) (figlio di un figlio)	손자	son-ja
nipote (f)	손녀	son-nyeo
nipoti (pl)	손자들	son-ja-deul
zio (m)	삼촌	sam-chon

nipote (m) (figlio di un fratello)	조카	jo-ka
nipote (f)	조카딸	jo-ka-ttal
suocera (f)	장모	jang-mo
suocero (m)	시아버지	si-a-beo-ji
genero (m)	사위	sa-wi
matrigna (f)	계모	gye-mo
patrigno (m)	계부	gye-bu
neonato (m)	영아	yeong-a
infante (m)	아기	a-gi
bimbo (m), ragazzino (m)	꼬마	kko-ma
moglie (f)	아내	a-nae
marito (m)	남편	nam-pyeon
coniuge (m)	배우자	bae-u-ja
coniuge (f)	배우자	bae-u-ja
sposato (agg)	결혼한	gyeol-hon-han
sposata (agg)	결혼한	gyeol-hon-han
celibe (agg)	미혼의	mi-hon-ui
scapolo (m)	미혼 남자	mi-hon nam-ja
divorziato (agg)	이혼한	i-hon-han
vedova (f)	과부	gwa-bu
vedovo (m)	홀아비	ho-ra-bi
parente (m)	친척	chin-cheok
parente (m) stretto	가까운 친척	ga-kka-un chin-cheok
parente (m) lontano	먼 친척	meon chin-cheok
parenti (m pl)	친척들	chin-cheok-deul
orfano (m), orfana (f)	고아	go-a
tutore (m)	후견인	hu-gyeon-in
adottare (~ un bambino)	입양하다	i-byang-ha-da
adottare (~ una bambina)	입양하다	i-byang-ha-da

56. Amici. Colleghi

amico (m)	친구	chin-gu
amica (f)	친구	chin-gu
amicizia (f)	우정	u-jeong
essere amici	사귀다	sa-gwi-da
amico (m) (inform.)	벗	beot
amica (f) (inform.)	벗	beot
partner (m)	파트너	pa-teu-neo
capo (m)	상사	sang-sa
capo (m), superiore (m)	윗사람	wit-sa-ram
subordinato (m)	부하	bu-ha
collega (m)	동료	dong-nyo
conoscente (m)	아는 사람	a-neun sa-ram
compagno (m) di viaggio	동행자	dong-haeng-ja

compagno (m) di classe	동급생	dong-geup-saeng
vicino (m)	이웃	i-ut
vicina (f)	이웃	i-ut
vicini (m pl)	이웃들	i-ut-deul

57. Uomo. Donna

donna (f)	여자	yeo-ja
ragazza (f)	소녀, 아가씨	so-nyeo, a-ga-ssi
sposa (f)	신부	sin-bu
bella (agg)	아름다운	a-reum-da-un
alta (agg)	키가 큰	ki-ga keun
snella (agg)	날씬한	nal-ssin-han
bassa (agg)	키가 작은	ki-ga ja-geun
bionda (f)	블론드 여자	beul-lon-deu yeo-ja
bruna (f)	갈색머리 여성	gal-saeng-meo-ri yeo-seong
da donna (agg)	여성의	yeo-seong-ui
vergine (f)	처녀	cheo-nyeo
incinta (agg)	임신한	im-sin-han
uomo (m) (adulto maschio)	남자	nam-ja
biondo (m)	블론드 남자	beul-lon-deu nam-ja
bruno (m)	갈색머리 남자	gal-saeng-meo-ri nam-ja
alto (agg)	키가 큰	ki-ga keun
basso (agg)	키가 작은	ki-ga ja-geun
sgarbato (agg)	무례한	mu-rye-han
tozzo (agg)	땅딸막한	ttang-ttal-mak-an
robusto (agg)	강건한	gang-han
forte (agg)	강한	gang-han
forza (f)	힘	him
grasso (agg)	뚱뚱한	ttung-ttung-han
bruno (agg)	거무스레한	geo-mu-seu-re-han
snello (agg)	날씬한	nal-ssin-han
elegante (agg)	우아한	u-a-han

58. Età

età (f)	나이	na-i
giovinezza (f)	청년시절	cheong-nyeon-si-jeol
giovane (agg)	젊은	jeol-meun
più giovane (agg)	더 젊은	deo jeol-meun
più vecchio (agg)	더 나이 든	deo na-i deun
giovane (m)	젊은 분	jeol-meun bun
adolescente (m, f)	청소년	cheong-so-nyeon
ragazzo (m)	사내	sa-nae

vecchio (m)	노인	no-in
vecchia (f)	노인	no-in
adulto (m)	어른	eo-reun
di mezza età	중년의	jung-nyeo-nui
anziano (agg)	나이 든	na-i deun
vecchio (agg)	늙은	neul-geun
pensionamento (m)	은퇴	eun-toe
andare in pensione	은퇴하다	eun-toe-ha-da
pensionato (m)	은퇴자	eun-toe-ja

59. Bambini

bambino (m), bambina (f)	아이, 아동	a-i, a-dong
bambini (m pl)	아이들	a-i-deul
gemelli (m pl)	쌍둥이	ssang-dung-i
culla (f)	요람	yo-ram
sonaglio (m)	딸랑이	ttal-lang-i
pannolino (m)	기저귀	gi-jeo-gwi
tettarella (f)	젖꼭지	jeot-kkok-ji
carrozzina (f)	유모차	yu-mo-cha
scuola (f) materna	유치원	yu-chi-won
baby-sitter (f)	애기보는 사람	ae-gi-bo-neun sa-ram
infanzia (f)	유년	yu-nyeon
bambola (f)	인형	in-hyeong
giocattolo (m)	장난감	jang-nan-gam
gioco (m) di costruzione	블록 장난감	beul-lok jang-nan-gam
educato (agg)	잘 교육받은	jal gyo-yuk-ba-deun
maleducato (agg)	잘못 키운	jal-mot ki-un
viziato (agg)	버릇없는	beo-reus-eom-neun
essere disubbidiente	짓궂다	jit-gut-da
birichino (agg)	장난기 있는	jang-nan-gi in-neun
birichinata (f)	장난기	jang-nan-gi
bambino (m) birichino	장난꾸러기	jang-nan-kku-reo-gi
ubbidiente (agg)	말 잘 듣는	mal jal deun-neun
disubbidiente (agg)	반항적인	ban-hang-jeo-gin
docile (agg)	유순한	yu-sun-han
intelligente (agg)	영리한	yeong-ni-han
bambino (m) prodigio	신동	sin-dong

60. Coppie sposate. Vita di famiglia

baciare (vt)	키스하다	ki-seu-ha-da
baciarsi (vr)	입을 맞추다	i-beul mat-chu-da

famiglia (f)	가족	ga-jok
familiare (agg)	가족의	ga-jo-gui
coppia (f)	부부	bu-bu
matrimonio (m)	결혼	gyeol-hon
focolare (m) domestico	따뜻한 가정	tta-tteu-tan ga-jeong
dinastia (f)	혈통	hyeol-tong
appuntamento (m)	데이트	de-i-teu
bacio (m)	키스	ki-seu
amore (m)	사랑	sa-rang
amare (qn)	사랑하다	sa-rang-ha-da
amato (agg)	사랑받는	sa-rang-ban-neun
tenerezza (f)	상냥함	sang-nyang-ham
dolce, tenero (agg)	자상한	ja-sang-han
fedeltà (f)	성실	seong-sil
fedele (agg)	성실한	seong-sil-han
premura (f)	배려	bae-ryeo
premuroso (agg)	배려하는	bae-ryeo-ha-neun
sposi (m pl) novelli	신혼 부부	sin-hon bu-bu
luna (f) di miele	허니문	heo-ni-mun
sposarsi (per una donna)	결혼하다	gyeol-hon-ha-da
sposarsi (per un uomo)	결혼하다	gyeol-hon-ha-da
nozze (f pl)	결혼식	gyeol-hon-sik
anniversario (m)	기념일	gi-nyeom-il
amante (m)	애인	ae-in
amante (f)	정부	jeong-bu
adulterio (m)	불륜	bul-lyun
tradire (commettere adulterio)	바람을 피우다	ba-ra-meul pi-u-da
geloso (agg)	질투하는	jil-tu-ha-neun
essere geloso	질투하다	jil-tu-ha-da
divorzio (m)	이혼	i-hon
divorziare (vi)	이혼하다	i-hon-ha-da
litigare (vi)	다투다	da-tu-da
fare pace	화해하다	hwa-hae-ha-da
insieme	같이	ga-chi
sesso (m)	섹스	sek-seu
felicità (f)	행복	haeng-bok
felice (agg)	행복한	haeng-bok-an
disgrazia (f)	불행	bul-haeng
infelice (agg)	불행한	bul-haeng-han

Personalità. Sentimenti. Emozioni

61. Sentimenti. Emozioni

sentimento (m)	감정	gam-jeong
sentimenti (m pl)	감정	gam-jeong
sentire (vt)	느끼다	neu-kki-da
fame (f)	배고픔	bae-go-peum
avere fame	배가 고프다	bae-ga go-peu-da
sete (f)	목마름	mong-ma-reum
avere sete	목마르다	mong-ma-reu-da
sonnolenza (f)	졸음	jo-reum
avere sonno	졸리다	jol-li-da
stanchezza (f)	피로	pi-ro
stanco (agg)	피곤한	pi-gon-han
stancarsi (vr)	피곤하다	pi-gon-ha-da
umore (m) (buon ~)	기분	gi-bun
noia (f)	지루함	ji-ru-ham
annoiarsi (vr)	심심하다	sim-sim-ha-da
isolamento (f)	은둔 생활	eun-dun saeng-hwal
isolarsi (vr)	고적하게 살다	go-jeok-a-ge sal-da
preoccupare (vt)	걱정하게 만들다	geok-jeong-ha-ge man-deul-da
essere preoccupato	걱정하다	geok-jeong-ha-da
agitazione (f)	걱정	geok-jeong
preoccupazione (f)	심려	sim-nyeo
preoccupato (agg)	사로잡힌	sa-ro-ja-pin
essere nervoso	긴장하다	gin-jang-ha-da
andare in panico	공황 상태에 빠지다	gong-hwang sang-tae-e ppa-ji-da
speranza (f)	희망	hui-mang
sperare (vi, vt)	희망하다	hui-mang-ha-da
certezza (f)	확실	hwak-sil
sicuro (agg)	확실한	hwak-sil-han
incertezza (f)	불확실성	bul-hwak-sil-seong
incerto (agg)	불확실한	bul-hwak-sil-han
ubriaco (agg)	취한	chwi-han
sobrio (agg)	술 취하지 않은	sul chwi-ha-ji a-neun
debole (agg)	약한	yak-an
fortunato (agg)	행복한	haeng-bok-an
spaventare (vt)	겁주다	geop-ju-da
furia (f)	격분	gyeok-bun
rabbia (f)	격노	gyeong-no

depressione (f)	우울함	u-ul-ham
disagio (m)	불편함	bul-pyeon-ham
conforto (m)	안락	al-lak
rincrescere (vi)	후회하다	hu-hoe-ha-da
rincrescimento (m)	후회	hu-hoe
sfortuna (f)	불운	bu-run
tristezza (f)	슬픔	seul-peum
vergogna (f)	부끄러움	bu-kkeu-reo-um
allegria (f)	기쁨, 반가움	gi-ppeum, ban-ga-um
entusiasmo (m)	열광, 열성	yeol-gwang, yeol-seong
entusiasta (m)	열광자	yeol-gwang-ja
mostrare entusiasmo	열의를 보이다	yeo-rui-reul bo-i-da

62. Personalità. Carattere

carattere (m)	성격	seong-gyeok
difetto (m)	성격결함	seong-gyeok-gyeol-ham
mente (f)	마음	ma-eum
intelletto (m)	이성	i-seong
coscienza (f)	양심	yang-sim
abitudine (f)	습관	seup-gwan
capacità (f)	능력	neung-nyeok
sapere (~ nuotare)	할 수 있다	hal su it-da
paziente (agg)	참을성 있는	cha-meul-seong in-neun
impaziente (agg)	참을성 없는	cha-meul-seong eom-neun
curioso (agg)	호기심이 많은	ho-gi-sim-i ma-neun
curiosità (f)	호기심	ho-gi-sim
modestia (f)	겸손	gyeom-son
modesto (agg)	겸손한	gyeom-son-han
immodesto (agg)	자만하는	ja-man-ha-neun
pigro (agg)	게으른	ge-eu-reun
poltrone (m)	게으름뱅이	ge-eu-reum-baeng-i
furberia (f)	교활	gyo-hwal
furbo (agg)	교활한	gyo-hwal-han
diffidenza (f)	불신	bul-sin
diffidente (agg)	불신하는	bul-sin-ha-neun
generosità (f)	관대함	gwan-dae-ham
generoso (agg)	관대한	gwan-dae-han
di talento	재능이 있는	jae-neung-i in-neun
talento (m)	재능	jae-neung
coraggioso (agg)	용감한	yong-gam-han
coraggio (m)	용기	yong-gi
onesto (agg)	정직한	jeong-jik-an
onestà (f)	정직	jeong-jik
prudente (agg)	주의깊은	ju-ui-gi-peun
valoroso (agg)	용감한	yong-gam-han

serio (agg)	진지한	jin-ji-han
severo (agg)	엄한	eom-han
deciso (agg)	과단성 있는	gwa-dan-seong in-neun
indeciso (agg)	과단성 없는	gwa-dan-seong eom-neun
timido (agg)	소심한	so-sim-han
timidezza (f)	소심	so-sim
fiducia (f)	신뢰	sil-loe
fidarsi (vr)	신뢰하다	sil-loe-ha-da
fiducioso (agg)	잘 믿는	jal min-neun
sinceramente	성실하게	seong-sil-ha-ge
sincero (agg)	성실한	seong-sil-han
sincerità (f)	성실	seong-sil
aperto (agg)	열린	yeol-lin
tranquillo (agg)	차분한	cha-bun-han
sincero (agg)	솔직한	sol-jik-an
ingenuo (agg)	순진한	sun-jin-han
distratto (agg)	건망증이 심한	geon-mang-jeung-i sim-han
buffo (agg)	웃긴	ut-gin
avidità (f)	욕심	yok-sim
avido (agg)	욕심 많은	yok-sim ma-neun
avaro (agg)	인색한	in-saek-an
cattivo (agg)	사악한	sa-a-kan
testardo (agg)	고집이 센	go-ji-bi sen
antipatico (agg)	불쾌한	bul-kwae-han
egoista (m)	이기주의자	i-gi-ju-ui-ja
egoistico (agg)	이기적인	i-gi-jeo-gin
codardo (m)	비겁한 자, 겁쟁이	bi-geo-pan ja, geop-jaeng-i
codardo (agg)	비겁한	bi-geo-pan

63. Dormire. Sogni

dormire (vi)	잠을 자다	ja-meul ja-da
sonno (m) (stato di sonno)	잠	jam
sogno (m)	꿈	kkum
sognare (fare sogni)	꿈을 꾸다	kku-meul kku-da
sonnolento (agg)	졸린	jol-lin
letto (m)	침대	chim-dae
materasso (m)	매트리스	mae-teu-ri-seu
coperta (f)	이불	i-bul
cuscino (m)	베개	be-gae
lenzuolo (m)	시트	si-teu
insonnia (f)	불면증	bul-myeon-jeung
insonne (agg)	불면의	bul-myeon-ui
sonnifero (m)	수면제	su-myeon-je
prendere il sonnifero	수면제를 먹다	su-myeon-je-reul meok-da
avere sonno	졸리다	jol-li-da

sbadigliare (vi)	하품하다	ha-pum-ha-da
andare a letto	잠자리에 들다	jam-ja-ri-e deul-da
fare il letto	침대를 정리하다	chim-dae-reul jeong-ni-ha-da
addormentarsi (vr)	잠들다	jam-deul-da
incubo (m)	악몽	ang-mong
russare (m)	코골기	ko-gol-gi
russare (vi)	코를 골다	ko-reul gol-da
sveglia (f)	알람 시계	al-lam si-gye
svegliare (vt)	깨우다	kkae-u-da
svegliarsi (vr)	깨다	kkae-da
alzarsi (vr)	일어나다	i-reo-na-da
lavarsi (vr)	세수하다	se-su-ha-da

64. Umorismo. Risata. Felicità

umorismo (m)	유머	yu-meo
senso (m) dello humour	유머 감각	yu-meo gam-gak
divertirsi (vr)	즐기다	jeul-gi-da
allegro (agg)	명랑한	myeong-nang-han
allegria (f)	즐거움	jeul-geo-um
sorriso (m)	미소	mi-so
sorridere (vi)	미소를 짓다	mi-so-reul jit-da
mettersi a ridere	웃기 시작하다	ut-gi si-jak-a-da
ridere (vi)	웃다	ut-da
riso (m)	웃음	us-eum
aneddoto (m)	일화	il-hwa
divertente (agg)	웃긴	ut-gin
ridicolo (agg)	웃긴	ut-gin
scherzare (vi)	농담하다	nong-dam-ha-da
scherzo (m)	농담	nong-dam
gioia (f) (fare salti di ~)	기쁜, 즐거움	gi-ppeun, jeul-geo-um
rallegrarsi (vr)	기뻐하다	gi-ppeo-ha-da
allegro (agg)	기쁜	gi-ppeun

65. Discussione. Conversazione. Parte 1

comunicazione (f)	의사소통	ui-sa-so-tong
comunicare (vi)	연락을 주고받다	yeol-la-geul ju-go-bat-da
conversazione (f)	대화	dae-hwa
dialogo (m)	대화	dae-hwa
discussione (f)	논의	non-ui
dibattito (m)	언쟁	eon-jaeng
discutere (vi)	언쟁하다	eon-jaeng-ha-da
interlocutore (m)	대화 상대	dae-hwa sang-dae
tema (m)	주제	ju-je

punto (m) di vista	관점	gwan-jeom
opinione (f)	의견	ui-gyeon
discorso (m)	연설	yeon-seol
discussione (f)	의논	ui-non
discutere (~ una proposta)	의논하다	ui-non-ha-da
conversazione (f)	대화	dae-hwa
conversare (vi)	대화하다	i-ya-gi-ha-da
incontro (m)	회의	hoe-ui
incontrarsi (vr)	만나다	man-na-da
proverbio (m)	속담	sok-dam
detto (m)	속담	sok-dam
indovinello (m)	수수께끼	su-su-kke-kki
fare un indovinello	수수께끼를 내다	su-su-kke-kki-reul lae-da
parola (f) d'ordine	비밀번호	bi-mil-beon-ho
segreto (m)	비밀	bi-mil
giuramento (m)	맹세	maeng-se
giurare (prestare giuramento)	맹세하다	maeng-se-ha-da
promessa (f)	약속	yak-sok
promettere (vt)	약속하다	yak-sok-a-da
consiglio (m)	조언	jo-eon
consigliare (vt)	조언하다	jo-eon-ha-da
ubbidire (ai genitori)	… 를 따르다	… reul tta-reu-da
notizia (f)	소식	so-sik
sensazione (f)	센세이션	sen-se-i-syeon
informazioni (f pl)	정보	jeong-bo
conclusione (f)	결론	gyeol-lon
voce (f)	목소리	mok-so-ri
complimento (m)	칭찬	ching-chan
gentile (agg)	친절한	chin-jeol-han
parola (f)	단어	dan-eo
frase (f)	어구	eo-gu
risposta (f)	대답	dae-dap
verità (f)	진리	jil-li
menzogna (f)	거짓말	geo-jin-mal
pensiero (m)	생각	saeng-gak
idea (f)	관념	gwan-nyeom
fantasia (f)	판타지	pan-ta-ji

66. Discussione. Conversazione. Parte 2

rispettato (agg)	존경받는	jon-gyeong-ban-neun
rispettare (vt)	존경하다	jon-gyeong-ha-da
rispetto (m)	존경	jon-gyeong
Egregio …	친애하는 …	chin-ae-ha-neun …
presentare (~ qn)	소개하다	so-gae-ha-da
intenzione (f)	의도	ui-do

avere intenzione	의도하다	ui-do-ha-da
augurio (m)	바람	ba-ram
augurare (vt)	바라다	ba-ra-da
sorpresa (f)	놀라움	nol-la-um
sorprendere (stupire)	놀라게 하다	nol-la-ge ha-da
stupirsi (vr)	놀라다	nol-la-da
dare (vt)	주다	ju-da
prendere (vt)	잡다	jap-da
rendere (vt)	돌려주다	dol-lyeo-ju-da
restituire (vt)	돌려주다	dol-lyeo-ju-da
scusarsi (vr)	사과하다	sa-gwa-ha-da
scusa (f)	사과	sa-gwa
perdonare (vt)	용서하다	yong-seo-ha-da
parlare (vi, vt)	말하다	mal-ha-da
ascoltare (vi)	듣다	deut-da
ascoltare fino in fondo	끝까지 듣다	kkeut-kka-ji deut-da
capire (vt)	이해하다	i-hae-ha-da
mostrare (vt)	보여주다	bo-yeo-ju-da
guardare (vt)	… 를 보다	… reul bo-da
chiamare (rivolgersi a)	부르다	bu-reu-da
disturbare (vt)	방해하다	bang-hae-ha-da
consegnare (vt)	건네주다	geon-ne-ju-da
richiesta (f)	요청	yo-cheong
chiedere (vt)	부탁하다	bu-tak-a-da
esigenza (f)	요구	yo-gu
esigere (vt)	요구하다	yo-gu-ha-da
stuzzicare (vt)	놀리다	nol-li-da
canzonare (vt)	조롱하다	jo-rong-ha-da
burla (f), beffa (f)	조롱, 조소	jo-rong, jo-so
soprannome (m)	별명	byeol-myeong
allusione (f)	암시	am-si
alludere (vi)	암시하다	am-si-ha-da
intendere (cosa intendi dire?)	의미하다	ui-mi-ha-da
descrizione (f)	서술	seo-sul
descrivere (vt)	서술하다	seo-sul-ha-da
lode (f)	칭찬	ching-chan
lodare (vt)	칭찬하다	ching-chan-ha-da
delusione (f)	실망	sil-mang
deludere (vt)	실망시키다	sil-mang-si-ki-da
rimanere deluso	실망하다	sil-mang-ha-da
supposizione (f)	추측	chu-cheuk
supporre (vt)	추측하다	chu-cheuk-a-da
avvertimento (m)	경고	gyeong-go
avvertire (vt)	경고하다	gyeong-go-ha-da

67. Discussione. Conversazione. Parte 3

persuadere (vt)	설득하다	seol-deu-ka-da
tranquillizzare (vt)	진정시키다	jin-jeong-si-ki-da
silenzio (m) (il ~ è d'oro)	침묵	chim-muk
tacere (vi)	침묵을 지키다	chim-mu-geul ji-ki-da
sussurrare (vt)	속삭이다	sok-sa-gi-da
sussurro (m)	속삭임	sok-sa-gim
francamente	솔직하게	sol-jik-a-ge
secondo me ...	내 생각에 ...	nae saeng-ga-ge ...
dettaglio (m)	세부	se-bu
dettagliato (agg)	자세한	ja-se-han
dettagliatamente	자세하게	ja-se-ha-ge
suggerimento (m)	단서	dan-seo
suggerire (vt)	힌트를 주다	hin-teu-reul ju-da
sguardo (m)	흘낏 봄	heul-kkit bom
gettare uno sguardo	보다	bo-da
fisso (agg)	고정된	go-jeong-doen
battere le palpebre	눈을 깜빡이다	nu-neul kkam-ppa-gi-da
ammiccare (vi)	눈짓하다	nun-ji-ta-da
accennare col capo	끄덕이다	kkeu-deo-gi-da
sospiro (m)	한숨	han-sum
sospirare (vi)	한숨을 쉬다	han-su-meul swi-da
sussultare (vi)	몸을 떨다	mo-meul tteol-da
gesto (m)	손짓	son-jit
toccare (~ il braccio)	만지다	man-ji-da
afferrare (~ per il braccio)	잡다	jap-da
picchiettare (~ la spalla)	툭 치다	tuk chi-da
Attenzione!	조심!	jo-sim!
Davvero?	정말?	jeong-mal?
Sei sicuro?	확실해요?	hwak-sil-hae-yo?
Buona fortuna!	행운을 빕니다!	haeng-u-neul bim-ni-da!
Capito!	알겠어요!	al-ge-seo-yo!
Peccato!	유감이에요!	yu-ga-mi-e-yo!

68. Accordo. Rifiuto

accordo (m)	동의	dong-ui
essere d'accordo	동의하다	dong-ui-ha-da
approvazione (f)	찬성	chan-seong
approvare (vt)	찬성하다	chan-seong-ha-da
rifiuto (m)	거절	geo-jeol
rifiutarsi (vr)	거절하다	geo-jeol-ha-da
Perfetto!	좋아요!	jo-a-yo!
Va bene!	좋아요!	jo-a-yo!

D'accordo!	그래요!	geu-rae-yo!
vietato, proibito (agg)	금지된	geum-ji-doen
è proibito	금지되어 있다	geum-ji-doe-eo it-da
è impossibile	불가능하다	bul-ga-neung-ha-da
sbagliato (agg)	틀린	teul-lin
respingere (~ una richiesta)	거부하다	geo-bu-ha-da
sostenere (~ un'idea)	지지하다	ji-ji-ha-da
accettare (vt)	받아들이다	ba-da-deu-ri-da
confermare (vt)	확인해 주다	hwa-gin-hae ju-da
conferma (f)	확인	hwa-gin
permesso (m)	허락	heo-rak
permettere (vt)	허가하다	heo-ga-ha-da
decisione (f)	결정	gyeol-jeong
non dire niente	아무 말도 않다	a-mu mal-do an-ta
condizione (f)	조건	jo-geon
pretesto (m)	핑계	ping-gye
lode (f)	칭찬	ching-chan
lodare (vt)	칭찬하다	ching-chan-ha-da

69. Successo. Fortuna. Fiasco

successo (m)	성공	seong-gong
con successo	성공적으로	seong-gong-jeo-geu-ro
ben riuscito (agg)	성공적인	seong-gong-jeo-gin
fortuna (f)	운	un
Buona fortuna!	행운을 빕니다!	haeng-u-neul bim-ni-da!
fortunato (giorno ~)	운이 좋은	un-i jo-eun
fortunato (persona ~a)	운이 좋은	un-i jo-eun
fiasco (m)	실패	sil-pae
disdetta (f)	불운	bu-run
sfortuna (f)	불운	bu-run
fallito (agg)	성공적이지 못한	seong-gong-jeo-gi-ji mo-tan
disastro (m)	재난	jae-nan
orgoglio (m)	자존심	ja-jon-sim
orgoglioso (agg)	자존심 강한	ja-jon-sim gang-han
essere fiero di ...	득의만면이다	deu-gui-man-myeon-i-da
vincitore (m)	승리자	seung-ni-ja
vincere (vi)	이기다	i-gi-da
perdere (subire una sconfitta)	지다	ji-da
tentativo (m)	사실, 시도	sa-sil, si-do
tentare (vi)	해보다	hae-bo-da
chance (f)	기회	gi-hoe

70. Dispute. Sentimenti negativi

grido (m)	고함	go-ham
gridare (vi)	소리치다	so-ri-chi-da

litigio (m)	싸움	ssa-um
litigare (vi)	다투다	da-tu-da
lite (f)	싸움	ssa-um
dare scandalo (litigare)	싸움을 하다	ssa-u-meul ha-da
conflitto (m)	갈등	gal-deung
fraintendimento (m)	오해	o-hae
insulto (m)	모욕	mo-yok
insultare (vt)	모욕하다	mo-yok-a-da
offeso (agg)	모욕 당한	mo-yok dang-han
offesa (f)	분노	bun-no
offendere (qn)	모욕하다	mo-yok-a-da
offendersi (vr)	약오르다	ya-go-reu-da
indignazione (f)	분개	bun-gae
indignarsi (vr)	분개하다	bun-gae-ha-da
lamentela (f)	불평	bul-pyeong
lamentarsi (vr)	불평하다	bul-pyeong-ha-da
scusa (f)	사과	sa-gwa
scusarsi (vr)	사과하다	sa-gwa-ha-da
chiedere scusa	용서를 빌다	yong-seo-reul bil-da
critica (f)	비판	bi-pan
criticare (vt)	비판하다	bi-pan-ha-da
accusa (f)	비난	bi-nan
accusare (vt)	비난하다	bi-nan-ha-da
vendetta (f)	복수	bok-su
vendicare (vt)	복수하다	bok-su-ha-da
vendicarsi (vr)	갚아주다	ga-pa-ju-da
disprezzo (m)	경멸	gyeong-myeol
disprezzare (vt)	경멸하다	gyeong-myeol-ha-da
odio (m)	증오	jeung-o
odiare (vt)	증오하다	jeung-o-ha-da
nervoso (agg)	긴장한	gin-jang-han
essere nervoso	긴장하다	gin-jang-ha-da
arrabbiato (agg)	화가 난	hwa-ga nan
fare arrabbiare	화나게 하다	hwa-na-ge ha-da
umiliazione (f)	굴욕	gu-ryok
umiliare (vt)	굴욕감을 주다	gu-ryok-ga-meul ju-da
umiliarsi (vr)	창피를 당하다	chang-pi-reul dang-ha-da
shock (m)	충격	chung-gyeok
scandalizzare (vt)	충격을 주다	chung-gyeo-geul ju-da
problema (m) (avere ~i)	문제	mun-je
spiacevole (agg)	불쾌한	bul-kwae-han
spavento (m), paura (f)	두려움	du-ryeo-um
terribile (una tempesta ~)	끔찍한	kkeum-jjik-an
spaventoso (un racconto ~)	무서운	mu-seo-un
orrore (m)	공포	gong-po

orrendo (un crimine ~)	지독한	ji-dok-an
piangere (vi)	울다	ul-da
mettersi a piangere	울기 시작하다	ul-gi si-jak-a-da
lacrima (f)	눈물	nun-mul
colpa (f)	잘못	jal-mot
senso (m) di colpa	죄책감	joe-chaek-gam
vergogna (f)	불명예	bul-myeong-ye
protesta (f)	항의	hang-ui
stress (m)	스트레스	seu-teu-re-seu
disturbare (vt)	방해하다	bang-hae-ha-da
essere arrabbiato	화내다	hwa-nae-da
arrabbiato (agg)	화가 난	hwa-ga nan
porre fine a … (~ una relazione)	끝내다	kkeun-nae-da
rimproverare (vt)	욕하다	yok-a-da
spaventarsi (vr)	무서워하다	mu-seo-wo-ha-da
colpire (vt)	치다	chi-da
picchiarsi (vr)	싸우다	ssa-u-da
regolare (~ un conflitto)	해결하다	hae-gyeol-ha-da
scontento (agg)	불만족한	bul-kwae-han
furioso (agg)	맹렬한	maeng-nyeol-han
Non sta bene!	그건 좋지 않아요!	geu-geon jo-chi a-na-yo!
Fa male!	그건 나빠요!	geu-geon na-ppa-yo!

Medicinali

71. Malattie

malattia (f)	병	byeong
essere malato	눕다	nup-da
salute (f)	건강	geon-gang
raffreddore (m)	비염	bi-yeom
tonsillite (f)	편도염	pyeon-do-yeom
raffreddore (m)	감기	gam-gi
raffreddarsi (vr)	감기에 걸리다	gam-gi-e geol-li-da
bronchite (f)	기관지염	gi-gwan-ji-yeom
polmonite (f)	폐렴	pye-ryeom
influenza (f)	독감	dok-gam
miope (agg)	근시의	geun-si-ui
presbite (agg)	원시의	won-si-ui
strabismo (m)	사시	sa-si
strabico (agg)	사시인	sa-si-in
cateratta (f)	백내장	baeng-nae-jang
glaucoma (m)	녹내장	nong-nae-jang
ictus (m) cerebrale	뇌졸중	noe-jol-jung
attacco (m) di cuore	심장마비	sim-jang-ma-bi
infarto (m) miocardico	심근경색증	sim-geun-gyeong-saek-jeung
paralisi (f)	마비	ma-bi
paralizzare (vt)	마비되다	ma-bi-doe-da
allergia (f)	알레르기	al-le-reu-gi
asma (f)	천식	cheon-sik
diabete (m)	당뇨병	dang-nyo-byeong
mal (m) di denti	치통, 이앓이	chi-tong, i-a-ri
carie (f)	충치	chung-chi
diarrea (f)	설사	seol-sa
stitichezza (f)	변비증	byeon-bi-jeung
disturbo (m) gastrico	배탈	bae-tal
intossicazione (f) alimentare	식중독	sik-jung-dok
intossicarsi (vr)	식중독에 걸리다	sik-jung-do-ge geol-li-da
artrite (f)	관절염	gwan-jeo-ryeom
rachitide (f)	구루병	gu-ru-byeong
reumatismo (m)	류머티즘	ryu-meo-ti-jeum
gastrite (f)	위염	wi-yeom
appendicite (f)	맹장염	maeng-jang-yeom
colecistite (f)	담낭염	dam-nang-yeom

ulcera (f)	궤양	gwe-yang
morbillo (m)	홍역	hong-yeok
rosolia (f)	풍진	pung-jin
itterizia (f)	황달	hwang-dal
epatite (f)	간염	gan-nyeom
schizofrenia (f)	정신 분열증	jeong-sin bu-nyeol-jeung
rabbia (f)	광견병	gwang-gyeon-byeong
nevrosi (f)	신경증	sin-gyeong-jeung
commozione (f) cerebrale	뇌진탕	noe-jin-tang
cancro (m)	암	am
sclerosi (f)	경화증	gyeong-hwa-jeung
sclerosi (f) multipla	다발성 경화증	da-bal-seong gyeong-hwa-jeung
alcolismo (m)	알코올 중독	al-ko-ol jung-dok
alcolizzato (m)	알코올 중독자	al-ko-ol jung-dok-ja
sifilide (f)	매독	mae-dok
AIDS (m)	에이즈	e-i-jeu
tumore (m)	종양	jong-yang
maligno (agg)	악성의	ak-seong-ui
benigno (agg)	양성의	yang-seong-ui
febbre (f)	열병	yeol-byeong
malaria (f)	말라리아	mal-la-ri-a
cancrena (f)	괴저	goe-jeo
mal (m) di mare	뱃멀미	baen-meol-mi
epilessia (f)	간질	gan-jil
epidemia (f)	유행병	yu-haeng-byeong
tifo (m)	발진티푸스	bal-jin-ti-pu-seu
tubercolosi (f)	결핵	gyeol-haek
colera (m)	콜레라	kol-le-ra
peste (f)	페스트	pe-seu-teu

72. Sintomi. Cure. Parte 1

sintomo (m)	증상	jeung-sang
temperatura (f)	체온	che-on
febbre (f) alta	열	yeol
polso (m)	맥박	maek-bak
capogiro (m)	현기증	hyeon-gi-jeung
caldo (agg)	뜨거운	tteu-geo-un
brivido (m)	전율	jeo-nyul
pallido (un viso ~)	창백한	chang-baek-an
tosse (f)	기침	gi-chim
tossire (vi)	기침을 하다	gi-chi-meul ha-da
starnutire (vi)	재채기하다	jae-chae-gi-ha-da
svenimento (m)	실신	sil-sin
svenire (vi)	실신하다	sil-sin-ha-da

livido (m)	멍	meong
bernoccolo (m)	혹	hok
farsi un livido	부딪치다	bu-dit-chi-da
contusione (f)	타박상	ta-bak-sang
farsi male	타박상을 입다	ta-bak-sang-eul rip-da
zoppicare (vi)	절다	jeol-da
slogatura (f)	탈구	tal-gu
slogarsi (vr)	탈구하다	tal-gu-ha-da
frattura (f)	골절	gol-jeol
fratturarsi (vr)	골절하다	gol-jeol-ha-da
taglio (m)	베인	be-in
tagliarsi (vr)	베다	jeol-chang-eul rip-da
emorragia (f)	출혈	chul-hyeol
scottatura (f)	화상	hwa-sang
scottarsi (vr)	데다	de-da
pungere (vt)	찌르다	jji-reu-da
pungersi (vr)	찔리다	jjil-li-da
ferire (vt)	다치다	da-chi-da
ferita (f)	부상	bu-sang
lesione (f)	부상	bu-sang
trauma (m)	정신적 외상	jeong-sin-jeok goe-sang
delirare (vi)	망상을 겪다	mang-sang-eul gyeok-da
tartagliare (vi)	말을 더듬다	ma-reul deo-deum-da
colpo (m) di sole	일사병	il-sa-byeong

73. Sintomi. Cure. Parte 2

dolore (m), male (m)	통증	tong-jeung
scheggia (f)	가시	ga-si
sudore (m)	땀	ttam
sudare (vi)	땀이 나다	ttam-i na-da
vomito (m)	구토	gu-to
convulsioni (f pl)	경련	gyeong-nyeon
incinta (agg)	임신한	im-sin-han
nascere (vi)	태어나다	tae-eo-na-da
parto (m)	출산	chul-san
essere in travaglio di parto	낳다	na-ta
aborto (m)	낙태	nak-tae
respirazione (f)	호흡	ho-heup
inspirazione (f)	들숨	deul-sum
espirazione (f)	날숨	nal-sum
espirare (vi)	내쉬다	nae-swi-da
inspirare (vi)	들이쉬다	deu-ri-swi-da
invalido (m)	장애인	jang-ae-in
storpio (m)	병신	byeong-sin

drogato (m)	마약 중독자	ma-yak jung-dok-ja
sordo (agg)	귀가 먼	gwi-ga meon
muto (agg)	벙어리인	beong-eo-ri-in
sordomuto (agg)	농아인	nong-a-in
matto (agg)	미친	mi-chin
matto (m)	광인	gwang-in
matta (f)	광인	gwang-in
impazzire (vi)	미치다	mi-chi-da
gene (m)	유전자	yu-jeon-ja
immunità (f)	면역성	myeo-nyeok-seong
ereditario (agg)	유전의	yu-jeon-ui
innato (agg)	선천적인	seon-cheon-jeo-gin
virus (m)	바이러스	ba-i-reo-seu
microbo (m)	미생물	mi-saeng-mul
batterio (m)	세균	se-gyun
infezione (f)	감염	gam-nyeom

74. Sintomi. Cure. Parte 3

ospedale (m)	병원	byeong-won
paziente (m)	환자	hwan-ja
diagnosi (f)	진단	jin-dan
cura (f)	치료	chi-ryo
curarsi (vr)	치료를 받다	chi-ryo-reul bat-da
curare (vt)	치료하다	chi-ryo-ha-da
accudire (un malato)	간호하다	gan-ho-ha-da
assistenza (f)	간호	gan-ho
operazione (f)	수술	su-sul
bendare (vt)	붕대를 감다	bung-dae-reul gam-da
fasciatura (f)	붕대	bung-dae
vaccinazione (f)	예방주사	ye-bang-ju-sa
vaccinare (vt)	접종하다	jeop-jong-ha-da
iniezione (f)	주사	ju-sa
fare una puntura	주사하다	ju-sa-ha-da
amputazione (f)	절단	jeol-dan
amputare (vt)	절단하다	jeol-dan-ha-da
coma (m)	혼수 상태	hon-su sang-tae
essere in coma	혼수 상태에 있다	hon-su sang-tae-e it-da
rianimazione (f)	집중 치료	jip-jung chi-ryo
guarire (vi)	회복하다	hoe-bok-a-da
stato (f) (del paziente)	상태	sang-tae
conoscenza (f)	의식	ui-sik
memoria (f)	기억	gi-eok
estrarre (~ un dente)	빼다	ppae-da
otturazione (f)	충전물	chung-jeon-mul

otturare (vt)	때우다	ttae-u-da
ipnosi (f)	최면	choe-myeon
ipnotizzare (vt)	최면을 걸다	choe-myeo-neul geol-da

75. Medici

medico (m)	의사	ui-sa
infermiera (f)	간호사	gan-ho-sa
medico (m) personale	개인 의사	gae-in ui-sa
dentista (m)	치과 의사	chi-gwa ui-sa
oculista (m)	안과 의사	an-gwa ui-sa
internista (m)	내과 의사	nae-gwa ui-sa
chirurgo (m)	외과 의사	oe-gwa ui-sa
psichiatra (m)	정신과 의사	jeong-sin-gwa ui-sa
pediatra (m)	소아과 의사	so-a-gwa ui-sa
psicologo (m)	심리학자	sim-ni-hak-ja
ginecologo (m)	부인과 의사	bu-in-gwa ui-sa
cardiologo (m)	심장병 전문의	sim-jang-byeong jeon-mun-ui

76. Medicinali. Farmaci. Accessori

medicina (f)	약	yak
rimedio (m)	약제	yak-je
prescrizione (f)	처방	cheo-bang
compressa (f)	정제	jeong-je
unguento (m)	연고	yeon-go
fiala (f)	앰풀	aem-pul
pozione (f)	혼합물	hon-ham-mul
sciroppo (m)	물약	mul-lyak
pillola (f)	알약	a-ryak
polverina (f)	가루약	ga-ru-yak
benda (f)	거즈 붕대	geo-jeu bung-dae
ovatta (f)	솜	som
iodio (m)	요오드	yo-o-deu
cerotto (m)	반창고	ban-chang-go
contagocce (m)	점안기	jeom-an-gi
termometro (m)	체온계	che-on-gye
siringa (f)	주사기	ju-sa-gi
sedia (f) a rotelle	휠체어	hwil-che-eo
stampelle (f pl)	목발	mok-bal
analgesico (m)	진통제	jin-tong-je
lassativo (m)	완하제	wan-ha-je
alcol (m)	알코올	al-ko-ol
erba (f) officinale	약초	yak-cho
d'erbe (infuso ~)	약초의	yak-cho-ui

77. Fumo. Prodotti di tabaccheria

tabacco (m)	담배	dam-bae
sigaretta (f)	담배	dam-bae
sigaro (m)	시가	si-ga
pipa (f)	담뱃대	dam-baet-dae
pacchetto (m) (di sigarette)	갑	gap
fiammiferi (m pl)	성냥	seong-nyang
scatola (f) di fiammiferi	성냥 갑	seong-nyang gap
accendino (m)	라이터	ra-i-teo
portacenere (m)	재떨이	jae-tteo-ri
portasigarette (m)	담배 케이스	dam-bae ke-i-seu
bocchino (m)	물부리	mul-bu-ri
filtro (m)	필터	pil-teo
fumare (vi, vt)	피우다	pi-u-da
accendere una sigaretta	담배에 불을 붙이다	dam-bae-e bu-reul bu-chi-da
fumo (m)	흡연	heu-byeon
fumatore (m)	흡연자	heu-byeon-ja
cicca (f), mozzicone (m)	꽁초	kkong-cho
fumo (m)	연기	yeon-gi
cenere (f)	재	jae

HABITAT UMANO

Città

78. Città. Vita di città

città (f)	도시	do-si
capitale (f)	수도	su-do
villaggio (m)	마을	ma-eul
mappa (f) della città	도시 지도	do-si ji-do
centro (m) della città	시내	si-nae
sobborgo (m)	근교	geun-gyo
suburbano (agg)	근교의	geun-gyo-ui
dintorni (m pl)	주변	ju-byeon
isolato (m)	한 구획	han gu-hoek
quartiere residenziale	동	dong
traffico (m)	교통	gyo-tong
semaforo (m)	신호등	sin-ho-deung
trasporti (m pl) urbani	대중교통	dae-jung-gyo-tong
incrocio (m)	교차로	gyo-cha-ro
passaggio (m) pedonale	횡단 보도	hoeng-dan bo-do
sottopassaggio (m)	지하 보도	ji-ha bo-do
attraversare (vt)	건너가다	geon-neo-ga-da
pedone (m)	보행자	bo-haeng-ja
marciapiede (m)	인도	in-do
ponte (m)	다리	da-ri
banchina (f)	강변로	gang-byeon-no
vialetto (m)	길	gil
parco (m)	공원	gong-won
boulevard (m)	대로	dae-ro
piazza (f)	광장	gwang-jang
viale (m), corso (m)	가로	ga-ro
via (f), strada (f)	거리	geo-ri
vicolo (m)	골목	gol-mok
vicolo (m) cieco	막다른길	mak-da-reun-gil
casa (f)	집	jip
edificio (m)	빌딩	bil-ding
grattacielo (m)	고층 건물	go-cheung geon-mul
facciata (f)	전면	jeon-myeon
tetto (m)	지붕	ji-bung
finestra (f)	창문	chang-mun

arco (m)	아치	a-chi
colonna (f)	기둥	gi-dung
angolo (m)	모퉁이	mo-tung-i
vetrina (f)	쇼윈도우	syo-win-do-u
insegna (f) (di negozi, ecc.)	간판	gan-pan
cartellone (m)	포스터	po-seu-teo
cartellone (m) pubblicitario	광고 포스터	gwang-go po-seu-teo
tabellone (m) pubblicitario	광고판	gwang-go-pan
pattume (m), spazzatura (f)	쓰레기	sseu-re-gi
pattumiera (f)	쓰레기통	sseu-re-gi-tong
discarica (f) di rifiuti	쓰레기장	sseu-re-gi-jang
cabina (f) telefonica	공중 전화	gong-jung jeon-hwa
lampione (m)	가로등	ga-ro-deung
panchina (f)	벤치	ben-chi
poliziotto (m)	경찰관	gyeong-chal-gwan
polizia (f)	경찰	gyeong-chal
mendicante (m)	거지	geo-ji
barbone (m)	노숙자	no-suk-ja

79. Servizi cittadini

negozio (m)	가게, 상점	ga-ge, sang-jeom
farmacia (f)	약국	yak-guk
ottica (f)	안경 가게	an-gyeong ga-ge
centro (m) commerciale	쇼핑몰	syo-ping-mol
supermercato (m)	슈퍼마켓	syu-peo-ma-ket
panetteria (f)	빵집	ppang-jip
fornaio (m)	제빵사	je-ppang-sa
pasticceria (f)	제과점	je-gwa-jeom
drogheria (f)	식료품점	sing-nyo-pum-jeom
macelleria (f)	정육점	jeong-yuk-jeom
fruttivendolo (m)	야채 가게	ya-chae ga-ge
mercato (m)	시장	si-jang
caffè (m)	커피숍	keo-pi-syop
ristorante (m)	레스토랑	re-seu-to-rang
birreria (f), pub (m)	바	ba
pizzeria (f)	피자 가게	pi-ja ga-ge
salone (m) di parrucchiere	미장원	mi-jang-won
ufficio (m) postale	우체국	u-che-guk
lavanderia (f) a secco	드라이 클리닝	deu-ra-i keul-li-ning
studio (m) fotografico	사진관	sa-jin-gwan
negozio (m) di scarpe	신발 가게	sin-bal ga-ge
libreria (f)	서점	seo-jeom
negozio (m) sportivo	스포츠용품 매장	seu-po-cheu-yong-pum mae-jang

riparazione (f) di abiti	옷 수선 가게	ot su-seon ga-ge
noleggio (m) di abiti	의류 임대	ui-ryu im-dae
noleggio (m) di film	비디오 대여	bi-di-o dae-yeo
circo (m)	서커스	seo-keo-seu
zoo (m)	동물원	dong-mu-rwon
cinema (m)	영화관	yeong-hwa-gwan
museo (m)	박물관	bang-mul-gwan
biblioteca (f)	도서관	do-seo-gwan
teatro (m)	극장	geuk-jang
teatro (m) dell'opera	오페라극장	o-pe-ra-geuk-jang
locale notturno (m)	나이트 클럽	na-i-teu keul-leop
casinò (m)	카지노	ka-ji-no
moschea (f)	모스크	mo-seu-keu
sinagoga (f)	유대교 회당	yu-dae-gyo hoe-dang
cattedrale (f)	대성당	dae-seong-dang
tempio (m)	사원, 신전	sa-won, sin-jeon
chiesa (f)	교회	gyo-hoe
istituto (m)	단과대학	dan-gwa-dae-hak
università (f)	대학교	dae-hak-gyo
scuola (f)	학교	hak-gyo
prefettura (f)	도, 현	do, hyeon
municipio (m)	시청	si-cheong
albergo, hotel (m)	호텔	ho-tel
banca (f)	은행	eun-haeng
ambasciata (f)	대사관	dae-sa-gwan
agenzia (f) di viaggi	여행사	yeo-haeng-sa
ufficio (m) informazioni	안내소	an-nae-so
ufficio (m) dei cambi	환전소	hwan-jeon-so
metropolitana (f)	지하철	ji-ha-cheol
ospedale (m)	병원	byeong-won
distributore (m) di benzina	주유소	ju-yu-so
parcheggio (m)	주차장	ju-cha-jang

80. Cartelli

insegna (f) (di negozi, ecc.)	간판	gan-pan
iscrizione (f)	안내문	an-nae-mun
cartellone (m)	포스터	po-seu-teo
segnale (m) di direzione	방향표시	bang-hyang-pyo-si
freccia (f)	화살표	hwa-sal-pyo
avvertimento (m)	경고	gyeong-go
avviso (m)	경고판	gyeong-go-pan
avvertire, avvisare (vt)	경고하다	gyeong-go-ha-da
giorno (m) di riposo	휴일	hyu-il
orario (m)	시간표	si-gan-pyo

orario (m) di apertura	영업 시간	yeong-eop si-gan
BENVENUTI!	어서 오세요!	eo-seo o-se-yo!
ENTRATA	입구	ip-gu
USCITA	출구	chul-gu
SPINGERE	미세요	mi-se-yo
TIRARE	당기세요	dang-gi-se-yo
APERTO	열림	yeol-lim
CHIUSO	닫힘	da-chim
DONNE	여성전용	yeo-seong-jeo-nyong
UOMINI	남성	nam-seong-jeo-nyong
SCONTI	할인	ha-rin
SALDI	세일	se-il
NOVITÀ!	신상품	sin-sang-pum
GRATIS	공짜	gong-jja
ATTENZIONE!	주의!	ju-ui!
COMPLETO	빈 방 없음	bin bang eop-seum
RISERVATO	예약석	ye-yak-seok
AMMINISTRAZIONE	관리부	gwal-li-bu
RISERVATO AL PERSONALE	직원 전용	ji-gwon jeo-nyong
ATTENTI AL CANE	개조심	gae-jo-sim
VIETATO FUMARE!	금연	geu-myeon
NON TOCCARE	손 대지 마시오!	son dae-ji ma-si-o!
PERICOLOSO	위험	wi-heom
PERICOLO	위험	wi-heom
ALTA TENSIONE	고전압	go-jeon-ap
DIVIETO DI BALNEAZIONE	수영 금지	su-yeong geum-ji
GUASTO	수리중	su-ri-jung
INFIAMMABILE	가연성 물자	ga-yeon-seong mul-ja
VIETATO	금지	geum-ji
VIETATO L'INGRESSO	출입 금지	chu-rip geum-ji
VERNICE FRESCA	칠 주의	chil ju-ui

81. Mezzi pubblici in città

autobus (m)	버스	beo-seu
tram (m)	전차	jeon-cha
filobus (m)	트롤리 버스	teu-rol-li beo-seu
itinerario (m)	노선	no-seon
numero (m)	번호	beon-ho
andare in ...	... 타고 가다	... ta-go ga-da
salire (~ sull'autobus)	타다	ta-da
scendere da ...	... 에서 내리다	... e-seo nae-ri-da
fermata (f) (~ dell'autobus)	정류장	jeong-nyu-jang
prossima fermata (f)	다음 정류장	da-eum jeong-nyu-jang

capolinea (m)	종점	jong-jeom
orario (m)	시간표	si-gan-pyo
aspettare (vt)	기다리다	gi-da-ri-da
biglietto (m)	표	pyo
prezzo (m) del biglietto	요금	yo-geum
cassiere (m)	계산원	gye-san-won
controllo (m) dei biglietti	검표	geom-pyo
bigliettaio (m)	검표원	geom-pyo-won
essere in ritardo	… 시간에 늦다	… si-gan-e neut-da
perdere (~ il treno)	놓치다	no-chi-da
avere fretta	서두르다	seo-du-reu-da
taxi (m)	택시	taek-si
taxista (m)	택시 운전 기사	taek-si un-jeon gi-sa
in taxi	택시로	taek-si-ro
parcheggio (m) di taxi	택시 정류장	taek-si jeong-nyu-jang
chiamare un taxi	택시를 부르다	taek-si-reul bu-reu-da
prendere un taxi	택시를 타다	taek-si-reul ta-da
traffico (m)	교통	gyo-tong
ingorgo (m)	교통 체증	gyo-tong che-jeung
ore (f pl) di punta	러시 아워	reo-si a-wo
parcheggiarsi (vr)	주차하다	ju-cha-ha-da
parcheggiare (vt)	주차하다	ju-cha-ha-da
parcheggio (m)	주차장	ju-cha-jang
metropolitana (f)	지하철	ji-ha-cheol
stazione (f)	역	yeok
prendere la metropolitana	지하철을 타다	ji-ha-cheo-reul ta-da
treno (m)	기차	gi-cha
stazione (f) ferroviaria	기차역	gi-cha-yeok

82. Visita turistica

monumento (m)	기념비	gi-nyeom-bi
fortezza (f)	요새	yo-sae
palazzo (m)	궁전	gung-jeon
castello (m)	성	seong
torre (f)	탑	tap
mausoleo (m)	영묘	yeong-myo
architettura (f)	건축	geon-chuk
medievale (agg)	중세의	jung-se-ui
antico (agg)	고대의	go-dae-ui
nazionale (agg)	국가의	guk-ga-ui
famoso (agg)	유명한	yu-myeong-han
turista (m)	관광객	gwan-gwang-gaek
guida (f)	가이드	ga-i-deu
escursione (f)	견학, 관광	gyeon-hak, gwan-gwang
fare vedere	보여주다	bo-yeo-ju-da

raccontare (vt)	이야기하다	i-ya-gi-ha-da
trovare (vt)	찾다	chat-da
perdersi (vr)	길을 잃다	gi-reul ril-ta
mappa (f) (~ della metropolitana)	노선도	no-seon-do
piantina (f) (~ della città)	지도	ji-do
souvenir (m)	기념품	gi-nyeom-pum
negozio (m) di articoli da regalo	기념품 가게	gi-nyeom-pum ga-ge
fare foto	사진을 찍다	sa-ji-neul jjik-da
fotografarsi	사진을 찍다	sa-ji-neul jjik-da

83. Acquisti

comprare (vt)	사다	sa-da
acquisto (m)	구매	gu-mae
fare acquisti	쇼핑하다	syo-ping-ha-da
shopping (m)	쇼핑	syo-ping
essere aperto (negozio)	열리다	yeol-li-da
essere chiuso	닫다	dat-da
calzature (f pl)	신발	sin-bal
abbigliamento (m)	옷	ot
cosmetica (f)	화장품	hwa-jang-pum
alimentari (m pl)	식품	sik-pum
regalo (m)	선물	seon-mul
commesso (m)	판매원	pan-mae-won
commessa (f)	여판매원	yeo-pan-mae-won
cassa (f)	계산대	gye-san-dae
specchio (m)	거울	geo-ul
banco (m)	계산대	gye-san-dae
camerino (m)	탈의실	ta-rui-sil
provare (~ un vestito)	입어보다	i-beo-bo-da
stare bene (vestito)	어울리다	eo-ul-li-da
piacere (vi)	좋아하다	jo-a-ha-da
prezzo (m)	가격	ga-gyeok
etichetta (f) del prezzo	가격표	ga-gyeok-pyo
costare (vt)	값이 … 이다	gap-si … i-da
Quanto?	얼마?	eol-ma?
sconto (m)	할인	ha-rin
no muy caro (agg)	비싸지 않은	bi-ssa-ji a-neun
a buon mercato	싼	ssan
caro (agg)	비싼	bi-ssan
È caro	비쌉니다	bi-ssam-ni-da
noleggio (m)	임대	im-dae
noleggiare (~ un abito)	빌리다	bil-li-da

credito (m)	신용	si-nyong
a credito	신용으로	si-nyong-eu-ro

84. Denaro

soldi (m pl)	돈	don
cambio (m)	환전	hwan-jeon
corso (m) di cambio	환율	hwa-nyul
bancomat (m)	현금 자동 지급기	hyeon-geum ja-dong ji-geup-gi
moneta (f)	동전	dong-jeon
dollaro (m)	달러	dal-leo
euro (m)	유로	yu-ro
lira (f)	리라	ri-ra
marco (m)	마르크	ma-reu-keu
franco (m)	프랑	peu-rang
sterlina (f)	파운드	pa-un-deu
yen (m)	엔	en
debito (m)	빚	bit
debitore (m)	채무자	chae-mu-ja
prestare (~ i soldi)	빌려주다	bil-lyeo-ju-da
prendere in prestito	빌리다	bil-li-da
banca (f)	은행	eun-haeng
conto (m)	계좌	gye-jwa
versare sul conto	계좌에 입금하다	ip-geum-ha-da
prelevare dal conto	출금하다	chul-geum-ha-da
carta (f) di credito	신용 카드	si-nyong ka-deu
contanti (m pl)	현금	hyeon-geum
assegno (m)	수표	su-pyo
emettere un assegno	수표를 끊다	su-pyo-reul kkeun-ta
libretto (m) di assegni	수표책	su-pyo-chaek
portafoglio (m)	지갑	ji-gap
borsellino (m)	동전지갑	dong-jeon-ji-gap
cassaforte (f)	금고	geum-go
erede (m)	상속인	sang-so-gin
eredità (f)	유산	yu-san
fortuna (f)	재산, 큰돈	jae-san, keun-don
affitto (m), locazione (f)	임대	im-dae
canone (m) d'affitto	집세	jip-se
affittare (dare in affitto)	임대하다	im-dae-ha-da
prezzo (m)	가격	ga-gyeok
costo (m)	비용	bi-yong
somma (f)	액수	aek-su
spendere (vt)	쓰다	sseu-da
spese (f pl)	출비를	chul-bi-reul

economizzare (vi, vt)	절약하다	jeo-ryak-a-da
economico (agg)	경제적인	gyeong-je-jeo-gin
pagare (vi, vt)	지불하다	ji-bul-ha-da
pagamento (m)	지불	ji-bul
resto (m) (dare il ~)	거스름돈	geo-seu-reum-don
imposta (f)	세금	se-geum
multa (f), ammenda (f)	벌금	beol-geum
multare (vt)	벌금을 부과하다	beol-geu-meul bu-gwa-ha-da

85. Posta. Servizio postale

ufficio (m) postale	우체국	u-che-guk
posta (f) (lettere, ecc.)	우편물	u-pyeon-mul
postino (m)	우체부	u-che-bu
orario (m) di apertura	영업 시간	yeong-eop si-gan
lettera (f)	편지	pyeon-ji
raccomandata (f)	등기 우편	deung-gi u-pyeon
cartolina (f)	엽서	yeop-seo
telegramma (m)	전보	jeon-bo
pacco (m) postale	소포	so-po
vaglia (m) postale	송금	song-geum
ricevere (vt)	받다	bat-da
spedire (vt)	보내다	bo-nae-da
invio (m)	발송	bal-song
indirizzo (m)	주소	ju-so
codice (m) postale	우편 번호	u-pyeon beon-ho
mittente (m)	발송인	bal-song-in
destinatario (m)	수신인	su-sin-in
nome (m)	이름	i-reum
cognome (m)	성	seong
tariffa (f)	요금	yo-geum
ordinario (agg)	일반의	il-ba-nui
standard (agg)	경제적인	gyeong-je-jeo-gin
peso (m)	무게	mu-ge
pesare (vt)	무게를 달다	mu-ge-reul dal-da
busta (f)	봉투	bong-tu
francobollo (m)	우표	u-pyo

Abitazione. Casa

86. Casa. Abitazione

casa (f)	집	jip
a casa	집에	ji-be
cortile (m)	마당	ma-dang
recinto (m)	울타리	ul-ta-ri
mattone (m)	벽돌	byeok-dol
di mattoni	벽돌의	byeok-do-rui
pietra (f)	돌	dol
di pietra	돌의	do-rui
beton (m)	콘크리트	kon-keu-ri-teu
di beton	콘크리트의	kon-keu-ri-teu-ui
nuovo (agg)	새로운	sae-ro-un
vecchio (agg)	오래된	o-rae-doen
fatiscente (edificio ~)	쓰러질듯한	sseu-reo-jil-deu-tan
moderno (agg)	근대의	geun-dae-ui
a molti piani	다층의	da-cheung-ui
alto (agg)	높은	no-peun
piano (m)	층	cheung
di un piano	단층의	dan-cheung-ui
pianoterra (m)	일층	il-cheung
ultimo piano (m)	꼭대기층	kkok-dae-gi-cheung
tetto (m)	지붕	ji-bung
ciminiera (f)	굴뚝	gul-ttuk
tegola (f)	기와	gi-wa
di tegole	기와를 얹은	gi-wa-reul reon-jeun
soffitta (f)	다락	da-rak
finestra (f)	창문	chang-mun
vetro (m)	유리	yu-ri
davanzale (m)	창가	chang-ga
imposte (f pl)	덧문	deon-mun
muro (m)	벽	byeok
balcone (m)	발코니	bal-ko-ni
tubo (m) pluviale	선홈통	seon-hom-tong
su, di sopra	위층으로	wi-cheung-eu-ro
andare di sopra	위층에 올라가다	wi-cheung-e ol-la-ga-da
scendere (vi)	내려오다	nae-ryeo-o-da
trasferirsi (vr)	이사가다	i-sa-ga-da

87. Casa. Ingresso. Ascensore

entrata (f)	입구	ip-gu
scala (f)	계단	gye-dan
gradini (m pl)	단	dan
ringhiera (f)	난간	nan-gan
hall (f) (atrio d'ingresso)	로비	ro-bi
cassetta (f) della posta	우편함	u-pyeon-ham
secchio (m) della spazzatura	쓰레기통	sseu-re-gi-tong
scivolo (m) per la spazzatura	쓰레기 활송 장치	sseu-re-gi hwal-song jang-chi
ascensore (m)	엘리베이터	el-li-be-i-teo
montacarichi (m)	화물 엘리베이터	hwa-mul rel-li-be-i-teo
cabina (f) di ascensore	엘리베이터 카	el-li-be-i-teo ka
prendere l'ascensore	엘리베이터를 타다	el-li-be-i-teo-reul ta-da
appartamento (m)	아파트	a-pa-teu
inquilini (m pl)	주민	ju-min
vicino (m)	이웃	i-ut
vicina (f)	이웃	i-ut
vicini (m pl)	이웃들	i-ut-deul

88. Casa. Elettricità

elettricità (f)	전기	jeon-gi
lampadina (f)	전구	jeon-gu
interruttore (m)	스위치	seu-wi-chi
fusibile (m)	퓨즈	pyu-jeu
filo (m)	전선	jeon-seon
impianto (m) elettrico	배선	bae-seon
contatore (m) dell'elettricità	전기 계량기	jeon-gi gye-ryang-gi
lettura, indicazione (f)	판독값	pan-dok-gap

89. Casa. Porte. Serrature

porta (f)	문	mun
cancello (m)	대문	dae-mun
maniglia (f)	손잡이	son-ja-bi
togliere il catenaccio	빗장을 벗기다	bit-jang-eul beot-gi-da
aprire (vt)	열다	yeol-da
chiudere (vt)	닫다	dat-da
chiave (f)	열쇠	yeol-soe
mazzo (m)	열쇠 꾸러미	yeol-soe kku-reo-mi
cigolare (vi)	삐걱거리다	ppi-geok-geo-ri-da
cigolio (m)	삐걱거리는 소리	ppi-geok-geo-ri-neun so-ri
cardine (m)	경첩	gyeong-cheop
zerbino (m)	문 매트	mun mae-teu
serratura (f)	자물쇠	ja-mul-soe

buco (m) della serratura	열쇠 구멍	yeol-soe gu-meong
chiavistello (m)	빗장	bit-jang
catenaccio (m)	빗장걸이	bit-jang-geo-ri
lucchetto (m)	맹꽁이 자물쇠	maeng-kkong-i ja-mul-soe
suonare (~ il campanello)	울리다	ul-li-da
suono (m)	벨소리	bel-so-ri
campanello (m)	벨	bel
pulsante (m)	초인종	cho-in-jong
bussata (f)	노크	no-keu
bussare (vi)	두드리다	du-deu-ri-da
codice (m)	코드	ko-deu
serratura (f) a codice	숫자 배합 자물쇠	sut-ja bae-hap ja-mul-soe
citofono (m)	인터콤	in-teo-kom
numero (m) (~ civico)	번호	beon-ho
targhetta (f) di porta	문패	mun-pae
spioncino (m)	문구멍	mun-gu-meong

90. Casa di campagna

villaggio (m)	마을	ma-eul
orto (m)	채소밭	chae-so-bat
recinto (m)	울타리	ul-ta-ri
steccato (m)	말뚝 울타리	mal-ttuk gul-ta-ri
cancelletto (m)	쪽문	jjong-mun
granaio (m)	곡창	gok-chang
cantina (f), scantinato (m)	지하 저장실	ji-ha jeo-jang-sil
capanno (m)	헛간	heot-gan
pozzo (m)	우물	u-mul
stufa (f)	화덕	hwa-deok
attizzare (vt)	불을 지피다	bu-reul ji-pi-da
legna (f) da ardere	장작	jang-jak
ciocco (m)	통나무	tong-na-mu
veranda (f)	베란다	be-ran-da
terrazza (f)	테라스	te-ra-seu
scala (f) d'ingresso	현관	hyeon-gwan
altalena (f)	그네	geu-ne

91. Villa. Palazzo

casa (f) di campagna	시외 주택	si-oe ju-taek
villa (f)	별장	byeol-jang
ala (f)	동	dong
giardino (m)	정원	jeong-won
parco (m)	공원	gong-won
serra (f)	열대온실	yeol-dae-on-sil
prendersi cura (~ del giardino)	… 을 맡다	… eul mat-da

piscina (f)	수영장	su-yeong-jang
palestra (f)	헬스장	hel-seu-jang
campo (m) da tennis	테니스장	te-ni-seu-jang
home cinema (m)	홈씨어터	hom-ssi-eo-teo
garage (m)	차고	cha-go
proprietà (f) privata	개인 소유물	gae-in so-yu-mul
terreno (m) privato	사유 토지	sa-yu to-ji
avvertimento (m)	경고	gyeong-go
cartello (m) di avvertimento	경고판	gyeong-go-pan
sicurezza (f)	보안	bo-an
guardia (f) giurata	보안요원	bo-a-nyo-won
allarme (f) antifurto	도난 경보기	do-nan gyeong-bo-gi

92. Castello. Reggia

castello (m)	성	seong
palazzo (m)	궁전	gung-jeon
fortezza (f)	요새	yo-sae
muro (m)	성벽	seong-byeok
torre (f)	탑	tap
torre (f) principale	내성	nae-seong
saracinesca (f)	내리닫이 쇠창살문	nae-ri-da-ji soe-chang-sal-mun
tunnel (m)	지하 통로	ji-ha tong-no
fossato (m)	해자	hae-ja
catena (f)	쇠사슬	soe-sa-seul
feritoia (f)	총안	chong-an
magnifico (agg)	장대한	jang-dae-han
maestoso (agg)	장엄한	jang-eom-han
inespugnabile (agg)	난공불락의	nan-gong-bul-la-gui
medievale (agg)	중세의	jung-se-ui

93. Appartamento

appartamento (m)	아파트	a-pa-teu
camera (f), stanza (f)	방	bang
camera (f) da letto	침실	chim-sil
sala (f) da pranzo	식당	sik-dang
salotto (m)	거실	geo-sil
studio (m)	서재	seo-jae
ingresso (m)	곁방	gyeot-bang
bagno (m)	욕실	yok-sil
gabinetto (m)	화장실	hwa-jang-sil
soffitto (m)	천장	cheon-jang
pavimento (m)	마루	ma-ru
angolo (m)	구석	gu-seok

94. Appartamento. Pulizie

pulire (vt)	청소하다	cheong-so-ha-da
mettere via	치우다	chi-u-da
polvere (f)	먼지	meon-ji
impolverato (agg)	먼지 투성이의	meon-ji tu-seong-i-ui
spolverare (vt)	먼지를 떨다	meon-ji-reul tteol-da
aspirapolvere (m)	진공 청소기	jin-gong cheong-so-gi
passare l'aspirapolvere	진공 청소기로 청소하다	jin-gong cheong-so-gi-ro cheong-so-ha-da
spazzare (vi, vt)	쓸다	sseul-da
spazzatura (f)	쓸기	sseul-gi
ordine (m)	정돈	jeong-don
disordine (m)	뒤죽박죽	dwi-juk-bak-juk
frettazzo (m)	대걸레	dae-geol-le
strofinaccio (m)	행주	haeng-ju
scopa (f)	빗자루	bit-ja-ru
paletta (f)	쓰레받기	sseu-re-bat-gi

95. Arredamento. Interno

mobili (m pl)	가구	ga-gu
tavolo (m)	식탁, 테이블	sik-tak, te-i-beul
sedia (f)	의자	ui-ja
letto (m)	침대	chim-dae
divano (m)	소파	so-pa
poltrona (f)	안락 의자	al-lak gui-ja
libreria (f)	책장	chaek-jang
ripiano (m)	책꽂이	chaek-kko-ji
armadio (m)	옷장	ot-jang
attaccapanni (m) da parete	옷걸이	ot-geo-ri
appendiabiti (m) da terra	스탠드옷걸이	seu-taen-deu-ot-geo-ri
comò (m)	서랍장	seo-rap-jang
tavolino (m) da salotto	커피 테이블	keo-pi te-i-beul
specchio (m)	거울	geo-ul
tappeto (m)	양탄자	yang-tan-ja
tappetino (m)	러그	reo-geu
camino (m)	벽난로	byeong-nan-no
candela (f)	초	cho
candeliere (m)	촛대	chot-dae
tende (f pl)	커튼	keo-teun
carta (f) da parati	벽지	byeok-ji
tende (f pl) alla veneziana	블라인드	beul-la-in-deu
lampada (f) da tavolo	테이블 램프	deung

lampada (f) da parete	벽등	byeok-deung
lampada (f) a stelo	플로어 스탠드	peul-lo-eo seu-taen-deu
lampadario (m)	샹들리에	syang-deul-li-e
gamba (f)	다리	da-ri
bracciolo (m)	팔걸이	pal-geo-ri
spalliera (f)	등받이	deung-ba-ji
cassetto (m)	서랍	seo-rap

96. Biancheria da letto

biancheria (f) da letto	침구	chim-gu
cuscino (m)	베개	be-gae
federa (f)	베갯잇	be-gaen-nit
coperta (f)	이불	i-bul
lenzuolo (m)	시트	si-teu
copriletto (m)	침대보	chim-dae-bo

97. Cucina

cucina (f)	부엌	bu-eok
gas (m)	가스	ga-seu
fornello (m) a gas	가스 레인지	ga-seu re-in-ji
fornello (m) elettrico	전기 레인지	jeon-gi re-in-ji
forno (m)	오븐	o-beun
forno (m) a microonde	전자 레인지	jeon-ja re-in-ji
frigorifero (m)	냉장고	naeng-jang-go
congelatore (m)	냉동고	naeng-dong-go
lavastoviglie (f)	식기 세척기	sik-gi se-cheok-gi
tritacarne (m)	고기 분쇄기	go-gi bun-swae-gi
spremifrutta (m)	과즙기	gwa-jeup-gi
tostapane (m)	토스터	to-seu-teo
mixer (m)	믹서기	mik-seo-gi
macchina (f) da caffè	커피 메이커	keo-pi me-i-keo
caffettiera (f)	커피 주전자	keo-pi ju-jeon-ja
macinacaffè (m)	커피 그라인더	keo-pi geu-ra-in-deo
bollitore (m)	주전자	ju-jeon-ja
teiera (f)	티팟	ti-pat
coperchio (m)	뚜껑	ttu-kkeong
colino (m) da tè	차거름망	cha-geo-reum-mang
cucchiaio (m)	숟가락	sut-ga-rak
cucchiaino (m) da tè	티스푼	ti-seu-pun
cucchiaio (m)	숟가락	sut-ga-rak
forchetta (f)	포크	po-keu
coltello (m)	칼	kal
stoviglie (f pl)	식기	sik-gi
piatto (m)	접시	jeop-si

piattino (m)	받침 접시	bat-chim jeop-si
cicchetto (m)	소주잔	so-ju-jan
bicchiere (m) (~ d'acqua)	유리잔	yu-ri-jan
tazzina (f)	컵	keop
zuccheriera (f)	설탕그릇	seol-tang-geu-reut
saliera (f)	소금통	so-geum-tong
pepiera (f)	후추통	hu-chu-tong
burriera (f)	버터 접시	beo-teo jeop-si
pentola (f)	냄비	naem-bi
padella (f)	프라이팬	peu-ra-i-paen
mestolo (m)	국자	guk-ja
colapasta (m)	체	che
vassoio (m)	쟁반	jaeng-ban
bottiglia (f)	병	byeong
barattolo (m) di vetro	유리병	yu-ri-byeong
latta, lattina (f)	캔, 깡통	kaen, kkang-tong
apribottiglie (m)	병따개	byeong-tta-gae
apriscatole (m)	깡통 따개	kkang-tong tta-gae
cavatappi (m)	코르크 마개 뽑이	ko-reu-keu ma-gae ppo-bi
filtro (m)	필터	pil-teo
filtrare (vt)	여과하다	yeo-gwa-ha-da
spazzatura (f)	쓰레기	sseu-re-gi
pattumiera (f)	쓰레기통	sseu-re-gi-tong

98. Bagno

bagno (m)	욕실	yok-sil
acqua (f)	물	mul
rubinetto (m)	수도꼭지	su-do-kkok-ji
acqua (f) calda	온수	on-su
acqua (f) fredda	냉수	naeng-su
dentifricio (m)	치약	chi-yak
lavarsi i denti	이를 닦다	i-reul dak-da
rasarsi (vr)	깎다	kkak-da
schiuma (f) da barba	면도 크림	myeon-do keu-rim
rasoio (m)	면도기	myeon-do-gi
lavare (vt)	씻다	ssit-da
fare un bagno	목욕하다	mo-gyok-a-da
doccia (f)	샤워	sya-wo
fare una doccia	샤워하다	sya-wo-ha-da
vasca (f) da bagno	욕조	yok-jo
water (m)	변기	byeon-gi
lavandino (m)	세면대	se-myeon-dae
sapone (m)	비누	bi-nu
porta (m) sapone	비누 그릇	bi-nu geu-reut

spugna (f)	스펀지	seu-peon-ji
shampoo (m)	샴푸	syam-pu
asciugamano (m)	수건	su-geon
accappatoio (m)	목욕가운	mo-gyok-ga-un
bucato (m)	빨래	ppal-lae
lavatrice (f)	세탁기	se-tak-gi
fare il bucato	빨래하다	ppal-lae-ha-da
detersivo (m) per il bucato	가루세제	ga-ru-se-je

99. Elettrodomestici

televisore (m)	텔레비전	tel-le-bi-jeon
registratore (m) a nastro	카세트 플레이어	ka-se-teu peul-le-i-eo
videoregistratore (m)	비디오테이프 녹화기	bi-di-o-te-i-peu nok-wa-gi
radio (f)	라디오	ra-di-o
lettore (m)	플레이어	peul-le-i-eo
videoproiettore (m)	프로젝터	peu-ro-jek-teo
home cinema (m)	홈씨어터	hom-ssi-eo-teo
lettore (m) DVD	디비디 플레이어	di-bi-di peul-le-i-eo
amplificatore (m)	앰프	aem-peu
console (f) video giochi	게임기	ge-im-gi
videocamera (f)	캠코더	kaem-ko-deo
macchina (f) fotografica	카메라	ka-me-ra
fotocamera (f) digitale	디지털 카메라	di-ji-teol ka-me-ra
aspirapolvere (m)	진공 청소기	jin-gong cheong-so-gi
ferro (m) da stiro	다리미	da-ri-mi
asse (f) da stiro	다림질 판	da-rim-jil pan
telefono (m)	전화	jeon-hwa
telefonino (m)	휴대폰	hyu-dae-pon
macchina (f) da scrivere	타자기	ta-ja-gi
macchina (f) da cucire	재봉틀	jae-bong-teul
microfono (m)	마이크	ma-i-keu
cuffia (f)	헤드폰	he-deu-pon
telecomando (m)	원격 조종	won-gyeok jo-jong
CD (m)	씨디	ssi-di
cassetta (f)	테이프	te-i-peu
disco (m) (vinile)	레코드 판	re-ko-deu pan

100. Riparazioni. Restauro

lavori (m pl) di restauro	수리를	su-ri-reul
rinnovare (ridecorare)	수리를 하다	su-ri-reul ha-da
riparare (vt)	보수하다	bo-su-ha-da
mettere in ordine	정리하다	jeong-ni-ha-da
rifare (vt)	다시 하다	da-si ha-da

pittura (f)	페인트	pe-in-teu
pitturare (~ un muro)	페인트를 칠하다	pe-in-teu-reul chil-ha-da
imbianchino (m)	페인트공	pe-in-teu-gong
pennello (m)	붓	but
imbiancatura (f)	백색 도료	baek-saek do-ryo
imbiancare (vt)	백색 도료를 칠하다	baek-saek do-ryo-reul chil-ha-da
carta (f) da parati	벽지	byeok-ji
tappezzare (vt)	벽지를 붙이다	byeok-ji-reul bu-chi-da
vernice (f)	니스	ni-seu
verniciare (vt)	니스를 칠하다	ni-seu-reul chil-ha-da

101. Impianto idraulico

acqua (f)	물	mul
acqua (f) calda	온수	on-su
acqua (f) fredda	냉수	naeng-su
rubinetto (m)	수도꼭지	su-do-kkok-ji
goccia (f)	물방울	mul-bang-ul
gocciolare (vi)	방울져 떨어지다	bang-ul-jyeo tteo-reo-ji-da
perdere (il tubo, ecc.)	새다	sae-da
perdita (f) (~ dai tubi)	누출	nu-chul
pozza (f)	웅덩이	ung-deong-i
tubo (m)	관, 파이프	gwan, pa-i-peu
valvola (f)	밸브	bael-beu
intasarsi (vr)	막히다	mak-i-da
strumenti (m pl)	공구	gong-gu
chiave (f) inglese	멍키렌치	meong-ki-ren-chi
svitare (vt)	열리다	yeol-li-da
avvitare (stringere)	돌려서 조이다	dol-lyeo-seo jo-i-da
stasare (vt)	… 를 뚫다	… reul ttul-ta
idraulico (m)	배관공	bae-gwan-gong
seminterrato (m)	지하실	ji-ha-sil
fognatura (f)	하수도	ha-su-do

102. Incendio. Conflagrazione

fuoco (m)	불	bul
fiamma (f)	화염	hwa-yeom
scintilla (f)	불똥	bul-ttong
fumo (m)	연기	yeon-gi
fiaccola (f)	횃불	hwaet-bul
falò (m)	모닥불	mo-dak-bul
benzina (f)	휘발유, 가솔린	hwi-ba-ryu, ga-sol-lin
cherosene (m)	등유	deung-yu

combustibile (agg)	가연성의	ga-yeon-seong-ui
esplosivo (agg)	폭발성의	pok-bal-seong-ui
VIETATO FUMARE!	금연	geu-myeon
sicurezza (f)	안전	an-jeon
pericolo (m)	위험	wi-heom
pericoloso (agg)	위험한	wi-heom-han
prendere fuoco	불이 붙다	bu-ri but-da
esplosione (f)	폭발	pok-bal
incendiare (vt)	방화하다	bang-hwa-ha-da
incendiario (m)	방화범	bang-hwa-beom
incendio (m) doloso	방화	bang-hwa
divampare (vi)	활활 타다	hwal-hwal ta-da
bruciare (vi)	타다	ta-da
bruciarsi (vr)	불에 타다	bu-re ta-da
pompiere (m)	소방관	so-bang-gwan
autopompa (f)	소방차	so-bang-cha
corpo (m) dei pompieri	소방대	so-bang-dae
manichetta (f)	소방 호스	so-bang ho-seu
estintore (m)	소화기	so-hwa-gi
casco (m)	헬멧	hel-met
sirena (f)	사이렌	sa-i-ren
gridare (vi)	소리치다	so-ri-chi-da
chiamare in aiuto	도와 달라고 외치다	do-wa dal-la-go oe-chi-da
soccorritore (m)	구조자	gu-jo-ja
salvare (vt)	구조하다	gu-jo-ha-da
arrivare (vi)	도착하다	do-chak-a-da
spegnere (vt)	끄다	kkeu-da
acqua (f)	물	mul
sabbia (f)	모래	mo-rae
rovine (f pl)	폐허	pye-heo
crollare (edificio)	붕괴되다	bung-goe-doe-da
cadere (vi)	무너지다	mu-neo-ji-da
collassare (vi)	무너지다	mu-neo-ji-da
frammento (m)	파편	pa-pyeon
cenere (f)	재	jae
asfissiare (vi)	질식하다	jil-sik-a-da
morire, perire (vi)	사망하다	sa-mang-ha-da

ATTIVITÀ UMANA

Lavoro. Affari. Parte 1

103. Ufficio. Lavorare in ufficio

uffici (m pl) (gli ~ della società)	사무실	sa-mu-sil
ufficio (m)	사무실	sa-mu-sil
portineria (f)	접수처	jeop-su-cheo
segretario (m)	비서	bi-seo
direttore (m)	사장	sa-jang
manager (m)	매니저	mae-ni-jeo
contabile (m)	회계사	hoe-gye-sa
impiegato (m)	직원	ji-gwon
mobili (m pl)	가구	ga-gu
scrivania (f)	책상	chaek-sang
poltrona (f)	책상 의자	chaek-sang ui-ja
appendiabiti (m) da terra	스탠드옷걸이	seu-taen-deu-ot-geo-ri
computer (m)	컴퓨터	keom-pyu-teo
stampante (f)	프린터	peu-rin-teo
fax (m)	팩스기	paek-seu-gi
fotocopiatrice (f)	복사기	bok-sa-gi
carta (f)	종이	jong-i
cancelleria (f)	사무용품	sa-mu-yong-pum
tappetino (m) del mouse	마우스 패드	ma-u-seu pae-deu
foglio (m)	한 장	han jang
cartella (f)	바인더	ba-in-deo
catalogo (m)	카탈로그	ka-tal-lo-geu
elenco (m) del telefono	전화번호부	jeon-hwa-beon-ho-bu
documentazione (f)	문서	mun-seo
opuscolo (m)	브로셔	beu-ro-syeo
volantino (m)	전단	jeon-dan
campione (m)	샘플	saem-peul
formazione (f)	수련회를	su-ryeon-hoe-reul
riunione (f)	회의	hoe-ui
pausa (f) pranzo	점심시간	jeom-sim-si-gan
copiare (vt)	사본을 만들다	sa-bo-neul man-deul-da
fare copie	복사하다	bok-sa-ha-da
ricevere un fax	팩스를 받다	paek-seu-reul bat-da
spedire un fax	팩스를 보내다	paek-seu-reul bo-nae-da
telefonare (vi, vt)	전화하다	jeon-hwa-ha-da
rispondere (vi, vt)	대답하다	dae-da-pa-da

passare (glielo passo)	연결해 주다	yeon-gyeol-hae ju-da
fissare (organizzare)	마련하다	ma-ryeon-ha-da
dimostrare (vt)	전시하다	jeon-si-ha-da
essere assente	결석하다	gyeol-seok-a-da
assenza (f)	결근	gyeol-geun

104. Operazioni d'affari. Parte 1

occupazione (f)	직업	ji-geop
ditta (f)	회사	hoe-sa
compagnia (f)	회사	hoe-sa
corporazione (f)	사단 법인	sa-dan beo-bin
impresa (f)	업체	eop-che
agenzia (f)	에이전시	e-i-jeon-si
accordo (m)	약정	yak-jeong
contratto (m)	계약	gye-yak
affare (m)	거래	geo-rae
ordine (m) (ordinazione)	주문	ju-mun
termine (m) dell'accordo	조건	jo-geon
all'ingrosso	도매로	do-mae-ro
all'ingrosso (agg)	도매의	do-mae-ui
vendita (f) all'ingrosso	도매	do-mae
al dettaglio (agg)	소매의	so-mae-ui
vendita (f) al dettaglio	소매	so-mae
concorrente (m)	경쟁자	gyeong-jaeng-ja
concorrenza (f)	경쟁	gyeong-jaeng
competere (vi)	경쟁하다	gyeong-jaeng-ha-da
socio (m), partner (m)	파트너	pa-teu-neo
partenariato (m)	파트너십	pa-teu-neo-sip
crisi (f)	위기	wi-gi
bancarotta (f)	파산	pa-san
fallire (vi)	파산하다	pa-san-ha-da
difficoltà (f)	어려움	eo-ryeo-um
problema (m)	문제	mun-je
disastro (m)	재난	jae-nan
economia (f)	경기, 경제	gyeong-gi, gyeong-je
economico (agg)	경제의	gyeong-je-ui
recessione (f) economica	경기침체	gyeong-gi-chim-che
scopo (m), obiettivo (m)	목표	mok-pyo
incarico (m)	임무	im-mu
commerciare (vi)	거래하다	geo-rae-ha-da
rete (f) (~ di distribuzione)	네트워크	ne-teu-wo-keu
giacenza (f)	재고	jae-go
assortimento (m)	세트	se-teu
leader (m), capo (m)	리더	ri-deo
grande (agg)	규모가 큰	gyu-mo-ga keun

monopolio (m)	독점	dok-jeom
teoria (f)	이론	i-ron
pratica (f)	실천	sil-cheon
esperienza (f)	경험	gyeong-heom
tendenza (f)	경향	gyeong-hyang
sviluppo (m)	개발	gae-bal

105. Operazioni d'affari. Parte 2

profitto (m)	수익, 이익	su-ik, i-ik
profittevole (agg)	수익성이 있는	su-ik-seong-i in-neun
delegazione (f)	대표단	dae-pyo-dan
stipendio (m)	급여, 월급	geu-byeo, wol-geup
correggere (vt)	고치다	go-chi-da
viaggio (m) d'affari	출장	chul-jang
commissione (f)	수수료	su-su-ryo
controllare (vt)	제어하다	je-eo-ha-da
conferenza (f)	회의	hoe-ui
licenza (f)	면허증	myeon-heo-jeung
affidabile (agg)	믿을 만한	mi-deul man-han
iniziativa (f) (progetto nuovo)	시작	si-jak
norma (f)	표준	pyo-jun
circostanza (f)	상황	sang-hwang
mansione (f)	의무	ui-mu
impresa (f)	조직	jo-jik
organizzazione (f)	준비	jun-bi
organizzato (agg)	조직된	jo-jik-doen
annullamento (m)	취소	chwi-so
annullare (vt)	취소하다	chwi-so-ha-da
rapporto (m) (~ ufficiale)	보고서	bo-go-seo
brevetto (m)	특허	teuk-eo
brevettare (vt)	특허를 받다	teuk-eo-reul bat-da
pianificare (vt)	계획하다	gye-hoek-a-da
premio (m)	보너스	bo-neo-seu
professionale (agg)	전문가의	jeon-mun-ga-ui
procedura (f)	절차	jeol-cha
esaminare (~ un contratto)	조사하다	jo-sa-ha-da
calcolo (m)	계산	gye-san
reputazione (f)	평판	pyeong-pan
rischio (m)	위험	wi-heom
dirigere (~ un'azienda)	운영하다	u-nyeong-ha-da
informazioni (f pl)	정보	jeong-bo
proprietà (f)	소유	so-yu
unione (f) (~ Italiana Vini, ecc.)	연합	yeon-hap
assicurazione (f) sulla vita	생명 보험	saeng-myeong bo-heom

assicurare (vt)	보험에 들다	bo-heom-e deul-da
assicurazione (f)	보험	bo-heom
asta (f)	경매	gyeong-mae
avvisare (informare)	통지하다	tong-ji-ha-da
gestione (f)	주관	ju-gwan
servizio (m)	서비스	seo-bi-seu
forum (m)	포럼	po-reom
funzionare (vi)	기능하다	gi-neung-ha-da
stadio (m) (fase)	단계	dan-gye
giuridico (agg)	법률상의	beom-nyul-sang-ui
esperto (m) legale	법률고문	beom-nyul-go-mun

106. Attività produttiva. Lavori

stabilimento (m)	공장	gong-jang
fabbrica (f)	공장	gong-jang
officina (f) di produzione	작업장	ja-geop-jang
stabilimento (m)	현장	hyeon-jang
industria (f)	산업, 공업	san-eop, gong-eop
industriale (agg)	산업의	san-eo-bui
industria (f) pesante	중공업	jung-gong-eop
industria (f) leggera	경공업	gyeong-gong-eop
prodotti (m pl)	제품	je-pum
produrre (vt)	제조하다	je-jo-ha-da
materia (f) prima	원재료	won-jae-ryo
caposquadra (m)	작업반장	ja-geop-ban-jang
squadra (f)	작업반	ja-geop-ban
operaio (m)	노동자	no-dong-ja
giorno (m) lavorativo	근무일	geun-mu-il
pausa (f)	휴식	hyu-sik
riunione (f)	회의	hoe-ui
discutere (~ di un problema)	의논하다	ui-non-ha-da
piano (m)	계획	gye-hoek
eseguire il piano	계획을 수행하다	gye-hoe-geul su-haeng-ha-da
tasso (m) di produzione	생산량	saeng-sal-lyang
qualità (f)	품질	pum-jil
controllo (m)	관리	gwal-li
controllo (m) di qualità	품질 관리	pum-jil gwal-li
sicurezza (f) sul lavoro	산업안전	sa-neo-ban-jeon
disciplina (f)	규율	gyu-yul
infrazione (f)	위반	wi-ban
violare (~ le regole)	위반하다	wi-ban-ha-da
sciopero (m)	파업	pa-eop
scioperante (m)	파업자	pa-eop-ja
fare sciopero	파업하다	pa-eo-pa-da

sindacato (m)	노동조합	no-dong-jo-hap
inventare (vt)	발명하다	bal-myeong-ha-da
invenzione (f)	발명	bal-myeong
ricerca (f)	연구	yeon-gu
migliorare (vt)	개선하다	gae-seon-ha-da
tecnologia (f)	기술	gi-sul
disegno (m) tecnico	건축 도면	geon-chuk do-myeon
carico (m)	화물	hwa-mul
caricatore (m)	하역부	ha-yeok-bu
caricare (~ un camion)	싣다	sit-da
caricamento (m)	적재	jeok-jae
scaricare (vt)	짐을 부리다	ji-meul bu-ri-da
scarico (m)	짐부리기	jim-bu-ri-gi
trasporto (m)	운송	un-song
società (f) di trasporti	운송 회사	un-song hoe-sa
trasportare (vt)	운송하다	un-song-ha-da
vagone (m) merci	화차	hwa-cha
cisterna (f)	탱크	taeng-keu
camion (m)	트럭	teu-reok
macchina (f) utensile	공작 기계	gong-jak gi-gye
meccanismo (m)	기계 장치	gi-gye jang-chi
rifiuti (m pl) industriali	산업폐기물	san-eop-pye-gi-mul
imballaggio (m)	포장	po-jang
imballare (vt)	포장하다	po-jang-ha-da

107. Contratto. Accordo

contratto (m)	계약	gye-yak
accordo (m)	약정	yak-jeong
allegato (m)	별첨	byeol-cheom
firmare un contratto	계약에 서명하다	gye-ya-ge seo-myeong-ha-da
firma (f)	서명	seo-myeong
firmare (vt)	서명하다	seo-myeong-ha-da
timbro (m) (su documenti)	도장	do-jang
oggetto (m) del contratto	계약 내용	gye-yak nae-yong
clausola (f)	항	hang
parti (f pl) (in un contratto)	양측	yang-cheuk
sede (f) legale	법인 주소	beo-bin ju-so
sciogliere un contratto	계약을 위반하다	gye-ya-geul rwi-ban-ha-da
obbligo (m)	의무	ui-mu
responsabilità (f)	책임	chae-gim
forza (f) maggiore	불가항력	bul-ga-hang-nyeok
discussione (f)	분쟁	bun-jaeng
sanzioni (f pl)	제재	je-jae

108. Import-export

importazione (f)	수입	su-ip
importatore (m)	수입업자	su-i-beop-ja
importare (vt)	수입하다	su-i-pa-da
d'importazione (agg)	수입의	su-i-bui
esportatore (m)	수출업자	su-chu-reop-ja
esportare (vt)	수출하다	su-chul-ha-da
merce (f)	상품	sang-pum
carico (m)	탁송물	tak-song-mul
peso (m)	무게	mu-ge
volume (m)	부피	bu-pi
metro (m) cubo	입방 미터	ip-bang mi-teo
produttore (m)	생산자	saeng-san-ja
società (f) di trasporti	운송 회사	un-song hoe-sa
container (m)	컨테이너	keon-te-i-neo
frontiera (f)	국경	guk-gyeong
dogana (f)	세관	se-gwan
dazio (m) doganale	관세	gwan-se
doganiere (m)	세관원	se-gwan-won
contrabbando (m)	밀수입	mil-su-ip
merci (f pl) contrabbandate	밀수품	mil-su-pum

109. Mezzi finanziari

azione (f)	주식	ju-sik
obbligazione (f)	채권	chae-gwon
cambiale (f)	어음	eo-eum
borsa (f)	증권거래소	jeung-gwon-geo-rae-so
quotazione (f)	주가	ju-ga
diminuire di prezzo	내리다	nae-ri-da
aumentare di prezzo	오르다	o-reu-da
pacchetto (m) di maggioranza	지배 지분	ji-bae ji-bun
investimento (m)	투자	tu-ja
investire (vt)	투자하다	tu-ja-ha-da
percento (m)	퍼센트	peo-sen-teu
interessi (m pl) (su investimenti)	이자	i-ja
profitto (m)	수익, 이익	su-ik, i-ik
redditizio (agg)	수익성이 있는	su-ik-seong-i in-neun
imposta (f)	세금	se-geum
valuta (f) (~ estera)	통화	tong-hwa
nazionale (agg)	국가의	guk-ga-ui

cambio (m) (~ valuta)	환전	hwan-jeon
contabile (m)	회계사	hoe-gye-sa
ufficio (m) contabilità	회계	hoe-gye
bancarotta (f)	파산	pa-san
fallimento (m)	붕괴	bung-goe
rovina (f)	파산	pa-san
andare in rovina	파산하다	pa-san-ha-da
inflazione (f)	인플레이션	in-peul-le-i-syeon
svalutazione (f)	평가절하	pyeong-ga-jeol-ha
capitale (m)	자본	ja-bon
reddito (m)	소득	so-deuk
giro (m) di affari	총매출액	chong-mae-chu-raek
risorse (f pl)	재원을	jae-wo-neul
mezzi (m pl) finanziari	재정 자원을	jae-jeong ja-wo-neul
ridurre (~ le spese)	줄이다	ju-ri-da

110. Marketing

marketing (m)	마케팅	ma-ke-ting
mercato (m)	시장	si-jang
segmento (m) di mercato	시장 분야	si-jang bu-nya
prodotto (m)	제품	je-pum
merce (f)	상품	sang-pum
marchio (m) di fabbrica	트레이드마크	teu-re-i-deu-ma-keu
logotipo (m)	로고	ro-go
logo (m)	로고	ro-go
domanda (f)	수요	su-yo
offerta (f)	공급	gong-geup
bisogno (m)	필요	pi-ryo
consumatore (m)	소비자	so-bi-ja
analisi (f)	분석	bun-seok
analizzare (vt)	분석하다	bun-seok-a-da
posizionamento (m)	포지셔닝	po-ji-syeo-ning
posizionare (vt)	포지셔닝하다	po-ji-syeo-ning-ha-da
prezzo (m)	가격	ga-gyeok
politica (f) dei prezzi	가격 정책	ga-gyeok jeong-chaek
determinazione (f) dei prezzi	가격 형성	ga-gyeok yeong-seong

111. Pubblicità

pubblicità (f)	광고	gwang-go
pubblicizzare (vt)	광고하다	gwang-go-ha-da
bilancio (m) (budget)	예산	ye-san
annuncio (m)	광고	gwang-go
pubblicità (f) televisiva	텔레비전 광고	tel-le-bi-jeon gwang-go

pubblicità (f) radiofonica	라디오 광고	ra-di-o gwang-go
pubblicità (f) esterna	옥외 광고	o-goe gwang-go
mass media (m pl)	매체	mae-che
periodico (m)	정기 간행물	jeong-gi gan-haeng-mul
immagine (f)	이미지	i-mi-ji
slogan (m)	슬로건	seul-lo-geon
motto (m)	표어	pyo-eo
campagna (f)	캠페인	kaem-pe-in
campagna (f) pubblicitaria	광고 캠페인	gwang-go kaem-pe-in
gruppo (m) di riferimento	공략 대상	gong-nyak dae-sang
biglietto (m) da visita	명함	myeong-ham
volantino (m)	전단	jeon-dan
opuscolo (m)	브로셔	beu-ro-syeo
pieghevole (m)	팜플렛	pam-peul-let
bollettino (m)	회보	hoe-bo
insegna (f) (di negozi, ecc.)	간판	gan-pan
cartellone (m)	포스터	po-seu-teo
tabellone (m) pubblicitario	광고판	gwang-go-pan

112. Attività bancaria

banca (f)	은행	eun-haeng
filiale (f)	지점	ji-jeom
consulente (m)	행원	haeng-won
direttore (m)	지배인	ji-bae-in
conto (m) bancario	은행계좌	eun-haeng-gye-jwa
numero (m) del conto	계좌 번호	gye-jwa beon-ho
conto (m) corrente	당좌	dang-jwa
conto (m) di risparmio	보통 예금	bo-tong ye-geum
aprire un conto	계좌를 열다	gye-jwa-reul ryeol-da
chiudere il conto	계좌를 해지하다	gye-jwa-reul hae-ji-ha-da
versare sul conto	계좌에 입금하다	ip-geum-ha-da
prelevare dal conto	출금하다	chul-geum-ha-da
deposito (m)	저금	jeo-geum
depositare (vt)	입금하다	ip-geum-ha-da
trasferimento (m) telegrafico	송금	song-geum
rimettere i soldi	송금하다	song-geum-ha-da
somma (f)	액수	aek-su
Quanto?	얼마?	eol-ma?
firma (f)	서명	seo-myeong
firmare (vt)	서명하다	seo-myeong-ha-da
carta (f) di credito	신용 카드	si-nyong ka-deu
codice (m)	비밀번호	bi-mil-beon-ho

numero (m) della carta di credito	신용 카드 번호	si-nyong ka-deu beon-ho
bancomat (m)	현금 자동 지급기	hyeon-geum ja-dong ji-geup-gi
assegno (m)	수표	su-pyo
emettere un assegno	수표를 끊다	su-pyo-reul kkeun-ta
libretto (m) di assegni	수표책	su-pyo-chaek
prestito (m)	대출	dae-chul
fare domanda per un prestito	대출 신청하다	dae-chul sin-cheong-ha-da
ottenere un prestito	대출을 받다	dae-chu-reul bat-da
concedere un prestito	대출하다	dae-chul-ha-da
garanzia (f)	담보	dam-bo

113. Telefono. Conversazione telefonica

telefono (m)	전화	jeon-hwa
telefonino (m)	휴대폰	hyu-dae-pon
segreteria (f) telefonica	자동 응답기	ja-dong eung-dap-gi
telefonare (vi, vt)	전화하다	jeon-hwa-ha-da
chiamata (f)	통화	tong-hwa
comporre un numero	번호로 걸다	beon-ho-ro geol-da
Pronto!	여보세요!	yeo-bo-se-yo!
chiedere (domandare)	묻다	mut-da
rispondere (vi, vt)	전화를 받다	jeon-hwa-reul bat-da
udire (vt)	듣다	deut-da
bene	잘	jal
male	좋지 않은	jo-chi a-neun
disturbi (m pl)	잡음	ja-beum
cornetta (f)	수화기	su-hwa-gi
alzare la cornetta	전화를 받다	jeon-hwa-reul bat-da
riattaccare la cornetta	전화를 끊다	jeon-hwa-reul kkeun-ta
occupato (agg)	통화 중인	tong-hwa jung-in
squillare (del telefono)	울리다	ul-li-da
elenco (m) telefonico	전화 번호부	jeon-hwa beon-ho-bu
locale (agg)	시내의	si-nae-ui
interurbano (agg)	장거리의	jang-geo-ri-ui
internazionale (agg)	국제적인	guk-je-jeo-gin

114. Telefono cellulare

telefonino (m)	휴대폰	hyu-dae-pon
schermo (m)	화면	hwa-myeon
tasto (m)	버튼	beo-teun
scheda SIM (f)	SIM 카드	SIM ka-deu

pila (f)	건전지	geon-jeon-ji
essere scarico	나가다	na-ga-da
caricabatteria (m)	충전기	chung-jeon-gi
menù (m)	메뉴	me-nyu
impostazioni (f pl)	설정	seol-jeong
melodia (f)	벨소리	bel-so-ri
scegliere (vt)	선택하다	seon-taek-a-da
calcolatrice (f)	계산기	gye-san-gi
segreteria (f) telefonica	자동 응답기	ja-dong eung-dap-gi
sveglia (f)	알람 시계	al-lam si-gye
contatti (m pl)	연락처	yeol-lak-cheo
messaggio (m) SMS	문자 메시지	mun-ja me-si-ji
abbonato (m)	가입자	ga-ip-ja

115. Articoli di cancelleria

penna (f) a sfera	볼펜	bol-pen
penna (f) stilografica	만년필	man-nyeon-pil
matita (f)	연필	yeon-pil
evidenziatore (m)	형광펜	hyeong-gwang-pen
pennarello (m)	사인펜	sa-in-pen
taccuino (m)	공책	gong-chaek
agenda (f)	수첩	su-cheop
righello (m)	자	ja
calcolatrice (f)	계산기	gye-san-gi
gomma (f) per cancellare	지우개	ji-u-gae
puntina (f)	압정	ap-jeong
graffetta (f)	클립	keul-lip
colla (f)	접착제	jeop-chak-je
pinzatrice (f)	호치키스	ho-chi-ki-seu
perforatrice (f)	펀치	peon-chi
temperamatite (m)	연필깎이	yeon-pil-kka-kki

116. Diversi tipi di documenti

resoconto (m)	보고	bo-go
accordo (m)	약정	yak-jeong
modulo (m) di richiesta	신청서	sin-cheong-seo
autentico (agg)	진본의	jin-bo-nui
tesserino (m)	명찰	myeong-chal
biglietto (m) da visita	명함	myeong-ham
certificato (m)	인증서	in-jeung-seo
assegno (m) (fare un ~)	수표	su-pyo
conto (m) (in un ristorante)	계산서	gye-san-seo

costituzione (f)	헌법	heon-beop
contratto (m)	계약	gye-yak
copia (f)	사본	sa-bon
copia (f) (~ di un contratto)	사본	sa-bon
dichiarazione (f)	세관신고서	se-gwan-sin-go-seo
documento (m)	서류	seo-ryu
patente (f) di guida	운전 면허증	un-jeon myeon-heo-jeung
allegato (m)	별첨	byeol-cheom
modulo (m)	서식	seo-sik
carta (f) d'identità	신분증	sin-bun-jeung
richiesta (f) di informazioni	문의서	mun-ui-seo
biglietto (m) d'invito	초대장	cho-dae-jang
fattura (f)	송장	song-jang
legge (f)	법	beop
lettera (f) (missiva)	편지	pyeon-ji
carta (f) intestata	용지	yong-ji
lista (f) (~ di nomi, ecc.)	목록	mong-nok
manoscritto (m)	원고	won-go
bollettino (m)	회보	hoe-bo
appunto (m), nota (f)	쪽지	jjok-ji
lasciapassare (m)	출입증	chu-rip-jeung
passaporto (m)	여권	yeo-gwon
permesso (m)	허가증	heo-ga-jeung
curriculum vitae (f)	이력서	i-ryeok-seo
nota (f) di addebito	차용증서	cha-yong-jeung-seo
ricevuta (f)	영수증	yeong-su-jeung
scontrino (m)	영수증	yeong-su-jeung
rapporto (m)	보고	bo-go
mostrare (vt)	보여주다	bo-yeo-ju-da
firmare (vt)	서명하다	seo-myeong-ha-da
firma (f)	서명	seo-myeong
timbro (m) (su documenti)	도장	do-jang
testo (m)	문서	mun-seo
biglietto (m)	표	pyo
cancellare (~ dalla lista)	그어 지우다	geu-eo ji-u-da
riempire (~ un modulo)	작성하다	jak-seong-ha-da
bolla (f) di consegna	선적 송장	seon-jeok song-jang
testamento (m)	유언	yu-eon

117. Generi di attività commerciali

servizi (m pl) di contabilità	회계 서비스	hoe-gye seo-bi-seu
pubblicità (f)	광고	gwang-go
agenzia (f) pubblicitaria	광고 회사	gwang-go hoe-sa
condizionatori (m pl) d'aria	에어컨	e-eo-keon
compagnia (f) aerea	항공사	hang-gong-sa
bevande (f pl) alcoliche	주류	ju-ryu

antiquariato (m)	골동품	gol-dong-pum
galleria (f) d'arte	미술관	mi-sul-gwan
società (f) di revisione contabile	회계 감사	hoe-gye gam-sa
imprese (f pl) bancarie	금융업계	geu-myung-eop-gye
bar (m)	바	ba
salone (m) di bellezza	미장원	mi-jang-won
libreria (f)	서점	seo-jeom
birreria (f)	맥주 양조장	maek-ju yang-jo-jang
business centre (m)	비즈니스 센터	bi-jeu-ni-seu sen-teo
scuola (f) di commercio	비즈니스 스쿨	bi-jeu-ni-seu seu-kul
casinò (m)	카지노	ka-ji-no
edilizia (f)	건설	geon-seol
consulenza (f)	컨설팅	keon-seol-ting
odontoiatria (f)	치과 병원	chi-gwa byeong-won
design (m)	디자인	di-ja-in
farmacia (f)	약국	yak-guk
lavanderia (f) a secco	드라이 클리닝	deu-ra-i keul-li-ning
agenzia (f) di collocamento	직업 소개소	ji-geop so-gae-so
servizi (m pl) finanziari	재무 서비스	jae-mu seo-bi-seu
industria (f) alimentare	식품	sik-pum
agenzia (f) di pompe funebri	장례식장	jang-nye-sik-jang
mobili (m pl)	가구	ga-gu
abbigliamento (m)	옷	ot
albergo, hotel (m)	호텔	ho-tel
gelato (m)	아이스크림	a-i-seu-keu-rim
industria (f)	산업, 공업	san-eop, gong-eop
assicurazione (f)	보험	bo-heom
internet (f)	인터넷	in-teo-net
investimenti (m pl)	투자	tu-ja
gioielliere (m)	보석 상인	bo-seok sang-in
gioielli (m pl)	보석	bo-seok
lavanderia (f)	세탁소	se-tak-so
consulente (m) legale	법률컨설팅	beom-nyul-keon-seol-ting
industria (f) leggera	경공업	gyeong-gong-eop
rivista (f)	잡지	jap-ji
medicina (f)	의학	ui-hak
cinema (m)	영화관	yeong-hwa-gwan
museo (m)	박물관	bang-mul-gwan
agenzia (f) di stampa	통신사	tong-sin-sa
giornale (m)	신문	sin-mun
locale notturno (m)	나이트 클럽	na-i-teu keul-leop
petrolio (m)	석유	seo-gyu
corriere (m) espresso	문서 송달 회사	mun-seo song-dal hoe-sa
farmaci (m pl)	의약	ui-yak
stampa (f) (~ di libri)	인쇄산업	in-swae-san-eop
casa (f) editrice	출판사	chul-pan-sa

radio (f)	라디오	ra-di-o
beni (m pl) immobili	부동산	bu-dong-san
ristorante (m)	레스토랑	re-seu-to-rang
agenzia (f) di sicurezza	보안 회사	bo-an hoe-sa
sport (m)	스포츠	seu-po-cheu
borsa (f)	증권거래소	jeung-gwon-geo-rae-so
negozio (m)	가게, 상점	ga-ge, sang-jeom
supermercato (m)	슈퍼마켓	syu-peo-ma-ket
piscina (f)	수영장	su-yeong-jang
sartoria (f)	양복점	yang-bok-jeom
televisione (f)	텔레비전	tel-le-bi-jeon
teatro (m)	극장	geuk-jang
commercio (m)	거래	geo-rae
mezzi (m pl) di trasporto	운송	un-song
viaggio (m)	관광산업	gwan-gwang-sa-neop
veterinario (m)	수의사	su-ui-sa
deposito, magazzino (m)	창고	chang-go
trattamento (m) dei rifiuti	쓰레기 수거	sseu-re-gi su-geo

Lavoro. Affari. Parte 2

118. Spettacolo. Mostra

fiera (f)	전시회	jeon-si-hoe
fiera (f) campionaria	상품 전시회	sang-pum jeon-si-hoe
partecipazione (f)	참가	cham-ga
partecipare (vi)	참가하다	cham-ga-ha-da
partecipante (m)	참가자	cham-ga-ja
direttore (m)	대표이사	dae-pyo-i-sa
ufficio (m) organizzativo	조직위원회	jo-ji-gwi-won-hoe
organizzatore (m)	조직위원회	jo-ji-gwi-won-hoe
organizzare (vt)	조직하다	jo-jik-a-da
domanda (f) di partecipazione	참가 신청서	cham-ga sin-cheong-seo
riempire (vt)	작성하다	jak-seong-ha-da
dettagli (m pl)	상세	sang-se
informazione (f)	정보	jeong-bo
prezzo (m)	가격	ga-gyeok
incluso (agg)	포함하여	po-ham-ha-yeo
includere (vt)	포함하다	po-ham-ha-da
pagare (vi, vt)	지불하다	ji-bul-ha-da
quota (f) d'iscrizione	등록비	deung-nok-bi
entrata (f)	입구	ip-gu
padiglione (m)	전시실	jeon-si-sil
registrare (vt)	등록하다	deung-nok-a-da
tesserino (m)	명찰	myeong-chal
stand (m)	부스	bu-seu
prenotare (riservare)	예약하다	ye-yak-a-da
vetrina (f)	진열장	ji-nyeol-jang
faretto (m)	스포트라이트	seu-po-teu-ra-i-teu
design (m)	디자인	di-ja-in
collocare (vt)	배치하다	bae-chi-ha-da
distributore (m)	배급업자	bae-geu-beop-ja
fornitore (m)	공급자	gong-geup-ja
paese (m)	나라	na-ra
straniero (agg)	외국의	oe-gu-gui
prodotto (m)	제품	je-pum
associazione (f)	협회	hyeo-poe
sala (f) conferenze	회의장	hoe-ui-jang
congresso (m)	회의	hoe-ui

concorso (m)	컨테스트	keon-te-seu-teu
visitatore (m)	방문객	bang-mun-gaek
visitare (vt)	방문하다	bang-mun-ha-da
cliente (m)	고객	go-gaek

119. Mezzi di comunicazione di massa

giornale (m)	신문	sin-mun
rivista (f)	잡지	jap-ji
stampa (f) (giornali, ecc.)	언론	eon-non
radio (f)	라디오	ra-di-o
stazione (f) radio	라디오 방송국	ra-di-o bang-song-guk
televisione (f)	텔레비전	tel-le-bi-jeon
presentatore (m)	진행자	jin-haeng-ja
annunciatore (m)	아나운서	a-na-un-seo
commentatore (m)	해설가	hae-seol-ga
giornalista (m)	저널리스트	jeo-neol-li-seu-teu
corrispondente (m)	특파원	teuk-pa-won
fotocronista (m)	사진 기자	sa-jin gi-ja
cronista (m)	리포터	ri-po-teo
redattore (m)	편집자	pyeon-jip-ja
redattore capo (m)	편집장	pyeon-jip-jang
abbonarsi a ...	... 를 구독하다	... reul gu-dok-a-da
abbonamento (m)	구독	gu-dok
abbonato (m)	구독자	gu-dok-ja
leggere (vi, vt)	읽다	ik-da
lettore (m)	독자	dok-ja
tiratura (f)	발행 부수	bal-haeng bu-su
mensile (agg)	월간의	wol-ga-nui
settimanale (agg)	주간의	ju-ga-nui
numero (m)	호	ho
fresco (agg)	최신의	choe-si-nui
testata (f)	헤드라인	he-deu-ra-in
trafiletto (m)	짧은 기사	jjal-beun gi-sa
rubrica (f)	칼럼	kal-leom
articolo (m)	기사	gi-sa
pagina (f)	페이지	pe-i-ji
servizio (m), reportage (m)	보도	bo-do
evento (m)	사건	sa-geon
sensazione (f)	센세이션	sen-se-i-syeon
scandalo (m)	스캔들	seu-kaen-deul
scandaloso (agg)	스캔들의	seu-kaen-deu-rui
enorme (un ~ scandalo)	엄청난	eom-cheong-nan
trasmissione (f)	쇼	syo
intervista (f)	인터뷰	in-teo-byu
trasmissione (f) in diretta	라이브 방송	ra-i-beu bang-song
canale (m)	채널	chae-neol

120. Agricoltura

agricoltura (f)	농업	nong-eop
contadino (m)	소작농	so-jang-nong
contadina (f)	소작농	so-jang-nong
fattore (m)	농부	nong-bu
trattore (m)	트랙터	teu-raek-teo
mietitrebbia (f)	콤바인	kom-ba-in
aratro (m)	쟁기	jaeng-gi
arare (vt)	땅을 갈다	ttang-eul gal-da
terreno (m) coltivato	한 쟁기의 땅	han jaeng-gi-ui ttang
solco (m)	고랑	go-rang
seminare (vt)	뿌리다	ppu-ri-da
seminatrice (f)	파종기	pa-jong-gi
semina (f)	씨뿌리기	pa-jong
falce (f)	긴 낫	gin nat
falciare (vt)	낫질하다	nat-jil-ha-da
pala (f)	삽	sap
scavare (vt)	갈다	gal-da
zappa (f)	호미	ho-mi
zappare (vt)	풀을 뽑다	pu-reul ppop-da
erbaccia (f)	잡초	jap-cho
innaffiatoio (m)	물뿌리개	mul-ppu-ri-gae
innaffiare (vt)	물을 주다	mu-reul ju-da
innaffiamento (m)	살수	sal-su
forca (f)	쇠스랑	soe-seu-rang
rastrello (m)	갈퀴	gal-kwi
concime (m)	비료	bi-ryo
concimare (vt)	비료를 주다	bi-ryo-reul ju-da
letame (m)	거름	geo-reum
campo (m)	밭	bat
prato (m)	풀밭	pul-bat
orto (m)	채소밭	chae-so-bat
frutteto (m)	과수원	gwa-su-won
pascolare (vt)	방목하다	bang-mo-ka-da
pastore (m)	목동	mok-dong
pascolo (m)	목초지	mok-cho-ji
allevamento (m) di bestiame	목축	mok-chuk
allevamento (m) di pecore	목양	mo-gyang
piantagione (f)	농원	nong-won
filare (m) (un ~ di alberi)	이랑	i-rang
serra (f) da orto	온실	on-sil

siccità (f)	가뭄	ga-mum
secco, arido (un'estate ~a)	건조한	geon-jo-han
cereali (m pl)	곡류	gong-nyu
raccogliere (vt)	수확하다	su-hwak-a-da
mugnaio (m)	제분업자	je-bun-eop-ja
mulino (m)	제분소	je-bun-so
macinare (~ il grano)	제분하다	je-bun-ha-da
farina (f)	밀가루	mil-ga-ru
paglia (f)	짚	jip

121. Edificio. Attività di costruzione

cantiere (m) edile	공사장	gong-sa-jang
costruire (vt)	건설하다	geon-seol-ha-da
operaio (m) edile	공사장 인부	gong-sa-jang in-bu
progetto (m)	프로젝트	peu-ro-jek-teu
architetto (m)	건축가	geon-chuk-ga
operaio (m)	노동자	no-dong-ja
fondamenta (f pl)	기초	gi-cho
tetto (m)	지붕	ji-bung
palo (m) di fondazione	기초 말뚝	gi-cho mal-ttuk
muro (m)	벽	byeok
barre (f pl) di rinforzo	철근	cheol-geun
impalcatura (f)	비계	bi-gye
beton (m)	콘크리트	kon-keu-ri-teu
granito (m)	화강암	hwa-gang-am
pietra (f)	돌	dol
mattone (m)	벽돌	byeok-dol
sabbia (f)	모래	mo-rae
cemento (m)	시멘트	si-men-teu
intonaco (m)	회반죽	hoe-ban-juk
intonacare (vt)	회반죽을 칠하다	hoe-ban-ju-geul chil-ha-da
pittura (f)	페인트	pe-in-teu
pitturare (vt)	페인트를 칠하다	pe-in-teu-reul chil-ha-da
botte (f)	통	tong
gru (f)	크레인	keu-re-in
sollevare (vt)	올리다	ol-li-da
abbassare (vt)	내리다	nae-ri-da
bulldozer (m)	불도저	bul-do-jeo
scavatrice (f)	굴착기	gul-chak-gi
cucchiaia (f)	굴삭기 버킷	beo-kit
scavare (vt)	파다	pa-da
casco (m) (~ di sicurezza)	안전모	an-jeon-mo

122. Scienza. Ricerca. Scienziati

scienza (f)	과학	gwa-hak
scientifico (agg)	과학의	gwa-ha-gui
scienziato (m)	과학자	gwa-hak-ja
teoria (f)	이론	i-ron
assioma (m)	공리	gong-ni
analisi (f)	분석	bun-seok
analizzare (vt)	분석하다	bun-seok-a-da
argomento (m)	주장	ju-jang
sostanza, materia (f)	물질	mul-jil
ipotesi (f)	가설	ga-seol
dilemma (m)	딜레마	dil-le-ma
tesi (f)	학위 논문	ha-gwi non-mun
dogma (m)	도그마	do-geu-ma
dottrina (f)	학설	hak-seol
ricerca (f)	연구	yeon-gu
fare ricerche	연구하다	yeon-gu-ha-da
prova (f)	실험	sil-heom
laboratorio (m)	연구실	yeon-gu-sil
metodo (m)	방법	bang-beop
molecola (f)	분자	bun-ja
monitoraggio (m)	감시	gam-si
scoperta (f)	발견	bal-gyeon
postulato (m)	공준	gong-jun
principio (m)	원칙	won-chik
previsione (f)	예상	ye-sang
fare previsioni	예상하다	ye-sang-ha-da
sintesi (f)	종합	jong-hap
tendenza (f)	경향	gyeong-hyang
teorema (m)	정리	jeong-ni
insegnamento (m)	가르침	ga-reu-chim
fatto (m)	사실	sa-sil
spedizione (f)	탐험	tam-heom
esperimento (m)	실험	sil-heom
accademico (m)	아카데미 회원	a-ka-de-mi hoe-won
laureato (m)	학사	hak-sa
dottore (m)	박사	bak-sa
professore (m) associato	부교수	bu-gyo-su
Master (m)	석사	seok-sa
professore (m)	교수	gyo-su

Professioni e occupazioni

123. Ricerca di un lavoro. Licenziamento

lavoro (m)	직업	ji-geop
personale (m)	직원	ji-gwon
carriera (f)	경력	gyeong-nyeok
prospettiva (f)	전망	jeon-mang
abilità (f pl)	숙달	suk-dal
selezione (f) (~ del personale)	선발	seon-bal
agenzia (f) di collocamento	직업 소개소	ji-geop so-gae-so
curriculum vitae (f)	이력서	i-ryeok-seo
colloquio (m)	면접	myeon-jeop
posto (m) vacante	결원	gyeo-rwon
salario (m)	급여, 월급	geu-byeo, wol-geup
stipendio (m) fisso	고정급	go-jeong-geup
compenso (m)	급료	geum-nyo
carica (f), funzione (f)	직위	ji-gwi
mansione (f)	의무	ui-mu
mansioni (f pl) di lavoro	업무범위	eom-mu-beom-wi
occupato (agg)	바쁜	ba-ppeun
licenziare (vt)	해고하다	hae-go-ha-da
licenziamento (m)	해고	hae-go
disoccupazione (f)	실업	si-reop
disoccupato (m)	실업자	si-reop-ja
pensionamento (m)	은퇴	eun-toe
andare in pensione	은퇴하다	eun-toe-ha-da

124. Gente d'affari

direttore (m)	사장	sa-jang
dirigente (m)	지배인	ji-bae-in
capo (m)	상사	sang-sa
superiore (m)	상사	sang-sa
capi (m pl)	상사	sang-sa
presidente (m)	회장	hoe-jang
presidente (m) (impresa)	의장	ui-jang
vice (m)	부 …	bu …
assistente (m)	조수	jo-su
segretario (m)	비서	bi-seo

assistente (m) personale	개인 비서	gae-in bi-seo
uomo (m) d'affari	사업가	sa-eop-ga
imprenditore (m)	사업가	sa-eop-ga
fondatore (m)	설립자	seol-lip-ja
fondare (vt)	설립하다	seol-li-pa-da
socio (m)	설립자	seol-lip-ja
partner (m)	파트너	pa-teu-neo
azionista (m)	주주	ju-ju
milionario (m)	백만장자	baeng-man-jang-ja
miliardario (m)	억만장자	eong-man-jang-ja
proprietario (m)	소유자	so-yu-ja
latifondista (m)	토지 소유자	to-ji so-yu-ja
cliente (m) (di professionista)	고객	go-gaek
cliente (m) abituale	단골	dan-gol
compratore (m)	구매자	gu-mae-ja
visitatore (m)	방문객	bang-mun-gaek
professionista (m)	전문가	jeon-mun-ga
esperto (m)	전문가	jeon-mun-ga
specialista (m)	전문가	jeon-mun-ga
banchiere (m)	은행가	eun-haeng-ga
broker (m)	브로커	beu-ro-keo
cassiere (m)	계산원	gye-san-won
contabile (m)	회계사	hoe-gye-sa
guardia (f) giurata	보안요원	bo-a-nyo-won
investitore (m)	투자가	tu-ja-ga
debitore (m)	채무자	chae-mu-ja
creditore (m)	빚쟁이	bit-jaeng-i
mutuatario (m)	차용인	cha-yong-in
importatore (m)	수입업자	su-i-beop-ja
esportatore (m)	수출업자	su-chu-reop-ja
produttore (m)	생산자	saeng-san-ja
distributore (m)	배급업자	bae-geu-beop-ja
intermediario (m)	중간상인	jung-gan-sang-in
consulente (m)	컨설턴트	keon-seol-teon-teu
rappresentante (m)	판매 대리인	pan-mae dae-ri-in
agente (m)	중개인	jung-gae-in
assicuratore (m)	보험설계사	bo-heom-seol-gye-sa

125. Professioni amministrative

cuoco (m)	요리사	yo-ri-sa
capocuoco (m)	주방장	ju-bang-jang
fornaio (m)	제빵사	je-ppang-sa
barista (m)	바텐더	ba-ten-deo

cameriere (m)	웨이터	we-i-teo
cameriera (f)	웨이트리스	we-i-teu-ri-seu
avvocato (m)	변호사	byeon-ho-sa
esperto (m) legale	법률고문	beom-nyul-go-mun
notaio (m)	공증인	gong-jeung-in
elettricista (m)	전기 기사	jeon-gi gi-sa
idraulico (m)	배관공	bae-gwan-gong
falegname (m)	목수	mok-su
massaggiatore (m)	안마사	an-ma-sa
massaggiatrice (f)	안마사	an-ma-sa
medico (m)	의사	ui-sa
taxista (m)	택시 운전 기사	taek-si un-jeon gi-sa
autista (m)	운전 기사	un-jeon gi-sa
fattorino (m)	배달원	bae-da-rwon
cameriera (f)	객실 청소부	gaek-sil cheong-so-bu
guardia (f) giurata	보안요원	bo-a-nyo-won
hostess (f)	승무원	seung-mu-won
insegnante (m, f)	선생님	seon-saeng-nim
bibliotecario (m)	사서	sa-seo
traduttore (m)	번역가	beo-nyeok-ga
interprete (m)	통역가	tong-yeok-ga
guida (f)	가이드	ga-i-deu
parrucchiere (m)	미용사	mi-yong-sa
postino (m)	우체부	u-che-bu
commesso (m)	점원	jeom-won
giardiniere (m)	정원사	jeong-won-sa
domestico (m)	하인	ha-in
domestica (f)	하녀	ha-nyeo
donna (f) delle pulizie	청소부	cheong-so-bu

126. Professioni militari e gradi

soldato (m) semplice	일병	il-byeong
sergente (m)	병장	byeong-jang
tenente (m)	중위	jung-wi
capitano (m)	대위	dae-wi
maggiore (m)	소령	so-ryeong
colonnello (m)	대령	dae-ryeong
generale (m)	장군	jang-gun
maresciallo (m)	원수	won-su
ammiraglio (m)	제독	je-dok
militare (m)	군인	gun-in
soldato (m)	군인	gun-in
ufficiale (m)	장교	jang-gyo

comandante (m)	사령관	sa-ryeong-gwan
guardia (f) di frontiera	국경 수비대원	guk-gyeong su-bi-dae-won
marconista (m)	무선 기사	mu-seon gi-sa
esploratore (m)	정찰병	jeong-chal-byeong
geniere (m)	공병대원	gong-byeong-dae-won
tiratore (m)	사수	sa-su
navigatore (m)	항법사	hang-beop-sa

127. Funzionari. Sacerdoti

re (m)	왕	wang
regina (f)	여왕	yeo-wang
principe (m)	왕자	wang-ja
principessa (f)	공주	gong-ju
zar (m)	차르	cha-reu
zarina (f)	여황제	yeo-hwang-je
presidente (m)	대통령	dae-tong-nyeong
ministro (m)	장관	jang-gwan
primo ministro (m)	총리	chong-ni
senatore (m)	상원의원	sang-won-ui-won
diplomatico (m)	외교관	oe-gyo-gwan
console (m)	영사	yeong-sa
ambasciatore (m)	대사	dae-sa
consigliere (m)	고문관	go-mun-gwan
funzionario (m)	공무원	gong-mu-won
prefetto (m)	도지사, 현감	do-ji-sa, hyeon-gam
sindaco (m)	시장	si-jang
giudice (m)	판사	pan-sa
procuratore (m)	검사	geom-sa
missionario (m)	선교사	seon-gyo-sa
monaco (m)	수도사	su-do-sa
abate (m)	수도원장	su-do-won-jang
rabbino (m)	랍비	rap-bi
visir (m)	고관	go-gwan
scià (m)	샤	sya
sceicco (m)	셰이크	sye-i-keu

128. Professioni agricole

apicoltore (m)	양봉가	yang-bong-ga
pastore (m)	목동	mok-dong
agronomo (m)	농학자	nong-hak-ja
allevatore (m) di bestiame	목축업자	mok-chu-geop-ja
veterinario (m)	수의사	su-ui-sa

fattore (m)	농부	nong-bu
vinificatore (m)	포도주 제조자	po-do-ju je-jo-ja
zoologo (m)	동물학자	dong-mul-hak-ja
cowboy (m)	카우보이	ka-u-bo-i

129. Professioni artistiche

attore (m)	배우	bae-u
attrice (f)	여배우	yeo-bae-u
cantante (m)	가수	ga-su
cantante (f)	여가수	yeo-ga-su
danzatore (m)	무용가	mu-yong-ga
ballerina (f)	여성 무용가	yeo-seong mu-yong-ga
artista (m)	공연자	gong-yeon-ja
artista (f)	여성 공연자	yeo-seong gong-yeon-ja
musicista (m)	음악가	eum-ak-ga
pianista (m)	피아니스트	pi-a-ni-seu-teu
chitarrista (m)	기타 연주자	gi-ta yeon-ju-ja
direttore (m) d'orchestra	지휘자	ji-hwi-ja
compositore (m)	작곡가	jak-gok-ga
impresario (m)	기획자	gi-hoek-ja
regista (m)	영화감독	yeong-hwa-gam-dok
produttore (m)	제작자	je-jak-ja
sceneggiatore (m)	시나리오 작가	si-na-ri-o jak-ga
critico (m)	미술 비평가	mi-sul bi-pyeong-ga
scrittore (m)	작가	jak-ga
poeta (m)	시인	si-in
scultore (m)	조각가	jo-gak-ga
pittore (m)	화가	hwa-ga
giocoliere (m)	저글러	jeo-geul-leo
pagliaccio (m)	어릿광대	eo-rit-gwang-dae
acrobata (m)	곡예사	go-gye-sa
prestigiatore (m)	마술사	ma-sul-sa

130. Professioni varie

medico (m)	의사	ui-sa
infermiera (f)	간호사	gan-ho-sa
psichiatra (m)	정신과 의사	jeong-sin-gwa ui-sa
dentista (m)	치과 의사	chi-gwa ui-sa
chirurgo (m)	외과 의사	oe-gwa ui-sa
astronauta (m)	우주비행사	u-ju-bi-haeng-sa
astronomo (m)	천문학자	cheon-mun-hak-ja

autista (m)	운전 기사	un-jeon gi-sa
macchinista (m)	기관사	gi-gwan-sa
meccanico (m)	정비공	jeong-bi-gong
minatore (m)	광부	gwang-bu
operaio (m)	노동자	no-dong-ja
operaio (m) metallurgico	자물쇠공	ja-mul-soe-gong
falegname (m)	목수	mok-su
tornitore (m)	선반공	seon-ban-gong
operaio (m) edile	공사장 인부	gong-sa-jang in-bu
saldatore (m)	용접공	yong-jeop-gong
professore (m)	교수	gyo-su
architetto (m)	건축가	geon-chuk-ga
storico (m)	역사학자	yeok-sa-hak-ja
scienziato (m)	과학자	gwa-hak-ja
fisico (m)	물리학자	mul-li-hak-ja
chimico (m)	화학자	hwa-hak-ja
archeologo (m)	고고학자	go-go-hak-ja
geologo (m)	지질학자	ji-jil-hak-ja
ricercatore (m)	연구원	yeon-gu-won
baby-sitter (m, f)	애기보는 사람	ae-gi-bo-neun sa-ram
insegnante (m, f)	교사	gyo-sa
redattore (m)	편집자	pyeon-jip-ja
redattore capo (m)	편집장	pyeon-jip-jang
corrispondente (m)	통신원	tong-sin-won
dattilografa (f)	타이피스트	ta-i-pi-seu-teu
designer (m)	디자이너	di-ja-i-neo
esperto (m) informatico	컴퓨터 전문가	keom-pyu-teo jeon-mun-ga
programmatore (m)	프로그래머	peu-ro-geu-rae-meo
ingegnere (m)	엔지니어	en-ji-ni-eo
marittimo (m)	선원	seon-won
marinaio (m)	수부	su-bu
soccorritore (m)	구조자	gu-jo-ja
pompiere (m)	소방관	so-bang-gwan
poliziotto (m)	경찰관	gyeong-chal-gwan
guardiano (m)	경비원	gyeong-bi-won
detective (m)	형사	hyeong-sa
doganiere (m)	세관원	se-gwan-won
guardia (f) del corpo	경호원	gyeong-ho-won
guardia (f) carceraria	간수	gan-su
ispettore (m)	감독관	gam-dok-gwan
sportivo (m)	스포츠맨	seu-po-cheu-maen
allenatore (m)	코치	ko-chi
macellaio (m)	정육점 주인	jeong-yuk-jeom ju-in
calzolaio (m)	구둣방	gu-dut-bang
uomo (m) d'affari	상인	sang-in
caricatore (m)	하역부	ha-yeok-bu

stilista (m)	패션 디자이너	pae-syeon di-ja-i-neo
modella (f)	모델	mo-del

131. Attività lavorative. Condizione sociale

scolaro (m)	남학생	nam-hak-saeng
studente (m)	대학생	dae-hak-saeng
filosofo (m)	철학자	cheol-hak-ja
economista (m)	경제 학자	gyeong-je hak-ja
inventore (m)	발명가	bal-myeong-ga
disoccupato (m)	실업자	si-reop-ja
pensionato (m)	은퇴자	eun-toe-ja
spia (f)	비밀요원	bi-mi-ryo-won
detenuto (m)	죄수	joe-su
scioperante (m)	파업자	pa-eop-ja
burocrate (m)	관료	gwal-lyo
viaggiatore (m)	여행자	yeo-haeng-ja
omosessuale (m)	동성애자	dong-seong-ae-ja
hacker (m)	해커	hae-keo
bandito (m)	산적	san-jeok
sicario (m)	살인 청부업자	sa-rin cheong-bu-eop-ja
drogato (m)	마약 중독자	ma-yak jung-dok-ja
trafficante (m) di droga	마약 밀매자	ma-yak mil-mae-ja
prostituta (f)	매춘부	mae-chun-bu
magnaccia (m)	포주	po-ju
stregone (m)	마법사	ma-beop-sa
strega (f)	여자 마법사	yeo-ja ma-beop-sa
pirata (m)	해적	hae-jeok
schiavo (m)	노예	no-ye
samurai (m)	사무라이	sa-mu-ra-i
selvaggio (m)	야만인	ya-man-in

Sport

132. Tipi di sport. Sportivi

sportivo (m)	스포츠맨	seu-po-cheu-maen
sport (m)	스포츠 종류	seu-po-cheu jong-nyu
pallacanestro (m)	농구	nong-gu
cestista (m)	농구 선수	nong-gu seon-su
baseball (m)	야구	ya-gu
giocatore (m) di baseball	야구 선수	ya-gu seon-su
calcio (m)	축구	chuk-gu
calciatore (m)	축구 선수	chuk-gu seon-su
portiere (m)	골키퍼	gol-ki-peo
hockey (m)	하키	ha-ki
hockeista (m)	하키 선수	ha-ki seon-su
pallavolo (m)	배구	bae-gu
pallavolista (m)	배구 선수	bae-gu seon-su
pugilato (m)	권투	gwon-tu
pugile (m)	권투 선수	gwon-tu seon-su
lotta (f)	레슬링	re-seul-ling
lottatore (m)	레슬링 선수	re-seul-ling seon-su
karate (m)	가라테	ga-ra-te
karateka (m)	가라테 선수	ga-ra-te seon-su
judo (m)	유도	yu-do
judoista (m)	유도 선수	yu-do seon-su
tennis (m)	테니스	te-ni-seu
tennista (m)	테니스 선수	te-ni-seu seon-su
nuoto (m)	수영	su-yeong
nuotatore (m)	수영 선수	su-yeong seon-su
scherma (f)	펜싱	pen-sing
schermitore (m)	펜싱 선수	pen-sing seon-su
scacchi (m pl)	체스	che-seu
scacchista (m)	체스 선수	che-seu seon-su
alpinismo (m)	등산	deung-san
alpinista (m)	등산가	deung-san-ga
corsa (f)	달리기	dal-li-gi

corridore (m)	달리기 선수	dal-li-gi seon-su
atletica (f) leggera	육상 경기	yuk-sang gyeong-gi
atleta (m)	선수	seon-su
ippica (f)	승마	seung-ma
fantino (m)	승마 선수	seung-ma seon-su
pattinaggio (m) artistico	피겨 스케이팅	pi-gyeo seu-ke-i-ting
pattinatore (m)	피겨 스케이팅 선수	pi-gyeo seu-ke-i-ting seon-su
pattinatrice (f)	피겨 스케이팅 선수	pi-gyeo seu-ke-i-ting seon-su
pesistica (f)	역도	yeok-do
pesista (m)	역도 선수	yeok-do seon-su
automobilismo (m)	자동차 경주	ja-dong-cha gyeong-ju
pilota (m)	카레이서	ka-re-i-seo
ciclismo (m)	자전거경기	ja-jeon-geo-gyeong-gi
ciclista (m)	자전거 선수	ja-jeon-geo seon-su
salto (m) in lungo	멀리뛰기	meol-li-ttwi-gi
salto (m) con l'asta	장대 높이뛰기	jang-dae no-pi-ttwi-gi
saltatore (m)	뛰기선수	ttwi-gi-seon-su

133. Tipi di sport. Varie

football (m) americano	미식 축구	mi-sik chuk-gu
badminton (m)	배드민턴	bae-deu-min-teon
biathlon (m)	바이애슬론	ba-i-ae-seul-lon
biliardo (m)	당구	dang-gu
bob (m)	봅슬레이	bop-seul-le-i
culturismo (m)	보디빌딩	bo-di-bil-ding
pallanuoto (m)	수구	su-gu
pallamano (m)	핸드볼	haen-deu-bol
golf (m)	골프	gol-peu
canottaggio (m)	조정	jo-jeong
immersione (f) subacquea	스쿠버다이빙	seu-ku-beo-da-i-bing
sci (m) di fondo	크로스컨트리 스키	keu-ro-seu-keon-teu-ri seu-ki
tennis (m) da tavolo	탁구	tak-gu
vela (f)	요트타기	yo-teu-ta-gi
rally (m)	랠리	rael-li
rugby (m)	럭비	reok-bi
snowboard (m)	스노보드	seu-no-bo-deu
tiro (m) con l'arco	양궁	yang-gung

134. Palestra

bilanciere (m)	역기	yeok-gi
manubri (m pl)	아령	a-ryeong

attrezzo (m) sportivo	운동 기구	un-dong gi-gu
cyclette (f)	헬스자전거	hel-seu-ja-jeon-geo
tapis roulant (m)	러닝 머신	reo-ning meo-sin
sbarra (f)	철봉	cheol-bong
parallele (f pl)	평행봉	pyeong-haeng-bong
cavallo (m)	안마	an-ma
materassino (m)	매트	mae-teu
aerobica (f)	에어로빅	e-eo-ro-bik
yoga (m)	요가	yo-ga

135. Hockey

hockey (m)	하키	ha-ki
hockeista (m)	하키 선수	ha-ki seon-su
giocare a hockey	하키를 하다	ha-ki-reul ha-da
ghiaccio (m)	얼음	eo-reum
disco (m)	하키 퍽	ha-ki peok
bastone (m) da hockey	하키 스틱	ha-ki seu-tik
pattini (m pl)	스케이트	seu-ke-i-teu
bordo (m)	사이드보드	sa-i-deu-bo-deu
tiro (m)	슛	syut
portiere (m)	골키퍼	gol-ki-peo
gol (m)	득점	deuk-jeom
segnare un gol	골을 넣다	go-reul leo-ta
tempo (m)	피리어드	pi-ri-eo-deu
panchina (f)	후보 선수 대기석	hu-bo seon-su dae-gi-seok

136. Calcio

calcio (m)	축구	chuk-gu
calciatore (m)	축구 선수	chuk-gu seon-su
giocare a calcio	축구를 하다	chuk-gu-reul ha-da
La Prima Divisione	메이저 리그	me-i-jeo ri-geu
società (f) calcistica	축구클럽	chuk-gu-keul-leop
allenatore (m)	코치	ko-chi
proprietario (m)	구단주	gu-dan-ju
squadra (f)	팀	tim
capitano (m) di squadra	주장	ju-jang
giocatore (m)	선수	seon-su
riserva (f)	후보 선수	hu-bo seon-su
attaccante (m)	포워드	po-wo-deu
centrocampista (m)	센터 포워드	sen-teo po-wo-deu
bomber (m)	득점자	deuk-jeom-ja

terzino (m)	수비수	su-bi-su
mediano (m)	미드필더	mi-deu-pil-deo
partita (f)	경기	gyeong-gi
incontrarsi (vr)	만나다	man-na-da
finale (m)	결승전	gyeol-seung-jeon
semifinale (m)	준결승전	jun-gyeol-seung-jeon
campionato (m)	선수권	seon-su-gwon
tempo (m)	경기 시간	gyeong-gi si-gan
primo tempo (m)	전반전	jeon-ban-jeon
intervallo (m)	하프 타임	ha-peu ta-im
porta (f)	골	gol
portiere (m)	골키퍼	gol-ki-peo
palo (m)	골대	gol-dae
traversa (f)	크로스바	keu-ro-seu-ba
rete (f)	골망	gol-mang
subire un gol	골을 내주다	go-reul lae-ju-da
pallone (m)	공	gong
passaggio (m)	패스	pae-seu
calcio (m), tiro (m)	슛	syut
tirare un calcio	슛을 하다	syus-eul ha-da
calcio (m) di punizione	프리킥	peu-ri-kik
calcio (m) d'angolo	코너킥	ko-neo-kik
attacco (m)	공격	gong-gyeok
contrattacco (m)	반격	ban-gyeok
combinazione (f)	조합	jo-hap
arbitro (m)	주심, 심판	ju-sim, sim-pan
fischiare (vi)	휘슬을 불다	hwi-seu-reul bul-da
fischio (m)	휘슬, 호각	hwi-seul
fallo (m)	반칙	ban-chik
fare un fallo	반칙을 하다	ban-chi-geul ha-da
espellere dal campo	퇴장시키다	toe-jang-si-ki-da
cartellino (m) giallo	옐로카드	yel-lo-ka-deu
cartellino (m) rosso	레드카드	re-deu-ka-deu
squalifica (f)	실격	sil-gyeok
squalificare (vt)	실격시키다	sil-gyeok-si-ki-da
rigore (m)	페널티킥	pe-neol-ti-kik
barriera (f)	수비벽	su-bi-byeok
segnare (~ un gol)	득점하다	deuk-jeom-ha-da
gol (m)	득점	deuk-jeom
segnare un gol	득점하다	deuk-jeom-ha-da
sostituzione (f)	선수교체	seon-su-gyo-che
sostituire (vt)	교체하다	gyo-che-ha-da
regole (f pl)	규칙	gyu-chik
tattica (f)	전술	jeon-sul
stadio (m)	경기장	gyeong-gi-jang
tribuna (f)	관람석	gwal-lam-seok

tifoso, fan (m)	서포터	seo-po-teo
gridare (vi)	소리 치다	so-ri chi-da
tabellone (m) segnapunti	스코어보드	ho-gak
punteggio (m)	점수	jeom-su
sconfitta (f)	패배	pae-bae
subire una sconfitta	지다	ji-da
pareggio (m)	무승부	mu-seung-bu
pareggiare (vi)	무승부로 끝나다	mu-seung-bu-ro kkeun-na-da
vittoria (f)	승리	seung-ni
vincere (vi)	이기다	i-gi-da
campione (m)	챔피언	chaem-pi-eon
migliore (agg)	최고의	choe-go-ui
congratularsi (con qn per qc)	축하하다	chuk-a-ha-da
commentatore (m)	해설가	hae-seol-ga
commentare (vt)	실황 방송을 하다	sil-hwang bang-song-eul ha-da
trasmissione (f)	방송	bang-song

137. Sci alpino

sci (m pl)	스키	seu-ki
sciare (vi)	스키를 타다	seu-ki-reul ta-da
stazione (f) sciistica	스키 리조트	seu-ki ri-jo-teu
sciovia (f)	리프트	ri-peu-teu
bastoni (m pl) da sci	스키 폴	seu-ki pol
pendio (m)	슬로프	seul-lo-peu
slalom (m)	슬랄롬	seul-lal-lom

138. Tennis. Golf

golf (m)	골프	gol-peu
golf club (m)	골프채	gol-peu-chae
golfista (m)	골퍼	gol-peo
buca (f)	홀	hol
mazza (f) da golf	골프채	gol-peu-chae
carrello (m) da golf	골프백카트	gol-peu-baek-ka-teu
tennis (m)	테니스	te-ni-seu
campo (m) da tennis	테니스장	te-ni-seu-jang
battuta (f)	서브	seo-beu
servire (vt)	서브하다	seo-beu-ha-da
racchetta (f)	라켓	ra-ket
rete (f)	네트	ne-teu
palla (f)	공	gong

139. Scacchi

scacchi (m pl)	체스	che-seu
pezzi (m pl) degli scacchi	체스의 말	che-seu-ui mal
scacchista (m)	체스 선수	che-seu seon-su
scacchiera (f)	체스판	che-seu-pan
pezzo (m)	체스의 말	che-seu-ui mal
Bianchi (m pl)	백	baek
Neri (m pl)	흑	heuk
pedina (f)	폰	pon
alfiere (m)	비숍	bi-syop
cavallo (m)	나이트	na-i-teu
torre (f)	룩	ruk
regina (f)	퀸	kwin
re (m)	킹	king
mossa (m)	두기	du-gi
muovere (vt)	말을 옮기다	ma-reul rom-gi-da
sacrificare (vt)	희생시키다	hui-saeng-si-ki-da
arrocco (m)	캐슬링	kae-seul-ling
scacco (m)	체크	che-keu
scacco matto (m)	체크메이트	che-keu-me-i-teu
torneo (m) di scacchi	체스 토너먼트	che-seu to-neo-meon-teu
gran maestro (m)	그랜드 마스터	geu-raen-deu ma-seu-teo
combinazione (f)	조합	jo-hap
partita (f) (~ a scacchi)	판	pan
dama (f)	체커	che-keo

140. Pugilato

pugilato (m), boxe (f)	권투	gwon-tu
incontro (m)	회전	hoe-jeon
round (m)	라운드	ra-un-deu
ring (m)	링	ring
gong (m)	공	gong
pugno (m)	펀치	peon-chi
knock down (m)	녹다운	nok-da-un
knock-out (m)	녹아웃	no-ga-ut
mettere knock-out	녹아웃 시키다	no-ga-ut si-ki-da
guantone (m) da pugile	권투 글러브	gwon-tu geul-leo-beu
arbitro (m)	부심	bu-sim
peso (m) leggero	라이트급	ra-i-teu-geup
peso (m) medio	미들급	mi-deul-geup
peso (m) massimo	헤비급	he-bi-geup

141. Sport. Varie

Giochi (m pl) Olimpici	올림픽	ol-lim-pik
vincitore (m)	승리자	seung-ni-ja
ottenere la vittoria	이기고 있다	i-gi-go it-da
vincere (vi)	이기다	i-gi-da
leader (m), capo (m)	선두	seon-du
essere alla guida	선두를 달리다	seon-du-reul dal-li-da
primo posto (m)	일등	il-deung
secondo posto (m)	준우승	seu-ko-eo-bo-deu
terzo posto (m)	3위	sam-wi
medaglia (f)	메달	me-dal
trofeo (m)	트로피	teu-ro-pi
coppa (f) (trofeo)	우승컵	u-seung-keop
premio (m)	상	sang
primo premio (m)	최고 상품	choe-go sang-pum
record (m)	기록	gi-rok
stabilire un record	기록을 세우다	gi-ro-geul se-u-da
finale (m)	결승전	gyeol-seung-jeon
finale (agg)	마지막의	ma-ji-ma-gui
campione (m)	챔피언	chaem-pi-eon
campionato (m)	선수권	seon-su-gwon
stadio (m)	경기장	gyeong-gi-jang
tribuna (f)	관람석	gwal-lam-seok
tifoso, fan (m)	서포터	seo-po-teo
avversario (m)	상대	sang-dae
partenza (f)	출발점	chul-bal-jeom
traguardo (m)	결승점	gyeol-seung-jeom
sconfitta (f)	패배	pae-bae
perdere (vt)	지다	ji-da
arbitro (m)	심판	sim-pan
giuria (f)	배심원단	bae-si-mwon-dan
punteggio (m)	점수	jeom-su
pareggio (m)	무승부	mu-seung-bu
pareggiare (vi)	무승부로 끝나다	mu-seung-bu-ro kkeun-na-da
punto (m)	점수	jeom-su
risultato (m)	결과	gyeol-gwa
intervallo (m)	하프 타임	ha-peu ta-im
doping (m)	도핑	do-ping
penalizzare (vt)	처벌하다	cheo-beol-ha-da
squalificare (vt)	실격시키다	sil-gyeok-si-ki-da
attrezzatura (f)	기구	gi-gu
giavellotto (m)	투창	tu-chang

peso (m) (sfera metallica)	포환	po-hwan
biglia (f) (palla)	공	gong
obiettivo (m)	목표	mok-pyo
bersaglio (m)	과녁	gwa-nyeok
sparare (vi)	쏘다	sso-da
preciso (agg)	정확한	jeong-hwak-an
allenatore (m)	코치	ko-chi
allenare (vt)	훈련하다	hul-lyeon-ha-da
allenarsi (vr)	훈련하다	hul-lyeon-ha-da
allenamento (m)	훈련	hul-lyeon
palestra (f)	헬스장	hel-seu-jang
esercizio (m)	운동, 연습	un-dong, yeon-seup
riscaldamento (m)	워밍업	wo-ming-eop

Istruzione

142. Scuola

scuola (f)	학교	hak-gyo
direttore (m) di scuola	교장	gyo-jang
allievo (m)	남학생	nam-hak-saeng
allieva (f)	여학생	yeo-hak-saeng
scolaro (m)	남학생	nam-hak-saeng
scolara (f)	여학생	yeo-hak-saeng
insegnare (qn)	가르치다	ga-reu-chi-da
imparare (una lingua)	배우다	bae-u-da
imparare a memoria	암기하다	am-gi-ha-da
studiare (vi)	배우다	bae-u-da
frequentare la scuola	재학 중이다	jae-hak jung-i-da
andare a scuola	학교에 가다	hak-gyo-e ga-da
alfabeto (m)	알파벳	al-pa-bet
materia (f)	과목	gwa-mok
classe (f)	교실	gyo-sil
lezione (f)	수업	su-eop
ricreazione (f)	쉬는 시간	swi-neun si-gan
campanella (f)	수업종	su-eop-jong
banco (m)	학교 책상	hak-gyo chaek-sang
lavagna (f)	칠판	chil-pan
voto (m)	성적	seong-jeok
voto (m) alto	좋은 성적	jo-eun seong-jeok
voto (m) basso	나쁜 성적	na-ppeun seong-jeok
dare un voto	성적을 매기다	seong-jeo-geul mae-gi-da
errore (m)	실수	sil-su
fare errori	실수하다	sil-su-ha-da
correggere (vt)	고치다	go-chi-da
bigliettino (m)	커닝 페이퍼	keo-ning pe-i-peo
compiti (m pl)	숙제	suk-je
esercizio (m)	연습 문제	yeon-seup mun-je
essere presente	출석하다	chul-seok-a-da
essere assente	결석하다	gyeol-seok-a-da
punire (vt)	처벌하다	cheo-beol-ha-da
punizione (f)	벌	beol
comportamento (m)	처신	cheo-sin
pagella (f)	성적표	seong-jeok-pyo

matita (f)	연필	yeon-pil
gomma (f) per cancellare	지우개	ji-u-gae
gesso (m)	분필	bun-pil
astuccio (m) portamatite	필통	pil-tong
cartella (f)	책가방	chaek-ga-bang
penna (f)	펜	pen
quaderno (m)	노트	no-teu
manuale (m)	교과서	gyo-gwa-seo
compasso (m)	컴퍼스	keom-peo-seu
disegnare (tracciare)	제도하다	je-do-ha-da
disegno (m) tecnico	건축 도면	geon-chuk do-myeon
poesia (f)	시	si
a memoria	외워서	oe-wo-seo
imparare a memoria	암기하다	am-gi-ha-da
vacanze (f pl) scolastiche	학교 방학	bang-hak
essere in vacanza	방학 중이다	bang-hak jung-i-da
prova (f) scritta	필기 시험	pil-gi si-heom
composizione (f)	논술	non-sul
dettato (m)	받아쓰기 시험	ba-da-sseu-gi si-heom
esame (m)	시험	si-heom
sostenere un esame	시험을 보다	si-heo-meul bo-da
esperimento (m)	실험	sil-heom

143. Istituto superiore. Università

accademia (f)	아카데미	a-ka-de-mi
università (f)	대학교	dae-hak-gyo
facoltà (f)	교수진	gyo-su-jin
studente (m)	대학생	dae-hak-saeng
studentessa (f)	여대생	yeo-dae-saeng
docente (m, f)	강사	gang-sa
aula (f)	교실	gyo-sil
diplomato (m)	졸업생	jo-reop-saeng
diploma (m)	졸업증	jo-reop-jeung
tesi (f)	학위 논문	ha-gwi non-mun
ricerca (f)	연구	yeon-gu
laboratorio (m)	연구실	yeon-gu-sil
lezione (f)	강의	gang-ui
compagno (m) di corso	대학 동급생	dae-hak dong-geup-saeng
borsa (f) di studio	장학금	jang-hak-geum
titolo (m) accademico	학위	ha-gwi

144. Scienze. Discipline

matematica (f)	수학	su-hak
algebra (f)	대수학	dae-su-hak
geometria (f)	기하학	gi-ha-hak
astronomia (f)	천문학	cheon-mun-hak
biologia (f)	생물학	saeng-mul-hak
geografia (f)	지리학	ji-ri-hak
geologia (f)	지질학	ji-jil-hak
storia (f)	역사학	yeok-sa-hak
medicina (f)	의학	ui-hak
pedagogia (f)	교육학	gyo-yuk-ak
diritto (m)	법학	beo-pak
fisica (f)	물리학	mul-li-hak
chimica (f)	화학	hwa-hak
filosofia (f)	철학	cheol-hak
psicologia (f)	심리학	sim-ni-hak

145. Sistema di scrittura. Ortografia

grammatica (f)	문법	mun-beop
lessico (m)	어휘	eo-hwi
fonetica (f)	음성학	eum-seong-hak
sostantivo (m)	명사	myeong-sa
aggettivo (m)	형용사	hyeong-yong-sa
verbo (m)	동사	dong-sa
avverbio (m)	부사	bu-sa
pronome (m)	대명사	dae-myeong-sa
interiezione (f)	감탄사	gam-tan-sa
preposizione (f)	전치사	jeon-chi-sa
radice (f)	어근	eo-geun
desinenza (f)	어미	eo-mi
prefisso (m)	접두사	jeop-du-sa
sillaba (f)	음절	eum-jeol
suffisso (m)	접미사	jeom-mi-sa
accento (m)	강세	gang-se
apostrofo (m)	아포스트로피	a-po-seu-teu-ro-pi
punto (m)	마침표	ma-chim-pyo
virgola (f)	쉼표	swim-pyo
punto (m) e virgola	세미콜론	se-mi-kol-lon
due punti	콜론	kol-lon
puntini di sospensione	말줄임표	mal-ju-rim-pyo
punto (m) interrogativo	물음표	mu-reum-pyo
punto (m) esclamativo	느낌표	neu-kkim-pyo

virgolette (f pl)	따옴표	tta-om-pyo
tra virgolette	따옴표 안에	tta-om-pyo a-ne
parentesi (f pl)	괄호	gwal-ho
tra parentesi	괄호 속에	gwal-ho so-ge
trattino (m)	하이픈	ha-i-peun
lineetta (f)	대시	jul-pyo
spazio (m) (tra due parole)	공백 문자	gong-baek mun-ja
lettera (f)	글자	geul-ja
lettera (f) maiuscola	대문자	dae-mun-ja
vocale (f)	모음	mo-eum
consonante (f)	자음	ja-eum
proposizione (f)	문장	mun-jang
soggetto (m)	주어	ju-eo
predicato (m)	서술어	seo-su-reo
riga (f)	줄	jul
a capo	줄을 바꾸어	ju-reul ba-kku-eo
capoverso (m)	단락	dal-lak
parola (f)	단어	dan-eo
gruppo (m) di parole	문구	mun-gu
espressione (f)	표현	pyo-hyeon
sinonimo (m)	동의어	dong-ui-eo
antonimo (m)	반의어	ban-ui-eo
regola (f)	규칙	gyu-chik
eccezione (f)	예외	ye-oe
giusto (corretto)	맞는	man-neun
coniugazione (f)	활용	hwa-ryong
declinazione (f)	어형 변화	eo-hyeong byeon-hwa
caso (m) nominativo	격	gyeok
domanda (f)	질문	jil-mun
sottolineare (vt)	밑줄을 긋다	mit-ju-reul geut-da
linea (f) tratteggiata	점선	jeom-seon

146. Lingue straniere

lingua (f)	언어	eon-eo
lingua (f) straniera	외국어	oe-gu-geo
studiare (vt)	공부하다	gong-bu-ha-da
imparare (una lingua)	배우다	bae-u-da
leggere (vi, vt)	읽다	ik-da
parlare (vi, vt)	말하다	mal-ha-da
capire (vt)	이해하다	i-hae-ha-da
scrivere (vi, vt)	쓰다	sseu-da
rapidamente	빨리	ppal-li
lentamente	천천히	cheon-cheon-hi

correntemente	유창하게	yu-chang-ha-ge
regole (f pl)	규칙	gyu-chik
grammatica (f)	문법	mun-beop
lessico (m)	어휘	eo-hwi
fonetica (f)	음성학	eum-seong-hak
manuale (m)	교과서	gyo-gwa-seo
dizionario (m)	사전	sa-jeon
manuale (m) autodidattico	자습서	ja-seup-seo
frasario (m)	회화집	hoe-hwa-jip
cassetta (f)	테이프	te-i-peu
videocassetta (f)	비디오테이프	bi-di-o-te-i-peu
CD (m)	씨디	ssi-di
DVD (m)	디비디	di-bi-di
alfabeto (m)	알파벳	al-pa-bet
compitare (vt)	… 의 철자이다	… ui cheol-ja-i-da
pronuncia (f)	발음	ba-reum
accento (m)	악센트	ak-sen-teu
con un accento	사투리로	sa-tu-ri-ro
senza accento	억양 없이	eo-gyang eop-si
vocabolo (m)	단어	dan-eo
significato (m)	의미	ui-mi
corso (m) (~ di francese)	강좌	gang-jwa
iscriversi (vr)	등록하다	deung-nok-a-da
insegnante (m, f)	강사	gang-sa
traduzione (f) (fare una ~)	번역	beo-nyeok
traduzione (f) (un testo)	번역	beo-nyeok
traduttore (m)	번역가	beo-nyeok-ga
interprete (m)	통역가	tong-yeok-ga
poliglotta (m)	수개 국어를 말하는 사람	su-gae gu-geo-reul mal-ha-neun sa-ram
memoria (f)	기억력	gi-eong-nyeok

147. Personaggi delle fiabe

Babbo Natale (m)	산타클로스	san-ta-keul-lo-seu
sirena (f)	인어	in-eo
mago (m)	마법사	ma-beop-sa
fata (f)	요정	yo-jeong
magico (agg)	마법의	ma-beo-bui
bacchetta (f) magica	마술 지팡이	ma-sul ji-pang-i
fiaba (f), favola (f)	동화	dong-hwa
miracolo (m)	기적	gi-jeok
nano (m)	난쟁이	nan-jaeng-i
trasformarsi in …	… 으로 변하다	… eu-ro byeon-ha-da

fantasma (m)	유령	yu-ryeong
spettro (m)	유령, 귀신	yu-ryeong, gwi-sin
mostro (m)	괴물	goe-mul
drago (m)	용	yong
gigante (m)	거인	geo-in

148. Segni zodiacali

Ariete (m)	양자리	yang-ja-ri
Toro (m)	황소자리	hwang-so-ja-ri
Gemelli (m pl)	쌍둥이자리	ssang-dung-i-ja-ri
Cancro (m)	게자리	ge-ja-ri
Leone (m)	사자자리	sa-ja-ja-ri
Vergine (f)	처녀자리	cheo-nyeo-ja-ri
Bilancia (f)	천칭자리	cheon-ching-ja-ri
Scorpione (m)	전갈자리	jeon-gal-ja-ri
Sagittario (m)	궁수자리	gung-su-ja-ri
Capricorno (m)	염소자리	yeom-so-ja-ri
Acquario (m)	물병자리	mul-byeong-ja-ri
Pesci (m pl)	물고기자리	mul-go-gi-ja-ri
carattere (m)	성격	seong-gyeok
tratti (m pl) del carattere	성격특성	seong-gyeok-teuk-seong
comportamento (m)	행동	haeng-dong
predire il futuro	점치다	jeom-chi-da
cartomante (f)	점쟁이	jeom-jaeng-i
oroscopo (m)	천궁도	cheon-gung-do

Arte

149. Teatro

teatro (m)	극장	geuk-jang
opera (f)	오페라	o-pe-ra
operetta (f)	오페레타	o-pe-re-ta
balletto (m)	발레	bal-le
cartellone (m)	포스터, 벽보	po-seu-teo, byeok-bo
compagnia (f) teatrale	공연단	gong-yeon-dan
tournée (f)	순회	sun-hoe
andare in tourn?e	투어를 가다	tu-eo-reul ga-da
fare le prove	리허설 하다	ri-heo-seol ha-da
prova (f)	리허설	ri-heo-seol
repertorio (m)	레퍼토리	re-peo-to-ri
rappresentazione (f)	공연	gong-yeon
spettacolo (m)	연극 공연	yeon-geuk gong-yeon
opera (f) teatrale	연극	yeon-geuk
biglietto (m)	표, 입장권	pyo, ip-jang-gwon
botteghino (m)	매표소	mae-pyo-so
hall (f)	로비	ro-bi
guardaroba (f)	휴대품 보관소	hyu-dae-pum bo-gwan-so
cartellino (m) del guardaroba	보관소 꼬리표	bo-gwan-so kko-ri-pyo
binocolo (m)	오페라 글라스	o-pe-ra geul-la-seu
maschera (f)	좌석 안내원	jwa-seok gan-nae-won
platea (f)	일반 객석	il-ban gaek-seok
balconata (f)	발코니석	bal-ko-ni-seok
prima galleria (f)	특등석	teuk-deung-seok
palco (m)	특별석	teuk-byeol-seok
fila (f)	열	yeol
posto (m)	자리	ja-ri
pubblico (m)	청중	cheong-jung
spettatore (m)	관중	gwan-jung
battere le mani	박수하다	bak-su-ha-da
applauso (m)	박수	bak-su
ovazione (f)	박수 갈채	bak-su gal-chae
palcoscenico (m)	무대	mu-dae
sipario (m)	커튼	keo-teun
scenografia (f)	무대 배경	mu-dae bae-gyeong
quinte (f pl)	백스테이지	baek-seu-te-i-ji
scena (f) (l'ultima ~)	장면	jang-myeon
atto (m)	막	mak
intervallo (m)	막간	mak-gan

150. Cinema

attore (m)	배우	bae-u
attrice (f)	여배우	yeo-bae-u
film (m)	영화	yeong-hwa
puntata (f)	부작	bu-jak
film (m) giallo	탐정 영화	tam-jeong yeong-hwa
film (m) d'azione	액션 영화	aek-syeon nyeong-hwa
film (m) d'avventure	모험 영화	mo-heom myeong-hwa
film (m) di fantascienza	공상과학영화	SF yeong-hwa
film (m) d'orrore	공포 영화	gong-po yeong-hwa
film (m) comico	코미디 영화	ko-mi-di yeong-hwa
melodramma (m)	멜로드라마	mel-lo-deu-ra-ma
dramma (m)	드라마	deu-ra-ma
film (m) a soggetto	극영화	geu-gyeong-hwa
documentario (m)	다큐멘터리	da-kyu-men-teo-ri
cartoni (m pl) animati	만화영화	man-hwa-yeong-hwa
cinema (m) muto	무성영화	mu-seong-yeong-hwa
parte (f)	역할	yeok-al
parte (f) principale	주역	ju-yeok
recitare (vi, vt)	연기하다	yeon-gi-ha-da
star (f), stella (f)	영화 스타	yeong-hwa seu-ta
noto (agg)	유명한	yu-myeong-han
famoso (agg)	유명한	yu-myeong-han
popolare (agg)	인기 있는	in-gi in-neun
sceneggiatura (m)	시나리오	si-na-ri-o
sceneggiatore (m)	시나리오 작가	si-na-ri-o jak-ga
regista (m)	영화감독	yeong-hwa-gam-dok
produttore (m)	제작자	je-jak-ja
assistente (m)	보조자	bo-jo-ja
cameraman (m)	카메라맨	ka-me-ra-maen
cascatore (m)	스턴트 맨	seu-teon-teu maen
girare un film	영화를 촬영하다	yeong-hwa-reul chwa-ryeong-ha-da
provino (m)	오디션	o-di-syeon
ripresa (f)	촬영	chwa-ryeong
troupe (f) cinematografica	영화 제작팀	yeong-hwa je-jak-tim
set (m)	영화 세트	yeong-hwa se-teu
cinepresa (f)	카메라	ka-me-ra
cinema (m) (~ all'aperto)	영화관	yeong-hwa-gwan
schermo (m)	스크린	seu-keu-rin
proiettare un film	영화를 상영하다	yeong-hwa-reul sang-yeong-ha-da
colonna (f) sonora	사운드트랙	sa-un-deu-teu-raek
effetti (m pl) speciali	특수 효과	teuk-su hyo-gwa

sottotitoli (m pl)	자막	ja-mak
titoli (m pl) di coda	엔딩 크레딧	en-ding keu-re-dit
traduzione (f)	번역	beo-nyeok

151. Pittura

arte (f)	예술	ye-sul
belle arti (f pl)	미술	mi-sul
galleria (f) d'arte	미술관	mi-sul-gwan
mostra (f)	미술 전시회	mi-sul jeon-si-hoe
pittura (f)	회화	hoe-hwa
grafica (f)	그래픽 아트	geu-rae-pik ga-teu
astrattismo (m)	추상파	chu-sang-pa
impressionismo (m)	인상파	in-sang-pa
quadro (m)	그림	geu-rim
disegno (m)	선화	seon-hwa
cartellone, poster (m)	포스터	po-seu-teo
illustrazione (f)	삽화	sa-pwa
miniatura (f)	세밀화	se-mil-hwa
copia (f)	복제품	bok-je-pum
riproduzione (f)	복사	bok-sa
mosaico (m)	모자이크	mo-ja-i-keu
vetrata (f)	스테인드 글라스	seu-te-in-deu geul-la-seu
affresco (m)	프레스코화	peu-re-seu-ko-hwa
incisione (f)	판화	pan-hwa
busto (m)	흉상	hyung-sang
scultura (f)	조각	jo-gak
statua (f)	조상	jo-sang
gesso (m)	석고	seok-go
in gesso	석고의	seok-go-ui
ritratto (m)	초상화	cho-sang-hwa
autoritratto (m)	자화상	ja-hwa-sang
paesaggio (m)	풍경화	pung-gyeong-hwa
natura (f) morta	정물화	jeong-mul-hwa
caricatura (f)	캐리커처	kae-ri-keo-cheo
colore (m)	물감	mul-gam
acquerello (m)	수채 물감	su-chae mul-gam
olio (m)	유화 물감	yu-hwa mul-gam
matita (f)	연필	yeon-pil
inchiostro (m) di china	먹물	meong-mul
carbone (m)	목탄	mok-tan
disegnare (a matita)	그리다	geu-ri-da
dipingere (un quadro)	그리다	geu-ri-da
posare (vi)	포즈를 취하다	po-jeu-reul chwi-ha-da
modello (m)	화가의 모델	hwa-ga-ui mo-del

modella (f)	화가의 모델	hwa-ga-ui mo-del
pittore (m)	화가	hwa-ga
opera (f) d'arte	미술 작품	mi-sul jak-pum
capolavoro (m)	걸작	geol-jak
laboratorio (m) (di artigiano)	작업실	ja-geop-sil
tela (f)	캔버스	kaen-beo-seu
cavalletto (m)	이젤	i-jel
tavolozza (f)	팔레트	pal-le-teu
cornice (f) (~ di un quadro)	액자	aek-ja
restauro (m)	복원	bo-gwon
restaurare (vt)	복원하다	bo-gwon-ha-da

152. Letteratura e poesia

letteratura (f)	문학	mun-hak
autore (m)	작가	jak-ga
pseudonimo (m)	필명	pil-myeong
libro (m)	책	chaek
volume (m)	권	gwon
sommario (m), indice (m)	목차	mok-cha
pagina (f)	페이지	pe-i-ji
protagonista (m)	주인공	ju-in-gong
autografo (m)	사인	sa-in
racconto (m)	단편 소설	dan-pyeon so-seol
romanzo (m) breve	소설	so-seol
romanzo (m)	장편 소설	jang-pyeon so-seol
opera (f) (~ letteraria)	작품	jak-pum
favola (f)	우화	u-hwa
giallo (m)	추리 소설	chu-ri so-seol
verso (m)	시	si
poesia (f) (~ lirica)	시	si
poema (m)	서사시	seo-sa-si
poeta (m)	시인	si-in
narrativa (f)	픽션	pik-syeon
fantascienza (f)	공상과학소설	gong-sang-gwa-hak-so-seol
avventure (f pl)	모험 소설	mo-heom so-seol
letteratura (f) formativa	교육 문학	gyo-yuk mun-hak
libri (m pl) per l'infanzia	아동 문학	a-dong mun-hak

153. Circo

circo (m)	서커스	seo-keo-seu
tendone (m) del circo	순회 서커스	sun-hoe seo-keo-seu
programma (m)	프로그램	peu-ro-geu-raem
spettacolo (m)	공연	gong-yeon
numero (m)	공연	gong-yeon

arena (f)	무대	mu-dae
pantomima (m)	판토마임	pan-to-ma-im
pagliaccio (m)	어릿광대	eo-rit-gwang-dae
acrobata (m)	곡예사	go-gye-sa
acrobatica (f)	곡예	go-gye
ginnasta (m)	체조선수	che-jo-seon-su
ginnastica (m)	체조	che-jo
salto (m) mortale	공중제비	gong-jung-je-bi
forzuto (m)	힘 자랑하는 사나이	him ja-rang-ha-neun sa-na-i
domatore (m)	조련사	jo-ryeon-sa
cavallerizzo (m)	곡마사	gong-ma-sa
assistente (m)	조수	jo-su
acrobazia (f)	묘기	myo-gi
gioco (m) di prestigio	마술	ma-sul
prestigiatore (m)	마술사	ma-sul-sa
giocoliere (m)	저글러	jeo-geul-leo
giocolare (vi)	저글링 하다	jeo-geul-ling ha-da
ammaestratore (m)	조련사	jo-ryeon-sa
ammaestramento (m)	조련	jo-ryeon
ammaestrare (vt)	가르치다	ga-reu-chi-da

154. Musica. Musica pop

musica (f)	음악	eum-ak
musicista (m)	음악가	eum-ak-ga
strumento (m) musicale	악기	ak-gi
suonare ...	... 을 연주하다	... eul ryeon-ju-ha-da
chitarra (f)	기타	gi-ta
violino (m)	바이올린	ba-i-ol-lin
violoncello (m)	첼로	chel-lo
contrabbasso (m)	콘트라베이스	kon-teu-ra-be-i-seu
arpa (f)	하프	ha-peu
pianoforte (m)	피아노	pi-a-no
pianoforte (m) a coda	그랜드 피아노	geu-raen-deu pi-a-no
organo (m)	오르간	o-reu-gan
strumenti (m pl) a fiato	관악기	gwan-ak-gi
oboe (m)	오보에	o-bo-e
sassofono (m)	색소폰	saek-so-pon
clarinetto (m)	클라리넷	keul-la-ri-net
flauto (m)	플루트	peul-lu-teu
tromba (f)	트럼펫	teu-reom-pet
fisarmonica (f)	아코디언	a-ko-di-eon
tamburo (m)	북	buk
duetto (m)	이중주	i-jung-ju
trio (m)	삼중주	sam-jung-ju

quartetto (m)	사중주	sa-jung-ju
coro (m)	합창단	hap-chang-dan
orchestra (f)	오케스트라	o-ke-seu-teu-ra
musica (f) pop	대중 음악	dae-jung eum-ak
musica (f) rock	록 음악	rok geu-mak
gruppo (m) rock	록 그룹	rok geu-rup
jazz (m)	재즈	jae-jeu
idolo (m)	아이돌	a-i-dol
ammiratore (m)	팬	paen
concerto (m)	콘서트	kon-seo-teu
sinfonia (f)	교향곡	gyo-hyang-gok
composizione (f)	작품	jak-pum
comporre (vt), scrivere (vt)	작곡하다	jak-gok-a-da
canto (m)	노래	no-rae
canzone (f)	노래	no-rae
melodia (f)	멜로디	mel-lo-di
ritmo (m)	리듬	ri-deum
blues (m)	블루스	beul-lu-seu
note (f pl)	악보	ak-bo
bacchetta (f)	지휘봉	ji-hwi-bong
arco (m)	활	hwal
corda (f)	현	hyeon
custodia (f) (~ della chitarra)	케이스	ke-i-seu

Ristorante. Intrattenimento. Viaggi

155. Escursione. Viaggio

turismo (m)	관광	gwan-gwang
turista (m)	관광객	gwan-gwang-gaek
viaggio (m) (all'estero)	여행	yeo-haeng
avventura (f)	모험	mo-heom
viaggio (m) (corto)	여행	yeo-haeng
vacanza (f)	휴가	hyu-ga
essere in vacanza	휴가 중이다	hyu-ga jung-i-da
riposo (m)	휴양	hyu-yang
treno (m)	기차	gi-cha
in treno	기차로	gi-cha-ro
aereo (m)	비행기	bi-haeng-gi
in aereo	비행기로	bi-haeng-gi-ro
in macchina	자동차로	ja-dong-cha-ro
in nave	배로	bae-ro
bagaglio (m)	짐, 수하물	jim, su-ha-mul
valigia (f)	여행 가방	yeo-haeng ga-bang
carrello (m)	수하물 카트	su-ha-mul ka-teu
passaporto (m)	여권	yeo-gwon
visto (m)	비자	bi-ja
biglietto (m)	표	pyo
biglietto (m) aereo	비행기표	bi-haeng-gi-pyo
guida (f)	여행 안내서	yeo-haeng an-nae-seo
carta (f) geografica	지도	ji-do
località (f)	지역	ji-yeok
luogo (m)	곳	got
ogetti (m pl) esotici	이국	i-guk
esotico (agg)	이국적인	i-guk-jeo-gin
sorprendente (agg)	놀라운	nol-la-un
gruppo (m)	무리	mu-ri
escursione (f)	견학, 관광	gyeon-hak, gwan-gwang
guida (f) (cicerone)	가이드	ga-i-deu

156. Hotel

albergo, hotel (m)	호텔	ho-tel
motel (m)	모텔	mo-tel
tre stelle	3성급	sam-seong-geub

cinque stelle	5성급	o-seong-geub
alloggiare (vi)	머무르다	meo-mu-reu-da
camera (f)	객실	gaek-sil
camera (f) singola	일인실	i-rin-sil
camera (f) doppia	더블룸	deo-beul-lum
prenotare una camera	방을 예약하다	bang-eul rye-yak-a-da
mezza pensione (f)	하숙	ha-suk
pensione (f) completa	식사 제공	sik-sa je-gong
con bagno	욕조가 있는	yok-jo-ga in-neun
con doccia	샤워가 있는	sya-wo-ga in-neun
televisione (f) satellitare	위성 텔레비전	wi-seong tel-le-bi-jeon
condizionatore (m)	에어컨	e-eo-keon
asciugamano (m)	수건	su-geon
chiave (f)	열쇠	yeol-soe
amministratore (m)	관리자	gwal-li-ja
cameriera (f)	객실 청소부	gaek-sil cheong-so-bu
portabagagli (m)	포터	po-teo
portiere (m)	도어맨	do-eo-maen
ristorante (m)	레스토랑	re-seu-to-rang
bar (m)	바	ba
colazione (f)	아침식사	a-chim-sik-sa
cena (f)	저녁식사	jeo-nyeok-sik-sa
buffet (m)	뷔페	bwi-pe
hall (f) (atrio d'ingresso)	로비	ro-bi
ascensore (m)	엘리베이터	el-li-be-i-teo
NON DISTURBARE	방해하지 마세요	bang-hae-ha-ji ma-se-yo
VIETATO FUMARE!	금연	geu-myeon

157. Libri. Lettura

libro (m)	책	chaek
autore (m)	저자	jeo-ja
scrittore (m)	작가	jak-ga
scrivere (vi, vt)	쓰다	sseu-da
lettore (m)	독자	dok-ja
leggere (vi, vt)	읽다	ik-da
lettura (f) (sala di ~)	독서	dok-seo
in silenzio (leggere ~)	묵독 (~을 하다)	muk-dok
ad alta voce	큰소리로	keun-so-ri-ro
pubblicare (vt)	발행하다	bal-haeng-ha-da
pubblicazione (f)	발행	bal-haeng
editore (m)	출판인	chul-pan-in
casa (f) editrice	출판사	chul-pan-sa
uscire (vi)	출간되다	chul-gan-doe-da

uscita (f)	발표	bal-pyo
tiratura (f)	인쇄 부수	in-swae bu-su
libreria (f)	서점	seo-jeom
biblioteca (f)	도서관	do-seo-gwan
romanzo (m) breve	소설	so-seol
racconto (m)	단편 소설	dan-pyeon so-seol
romanzo (m)	장편 소설	jang-pyeon so-seol
giallo (m)	추리 소설	chu-ri so-seol
memorie (f pl)	회상록	hoe-sang-nok
leggenda (f)	전설	jeon-seol
mito (m)	신화	sin-hwa
poesia (f), versi (m pl)	시	si
autobiografia (f)	자서전	ja-seo-jeon
opere (f pl) scelte	선집	seon-jip
fantascienza (f)	공상과학소설	gong-sang-gwa-hak-so-seol
titolo (m)	제목	je-mok
introduzione (f)	서문	seo-mun
frontespizio (m)	속표지	sok-pyo-ji
capitolo (m)	장	jang
frammento (m)	발췌	bal-chwe
episodio (m)	장면	jang-myeon
soggetto (m)	줄거리	jul-geo-ri
contenuto (m)	내용	nae-yong
sommario (m)	목차	mok-cha
protagonista (m)	주인공	ju-in-gong
volume (m)	권	gwon
copertina (f)	표지	pyo-ji
rilegatura (f)	장정	jang-jeong
segnalibro (m)	서표	seo-pyo
pagina (f)	페이지	pe-i-ji
sfogliare (~ le pagine)	페이지를 넘기다	pe-i-ji-reul leom-gi-da
margini (m pl)	여백	yeo-baek
annotazione (f)	주석	ju-seok
nota (f) (a fondo pagina)	각주	gak-ju
testo (m)	본문	bon-mun
carattere (m)	활자, 서체	hwal-ja, seo-che
refuso (m)	오타	o-ta
traduzione (f)	번역	beo-nyeok
tradurre (vt)	번역하다	beo-nyeok-a-da
originale (m) (leggere l'~)	원본	won-bon
famoso (agg)	유명한	yu-myeong-han
sconosciuto (agg)	잘 알려지지 않은	jal ral-lyeo-ji-ji a-neun
interessante (agg)	재미있는	jae-mi-in-neun
best seller (m)	베스트셀러	be-seu-teu-sel-leo

dizionario (m)	사전	sa-jeon
manuale (m)	교과서	gyo-gwa-seo
enciclopedia (f)	백과사전	baek-gwa-sa-jeon

158. Caccia. Pesca

caccia (f)	사냥	sa-nyang
cacciare (vt)	사냥하다	sa-nyang-ha-da
cacciatore (m)	사냥꾼	sa-nyang-kkun
sparare (vi)	쏘다	sso-da
fucile (m)	장총	jang-chong
cartuccia (f)	탄환	tan-hwan
pallini (m pl) da caccia	산탄	san-tan
tagliola (f) (~ per orsi)	덫	deot
trappola (f) (~ per uccelli)	덫	deot
tendere una trappola	덫을 놓다	deo-cheul lo-ta
bracconiere (m)	밀렵자	mil-lyeop-ja
cacciagione (m)	사냥감	sa-nyang-gam
cane (m) da caccia	사냥개	sa-nyang-gae
safari (m)	사파리	sa-pa-ri
animale (m) impagliato	박제	bak-je
pescatore (m)	낚시꾼	nak-si-kkun
pesca (f)	낚시	nak-si
pescare (vi)	낚시질하다	nak-si-jil-ha-da
canna (f) da pesca	낚싯대	nak-sit-dae
lenza (f)	낚싯줄	nak-sit-jul
amo (m)	바늘	ba-neul
galleggiante (m)	찌	jji
esca (f)	미끼	mi-kki
lanciare la canna	낚싯줄을 던지다	nak-sit-ju-reul deon-ji-da
abboccare (pesce)	미끼를 물다	mi-kki-reul mul-da
pescato (m)	어획고	eo-hoek-go
buco (m) nel ghiaccio	얼음구멍	eo-reum-gu-meong
rete (f)	그물	geu-mul
barca (f)	보트	bo-teu
prendere con la rete	그물로 잡다	geu-mul-lo jap-da
gettare la rete	그물을 던지다	geu-mu-reul deon-ji-da
tirare le reti	그물을 끌어당기다	geu-mu-reul kkeu-reo-dang-gi-da
baleniere (m)	포경선원	po-gyeong-seon-won
baleniera (f) (nave)	포경선	po-gyeong-seon
rampone (m)	작살	jak-sal

159. Ciochi. Biliardo

biliardo (m)	당구	dang-gu
sala (f) da biliardo	당구장	dang-gu-jang
bilia (f)	공	gong
imbucare (vt)	공을 넣다	gong-eul leo-ta
stecca (f) da biliardo	큐	kyu
buca (f)	구멍	gu-meong

160. Giochi. Carte da gioco

quadri (m pl)	스페이드	seu-pe-i-deu
picche (f pl)	스페이드	seu-pe-i-deu
cuori (m pl)	하트	ha-teu
fiori (m pl)	클럽	keul-leop
asso (m)	에이스	e-i-seu
re (m)	왕	wang
donna (f)	퀸	kwin
fante (m)	잭	jaek
carta (f) da gioco	카드	ka-deu
carte (f pl)	카드	ka-deu
briscola (f)	으뜸패	eu-tteum-pae
mazzo (m) di carte	카드 한 벌	ka-deu han beol
dare le carte	돌리다	dol-li-da
mescolare (~ le carte)	카드를 섞다	ka-deu-reul seok-da
turno (m)	차례	cha-rye
baro (m)	카드 판의 사기꾼	ka-deu pan-ui sa-gi-kkun

161. Casinò. Roulette

casinò (m)	카지노	ka-ji-no
roulette (f)	룰렛	rul-let
puntata (f)	내기	nae-gi
puntare su ...	돈을 걸다	do-neul geol-da
rosso (m)	적색	jeok-saek
nero (m)	흑색	heuk-saek
puntare sul rosso	레드에 돈을 걸다	re-deu-e do-neul geol-da
puntare sul nero	블랙에 돈을 걸다	beul-lae-ge do-neul geol-da
croupier (m)	딜러	dil-leo
regole (f pl) del gioco	규칙	gyu-chik
fiche (f)	칩	chip
vincere (vi, vt)	돈을 따다	do-neul tta-da
vincita (f)	딴 돈	ttan don
perdere (vt)	잃다	il-ta

perdita (f)	손해	son-hae
giocatore (m)	플레이어	peul-le-i-eo
black jack (m)	블랙잭	beul-laek-jaek
gioco (m) dei dadi	크랩 게임	keu-raep ge-im
slot machine (f)	슬롯머신	seul-lon-meo-sin

162. Riposo. Giochi. Varie

passeggiare (vi)	산책하다	san-chaek-a-da
passeggiata (f)	산책	san-chaek
gita (f)	드라이브	deu-ra-i-beu
avventura (f)	모험	mo-heom
picnic (m)	소풍, 피크닉	so-pung, pi-keu-nik
gioco (m)	게임	ge-im
giocatore (m)	선수	seon-su
partita (f) (~ a scacchi)	게임	ge-im
collezionista (m)	수집가	su-jip-ga
collezionare (vt)	수집하다	su-ji-pa-da
collezione (f)	수집	su-jip
cruciverba (m)	크로스워드	keu-ro-seu-wo-deu
ippodromo (m)	경마장	gyeong-ma-jang
discoteca (f)	클럽	keul-leop
sauna (f)	사우나	sa-u-na
lotteria (f)	복권	bok-gwon
campeggio (m)	캠핑	kaem-ping
campo (m)	캠프	kaem-peu
tenda (f) da campeggio	텐트	ten-teu
bussola (f)	나침반	na-chim-ban
campeggiatore (m)	야영객	ya-yeong-gaek
guardare (~ un film)	시청하다	si-cheong-ha-da
telespettatore (m)	시청자	si-cheong-ja
trasmissione (f)	방송 프로그램	bang-song peu-ro-geu-raem

163. Fotografia

macchina (f) fotografica	카메라	ka-me-ra
fotografia (f)	사진	sa-jin
fotografo (m)	사진 작가	sa-jin jak-ga
studio (m) fotografico	사진관	sa-jin-gwan
album (m) di fotografie	사진 앨범	sa-jin ael-beom
obiettivo (m)	카메라 렌즈	ka-me-ra ren-jeu
teleobiettivo (m)	망원 렌즈	mang-won len-jeu
filtro (m)	필터	pil-teo
lente (f)	렌즈	ren-jeu

ottica (f)	렌즈	ren-jeu
diaframma (m)	조리개	jo-ri-gae
tempo (m) di esposizione	셔터 속도	syeo-teo sok-do
mirino (m)	파인더	pa-in-deo
fotocamera (f) digitale	디지털 카메라	di-ji-teol ka-me-ra
cavalletto (m)	삼각대	sam-gak-dae
flash (m)	플래시	peul-lae-si
fotografare (vt)	사진을 찍다	sa-ji-neul jjik-da
fare foto	사진을 찍다	sa-ji-neul jjik-da
fotografarsi	사진을 찍다	sa-ji-neul jjik-da
fuoco (m)	포커스	po-keo-seu
mettere a fuoco	초점을 맞추다	cho-jeo-meul mat-chu-da
nitido (agg)	선명한	seon-myeong-han
nitidezza (f)	선명성	seon-myeong-seong
contrasto (m)	대비	dae-bi
contrastato (agg)	대비의	dae-bi-ui
foto (f)	사진	sa-jin
negativa (f)	음화	eum-hwa
pellicola (f) fotografica	사진 필름	sa-jin pil-leum
fotogramma (m)	한 장면	han jang-myeon
stampare (~ le foto)	인화하다	in-hwa-ha-da

164. Spiaggia. Nuoto

spiaggia (f)	해변, 바닷가	hae-byeon, ba-dat-ga
sabbia (f)	모래	mo-rae
deserto (agg)	황량한	hwang-nyang-han
abbronzatura (f)	선탠	seon-taen
abbronzarsi (vr)	선탠을 하다	seon-tae-neul ha-da
abbronzato (agg)	햇볕에 탄	haet-byeo-te tan
crema (f) solare	자외선 차단제	ja-oe-seon cha-dan-je
bikini (m)	비키니	bi-ki-ni
costume (m) da bagno	수영복	su-yeong-bok
slip (m) da bagno	수영복	su-yeong-bok
piscina (f)	수영장	su-yeong-jang
nuotare (vi)	수영하다	su-yeong-ha-da
doccia (f)	샤워	sya-wo
cambiarsi (~ i vestiti)	옷을 갈아입다	os-eul ga-ra-ip-da
asciugamano (m)	수건	su-geon
barca (f)	보트	bo-teu
motoscafo (m)	모터보트	mo-teo-bo-teu
sci (m) nautico	수상 스키	su-sang seu-ki
pedalò (m)	수상 자전거	su-sang ja-jeon-geo
surf (m)	서핑	seo-ping

surfista (m)	서퍼	seo-peo
autorespiratore (m)	스쿠버 장비	seu-ku-beo jang-bi
pinne (f pl)	오리발	o-ri-bal
maschera (f)	잠수마스크	jam-su-ma-seu-keu
subacqueo (m)	잠수부	jam-su-bu
tuffarsi (vr)	잠수하다	jam-su-ha-da
sott'acqua	수중	su-jung
ombrellone (m)	파라솔	pa-ra-sol
sdraio (f)	선베드	seon-be-deu
occhiali (m pl) da sole	선글라스	seon-geul-la-seu
materasso (m) ad aria	에어 매트	e-eo mae-teu
giocare (vi)	놀다	nol-da
fare il bagno	수영하다	su-yeong-ha-da
pallone (m)	비치볼	bi-chi-bol
gonfiare (vt)	부풀리다	bu-pul-li-da
gonfiabile (agg)	부풀릴 수 있는	bu-pul-lil su in-neun
onda (f)	파도	pa-do
boa (f)	부표	bu-pyo
annegare (vi)	익사하다	ik-sa-ha-da
salvare (vt)	구조하다	gu-jo-ha-da
giubbotto (m) di salvataggio	구명조끼	gu-myeong-jo-kki
osservare (vt)	지켜보다	ji-kyeo-bo-da
bagnino (m)	구조원	gu-jo-won

ATTREZZATURA TECNICA. MEZZI DI TRASPORTO

Attrezzatura tecnica

165. Computer

computer (m)	컴퓨터	keom-pyu-teo
computer (m) portatile	노트북	no-teu-buk
accendere (vt)	켜다	kyeo-da
spegnere (vt)	끄다	kkeu-da
tastiera (f)	키보드	ki-bo-deu
tasto (m)	키	ki
mouse (m)	마우스	ma-u-seu
tappetino (m) del mouse	마우스 패드	ma-u-seu pae-deu
tasto (m)	버튼	beo-teun
cursore (m)	커서	keo-seo
monitor (m)	모니터	mo-ni-teo
schermo (m)	화면, 스크린	hwa-myeon
disco (m) rigido	하드 디스크	ha-deu di-seu-keu
spazio (m) sul disco rigido	하드 디스크 용량	ha-deu di-seu-keu yong-nyang
memoria (f)	메모리	me-mo-ri
memoria (f) operativa	램	raem
file (m)	파일	pa-il
cartella (f)	폴더	pol-deo
aprire (vt)	열다	yeol-da
chiudere (vt)	닫다	dat-da
salvare (vt)	저장하다	jeo-jang-ha-da
eliminare (vt)	삭제하다	sak-je-ha-da
copiare (vt)	복사하다	bok-sa-ha-da
ordinare (vt)	정렬하다	jeong-nyeol-ha-da
trasferire (vt)	전송하다	jeon-song-ha-da
programma (m)	프로그램	peu-ro-geu-raem
software (m)	소프트웨어	so-peu-teu-we-eo
programmatore (m)	프로그래머	peu-ro-geu-rae-meo
programmare (vt)	프로그램을 작성하다	peu-ro-geu-rae-meul jak-seong-ha-da
hacker (m)	해커	hae-keo
password (f)	비밀번호	bi-mil-beon-ho
virus (m)	바이러스	ba-i-reo-seu

trovare (un virus, ecc.)	발견하다	bal-gyeon-ha-da
byte (m)	바이트	ba-i-teu
megabyte (m)	메가바이트	me-ga-ba-i-teu
dati (m pl)	데이터	de-i-teo
database (m)	데이터베이스	de-i-teo-be-i-seu
cavo (m)	케이블	ke-i-beul
sconnettere (vt)	연결해제하다	yeon-gyeol-hae-je-ha-da
collegare (vt)	연결하다	yeon-gyeol-ha-da

166. Internet. Posta elettronica

internet (f)	인터넷	in-teo-net
navigatore (m)	브라우저	beu-ra-u-jeo
motore (m) di ricerca	검색 엔진	geom-saek gen-jin
provider (m)	인터넷 서비스 제공자	in-teo-net seo-bi-seu je-gong-ja
webmaster (m)	웹마스터	wem-ma-seu-teo
sito web (m)	웹사이트	wep-sa-i-teu
pagina web (f)	웹페이지	wep-pe-i-ji
indirizzo (m)	주소	ju-so
rubrica (f) indirizzi	주소록	ju-so-rok
casella (f) di posta	우편함	u-pyeon-ham
posta (f)	메일	me-il
messaggio (m)	메시지	me-si-ji
mittente (m)	발송인	bal-song-in
inviare (vt)	보내다	bo-nae-da
invio (m)	발송	bal-song
destinatario (m)	수신인	su-sin-in
ricevere (vt)	받다	bat-da
corrispondenza (f)	서신 교환	seo-sin gyo-hwan
essere in corrispondenza	편지를 주고 받다	pyeon-ji-reul ju-go bat-da
file (m)	파일	pa-il
scaricare (vt)	다운받다	da-un-bat-da
creare (vt)	창조하다	chang-jo-ha-da
eliminare (vt)	삭제하다	sak-je-ha-da
eliminato (agg)	삭제된	sak-je-doen
connessione (f)	연결	yeon-gyeol
velocità (f)	속도	sok-do
accesso (m)	접속	jeop-sok
porta (f)	포트	po-teu
collegamento (m)	연결	yeon-gyeol
collegarsi a …	… 에 연결하다	… e yeon-gyeol-ha-da
scegliere (vt)	선택하다	seon-taek-a-da
cercare (vt)	… 를 검색하다	… reul geom-saek-a-da

167. Elettricità

elettricità (f)	전기	jeon-gi
elettrico (agg)	전기의	jeon-gi-ui
centrale (f) elettrica	발전소	bal-jeon-so
energia (f)	에너지	e-neo-ji
energia (f) elettrica	전력	jeol-lyeok
lampadina (f)	전구	jeon-gu
torcia (f) elettrica	손전등	son-jeon-deung
lampione (m)	가로등	ga-ro-deung
luce (f)	전깃불	jeon-git-bul
accendere (luce)	켜다	kyeo-da
spegnere (vt)	끄다	kkeu-da
spegnere la luce	불을 끄다	bu-reul kkeu-da
fulminarsi (vr)	끊어지다	kkeu-neo-ji-da
corto circuito (m)	쇼트	syo-teu
rottura (f) (~ di un cavo)	절단	jeol-dan
contatto (m)	접촉	jeop-chok
interruttore (m)	스위치	seu-wi-chi
presa (f) elettrica	소켓	so-ket
spina (f)	플러그	peul-leo-geu
prolunga (f)	연장 코드	yeon-jang ko-deu
fusibile (m)	퓨즈	pyu-jeu
filo (m)	전선	jeon-seon
impianto (m) elettrico	배선	bae-seon
ampere (m)	암페어	am-pe-eo
intensità di corrente	암페어수	am-pe-eo-su
volt (m)	볼트	bol-teu
tensione (f)	전압	jeon-ap
apparecchio (m) elettrico	전기기구	jeon-gi-gi-gu
indicatore (m)	센서	sen-seo
elettricista (m)	전기 기사	jeon-gi gi-sa
saldare (vt)	납땜하다	nap-ttaem-ha-da
saldatoio (m)	납땜인두	nap-ttaem-in-du
corrente (f)	전류	jeol-lyu

168. Utensili

utensile (m)	공구	gong-gu
utensili (m pl)	공구	gong-gu
impianto (m)	장비	jang-bi
martello (m)	망치	mang-chi
giravite (m)	나사돌리개	na-sa-dol-li-gae
ascia (f)	도끼	do-kki

sega (f)	톱	top
segare (vt)	톱을 켜다	to-beul kyeo-da
pialla (f)	대패	dae-pae
piallare (vt)	대패질하다	dae-pae-jil-ha-da
saldatoio (m)	납땜인두	nap-ttaem-in-du
saldare (vt)	납땜하다	nap-ttaem-ha-da
lima (f)	줄	jul
tenaglie (f pl)	집게	jip-ge
pinza (f) a punte piatte	펜치	pen-chi
scalpello (m)	끌	kkeul
punta (f) da trapano	드릴 비트	deu-ril bi-teu
trapano (m) elettrico	전동 드릴	jeon-dong deu-ril
trapanare (vt)	뚫다	ttul-ta
coltello (m)	칼, 나이프	kal, na-i-peu
lama (f)	칼날	kal-lal
affilato (coltello ~)	날카로운	nal-ka-ro-un
smussato (agg)	무딘	mu-din
smussarsi (vr)	무뎌지다	mu-dyeo-ji-da
affilare (vt)	갈다	gal-da
bullone (m)	볼트	bol-teu
dado (m)	너트	neo-teu
filettatura (f)	나사산	na-sa-san
vite (f)	나사못	na-sa-mot
chiodo (m)	못	mot
testa (f) di chiodo	못대가리	mot-dae-ga-ri
regolo (m)	자	ja
nastro (m) metrico	줄자	jul-ja
livella (f)	수준기	su-jun-gi
lente (f) d'ingradimento	돋보기	dot-bo-gi
strumento (m) di misurazione	계측기	gye-cheuk-gi
misurare (vt)	측정하다	cheuk-jeong-ha-da
scala (f) graduata	눈금	nun-geum
lettura, indicazione (f)	판독값	pan-dok-gap
compressore (m)	컴프레서	keom-peu-re-seo
microscopio (m)	현미경	hyeon-mi-gyeong
pompa (f) (~ dell'acqua)	펌프	peom-peu
robot (m)	로봇	ro-bot
laser (m)	레이저	re-i-jeo
chiave (f)	스패너	seu-pae-neo
nastro (m) adesivo	스카치 테이프	seu-ka-chi te-i-peu
colla (f)	접착제	jeop-chak-je
carta (f) smerigliata	사포	sa-po
magnete (m)	자석	ja-seok
guanti (m pl)	장갑	jang-gap

corda (f)	밧줄	bat-jul
cordone (m)	끈	kkeun
filo (m) (~ del telefono)	전선	jeon-seon
cavo (m)	케이블	ke-i-beul
mazza (f)	슬레지해머	seul-le-ji-hae-meo
palanchino (m)	쇠지레	soe-ji-re
scala (f) a pioli	사다리	sa-da-ri
scala (m) a libretto	접사다리	jeop-sa-da-ri
avvitare (stringere)	돌려서 조이다	dol-lyeo-seo jo-i-da
svitare (vt)	열리다	yeol-li-da
stringere (vt)	조이다	jo-i-da
incollare (vt)	붙이다	bu-chi-da
tagliare (vt)	자르다	ja-reu-da
guasto (m)	고장	go-jang
riparazione (f)	수리	su-ri
riparare (vt)	보수하다	bo-su-ha-da
regolare (~ uno strumento)	조절하다	jo-jeol-ha-da
verificare (ispezionare)	확인하다	hwa-gin-ha-da
controllo (m)	확인	hwa-gin
lettura, indicazione (f)	판독값	pan-dok-gap
sicuro (agg)	믿을 만한	mi-deul man-han
complesso (agg)	복잡한	bok-ja-pan
arrugginire (vi)	녹이 슬다	no-gi seul-da
arrugginito (agg)	녹이 슨	no-gi seun
ruggine (f)	녹	nok

Mezzi di trasporto

169. Aeroplano

aereo (m)	비행기	bi-haeng-gi
biglietto (m) aereo	비행기표	bi-haeng-gi-pyo
compagnia (f) aerea	항공사	hang-gong-sa
aeroporto (m)	공항	gong-hang
supersonico (agg)	초음속의	cho-eum-so-gui
pilota (m)	비행사	bi-haeng-sa
hostess (f)	승무원	seung-mu-won
navigatore (m)	항법사	hang-beop-sa
ali (f pl)	날개	nal-gae
coda (f)	꼬리	kko-ri
cabina (f)	조종석	jo-jong-seok
motore (m)	엔진	en-jin
carrello (m) d'atterraggio	착륙 장치	chang-nyuk jang-chi
turbina (f)	터빈	teo-bin
elica (f)	추진기	chu-jin-gi
scatola (f) nera	블랙박스	beul-laek-bak-seu
barra (f) di comando	조종간	jo-jong-gan
combustibile (m)	연료	yeol-lyo
safety card (f)	안전 안내서	an-jeon an-nae-seo
maschera (f) ad ossigeno	산소 마스크	san-so ma-seu-keu
uniforme (f)	제복	je-bok
giubbotto (m) di salvataggio	구명조끼	gu-myeong-jo-kki
paracadute (m)	낙하산	nak-a-san
decollo (m)	이륙	i-ryuk
decollare (vi)	이륙하다	i-ryuk-a-da
pista (f) di decollo	활주로	hwal-ju-ro
visibilità (f)	시계	si-gye
volo (m)	비행	bi-haeng
altitudine (f)	고도	go-do
vuoto (m) d'aria	에어 포켓	e-eo po-ket
posto (m)	자리	ja-ri
cuffia (f)	헤드폰	he-deu-pon
tavolinetto (m) pieghevole	접는 테이블	jeom-neun te-i-beul
oblò (m), finestrino (m)	창문	chang-mun
corridoio (m)	통로	tong-no

170. Treno

treno (m)	기차, 열차	gi-cha, nyeol-cha
elettrotreno (m)	통근 열차	tong-geun nyeol-cha
treno (m) rapido	급행 열차	geu-paeng yeol-cha
locomotiva (f) diesel	디젤 기관차	di-jel gi-gwan-cha
locomotiva (f) a vapore	증기 기관차	jeung-gi gi-gwan-cha
carrozza (f)	객차	gaek-cha
vagone (m) ristorante	식당차	sik-dang-cha
rotaie (f pl)	레일	re-il
ferrovia (f)	철도	cheol-do
traversa (f)	침목	chim-mok
banchina (f) (~ ferroviaria)	플랫폼	peul-laet-pom
binario (m) (~ 1, 2)	길	gil
semaforo (m)	신호기	sin-ho-gi
stazione (f)	역	yeok
macchinista (m)	기관사	gi-gwan-sa
portabagagli (m)	포터	po-teo
cuccettista (m, f)	차장	cha-jang
passeggero (m)	승객	seung-gaek
controllore (m)	검표원	geom-pyo-won
corridoio (m)	통로	tong-no
freno (m) di emergenza	비상 브레이크	bi-sang beu-re-i-keu
scompartimento (m)	침대차	chim-dae-cha
cuccetta (f)	침대	chim-dae
cuccetta (f) superiore	윗침대	wit-chim-dae
cuccetta (f) inferiore	아래 침대	a-rae chim-dae
biancheria (f) da letto	침구	chim-gu
biglietto (m)	표	pyo
orario (m)	시간표	si-gan-pyo
tabellone (m) orari	안내 전광판	an-nae jeon-gwang-pan
partire (vi)	떠난다	tteo-na-da
partenza (f)	출발	chul-bal
arrivare (di un treno)	도착하다	do-chak-a-da
arrivo (m)	도착	do-chak
arrivare con il treno	기차로 도착하다	gi-cha-ro do-chak-a-da
salire sul treno	기차에 타다	gi-cha-e ta-da
scendere dal treno	기차에서 내리다	gi-cha-e-seo nae-ri-da
deragliamento (m)	기차 사고	gi-cha sa-go
locomotiva (f) a vapore	증기 기관차	jeung-gi gi-gwan-cha
fuochista (m)	화부	hwa-bu
forno (m)	화실	hwa-sil
carbone (m)	석탄	seok-tan

171. Nave

nave (f)	배	bae
imbarcazione (f)	배	bae
piroscafo (m)	증기선	jeung-gi-seon
barca (f) fluviale	강배	gang-bae
transatlantico (m)	크루즈선	keu-ru-jeu-seon
incrociatore (m)	순양함	su-nyang-ham
yacht (m)	요트	yo-teu
rimorchiatore (m)	예인선	ye-in-seon
veliero (m)	범선	beom-seon
brigantino (m)	쌍돛대 범선	ssang-dot-dae beom-seon
rompighiaccio (m)	쇄빙선	swae-bing-seon
sottomarino (m)	잠수함	jam-su-ham
barca (f)	보트	bo-teu
scialuppa (f)	종선	jong-seon
scialuppa (f) di salvataggio	구조선	gu-jo-seon
motoscafo (m)	모터보트	mo-teo-bo-teu
capitano (m)	선장	seon-jang
marittimo (m)	수부	su-bu
marinaio (m)	선원	seon-won
equipaggio (m)	승무원	seung-mu-won
nostromo (m)	갑판장	gap-pan-jang
cuoco (m)	요리사	yo-ri-sa
medico (m) di bordo	선의	seon-ui
ponte (m)	갑판	gap-pan
albero (m)	돛대	dot-dae
vela (f)	돛	dot
stiva (f)	화물칸	hwa-mul-kan
prua (f)	이물	i-mul
poppa (f)	고물	go-mul
remo (m)	노	no
elica (f)	스크루	seu-keu-ru
cabina (f)	선실	seon-sil
quadrato (m) degli ufficiali	사관실	sa-gwan-sil
sala (f) macchine	엔진실	en-jin-sil
cabina (f) radiotelegrafica	무전실	mu-jeon-sil
onda (f)	전파	jeon-pa
cannocchiale (m)	망원경	mang-won-gyeong
campana (f)	종	jong
bandiera (f)	기	gi
cavo (m) (~ d'ormeggio)	밧줄	bat-jul
nodo (m)	매듭	mae-deup

ringhiera (f)	난간	nan-gan
passerella (f)	사다리	sa-da-ri
ancora (f)	닻	dat
levare l'ancora	닻을 올리다	da-cheul rol-li-da
gettare l'ancora	닻을 내리다	da-cheul lae-ri-da
catena (f) dell'ancora	닻줄	dat-jul
porto (m)	항구	hang-gu
banchina (f)	부두	bu-du
ormeggiarsi (vr)	정박시키다	jeong-bak-si-ki-da
salpare (vi)	출항하다	chul-hang-ha-da
viaggio (m)	여행	yeo-haeng
crociera (f)	크루즈	keu-ru-jeu
rotta (f)	항로	hang-no
itinerario (m)	노선	no-seon
tratto (m) navigabile	항로	hang-no
secca (f)	얕은 곳	ya-teun got
arenarsi (vr)	좌초하다	jwa-cho-ha-da
tempesta (f)	폭풍우	pok-pung-u
segnale (m)	신호	sin-ho
affondare (andare a fondo)	가라앉다	ga-ra-an-da
SOS	조난 신호	jo-nan sin-ho
salvagente (m) anulare	구명부환	gu-myeong-bu-hwan

172. Aeroporto

aeroporto (m)	공항	gong-hang
aereo (m)	비행기	bi-haeng-gi
compagnia (f) aerea	항공사	hang-gong-sa
controllore (m) di volo	관제사	gwan-je-sa
partenza (f)	출발	chul-bal
arrivo (m)	도착	do-chak
arrivare (vi)	도착하다	do-chak-a-da
ora (f) di partenza	출발시간	chul-bal-si-gan
ora (f) di arrivo	도착시간	do-chak-si-gan
essere ritardato	연기되다	yeon-gi-doe-da
volo (m) ritardato	항공기 지연	hang-gong-gi ji-yeon
tabellone (m) orari	안내 전광판	an-nae jeon-gwang-pan
informazione (f)	정보	jeong-bo
annunciare (vt)	알리다	al-li-da
volo (m)	비행편	bi-haeng-pyeon
dogana (f)	세관	se-gwan
doganiere (m)	세관원	se-gwan-won
dichiarazione (f)	세관신고서	se-gwan-sin-go-seo
riempire una dichiarazione	세관 신고서를 작성하다	se-gwan sin-go-seo-reul jak-seong-ha-da

controllo (m) passaporti	여권 검사	yeo-gwon geom-sa
bagaglio (m)	짐, 수하물	jim, su-ha-mul
bagaglio (m) a mano	휴대 가능 수하물	hyu-dae ga-neung su-ha-mul
carrello (m)	수하물 카트	su-ha-mul ka-teu
atterraggio (m)	착륙	chang-nyuk
pista (f) di atterraggio	활주로	hwal-ju-ro
atterrare (vi)	착륙하다	chang-nyuk-a-da
scaletta (f) dell'aereo	승강계단	seung-gang-gye-dan
check-in (m)	체크인	che-keu-in
banco (m) del check-in	체크인 카운터	che-keu-in ka-un-teo
fare il check-in	체크인하다	che-keu-in-ha-da
carta (f) d'imbarco	탑승권	tap-seung-gwon
porta (f) d'imbarco	탑승구	tap-seung-gu
transito (m)	트랜싯, 환승	teu-raen-sit, hwan-seung
aspettare (vt)	기다리다	gi-da-ri-da
sala (f) d'attesa	공항 라운지	gong-hang na-un-ji
accompagnare (vt)	배웅하다	bae-ung-ha-da
congedarsi (vr)	작별인사를 하다	jak-byeo-rin-sa-reul ha-da

173. Bicicletta. Motocicletta

bicicletta (f)	자전거	ja-jeon-geo
motorino (m)	스쿠터	seu-ku-teo
motocicletta (f)	오토바이	o-to-ba-i
andare in bicicletta	자전거로 가다	ja-jeon-geo-ro ga-da
manubrio (m)	핸들	haen-deul
pedale (m)	페달	pe-dal
freni (m pl)	브레이크	beu-re-i-keu
sellino (m)	안장	an-jang
pompa (f)	펌프	peom-peu
portabagagli (m)	짐 선반	jim seon-ban
fanale (m) anteriore	라이트	ra-i-teu
casco (m)	헬멧	hel-met
ruota (f)	바퀴	ba-kwi
parafango (m)	펜더	pen-deo
cerchione (m)	테	te
raggio (m)	바퀴살	ba-kwi-sal

Automobili

174. Tipi di automobile

automobile (f)	자동차	ja-dong-cha
auto (f) sportiva	스포츠카	seu-po-cheu-ka
limousine (f)	리무진	ri-mu-jin
fuoristrada (m)	오프로드 카	o-peu-ro-deu ka
cabriolet (m)	오픈카	o-peun-ka
pulmino (m)	승합차	seung-hap-cha
ambulanza (f)	응급차	eung-geup-cha
spazzaneve (m)	제설차	je-seol-cha
camion (m)	트럭	teu-reok
autocisterna (f)	유조차	yu-jo-cha
furgone (m)	유개 화물차	yu-gae hwa-mul-cha
motrice (f)	트랙터	teu-raek-teo
rimorchio (m)	트레일러	teu-re-il-leo
confortevole (agg)	편안한	pyeon-an-han
di seconda mano	중고의	jung-go-ui

175. Automobili. Carrozzeria

cofano (m)	보닛	bo-nit
parafango (m)	펜더	pen-deo
tetto (m)	지붕	ji-bung
parabrezza (m)	전면 유리	jeon-myeon nyu-ri
retrovisore (m)	백미러	baeng-mi-reo
lavacristallo (m)	워셔	wo-syeo
tergicristallo (m)	와이퍼	wa-i-peo
finestrino (m) laterale	옆 유리창	yeop pyu-ri-chang
alzacristalli (m)	파워윈도우	pa-wo-win-do-u
antenna (f)	안테나	an-te-na
tettuccio (m) apribile	선루프	seol-lu-peu
paraurti (m)	범퍼	beom-peo
bagagliaio (m)	트렁크	teu-reong-keu
portiera (f)	차문	cha-mun
maniglia (f)	도어핸들	do-eo-haen-deul
serratura (f)	도어락	do-eo-rak
targa (f)	번호판	beon-ho-pan
marmitta (f)	머플러	meo-peul-leo

serbatoio (m) della benzina	연료 탱크	yeol-lyo taeng-keu
tubo (m) di scarico	배기관	bae-gi-gwan
acceleratore (m)	액셀	aek-sel
pedale (m)	페달	pe-dal
pedale (m) dell'acceleratore	액셀 페달	aek-sel pe-dal
freno (m)	브레이크	beu-re-i-keu
pedale (m) del freno	브레이크 페달	beu-re-i-keu pe-dal
frenare (vi)	브레이크를 밟다	beu-re-i-keu-reul bap-da
freno (m) a mano	주차 브레이크	ju-cha beu-re-i-keu
frizione (f)	클러치	keul-leo-chi
pedale (m) della frizione	클러치 페달	keul-leo-chi pe-dal
disco (m) della frizione	클러치 디스크	keul-leo-chi di-seu-keu
ammortizzatore (m)	완충장치	wan-chung-jang-chi
ruota (f)	바퀴	ba-kwi
ruota (f) di scorta	스페어 타이어	seu-pe-eo ta-i-eo
pneumatico (m)	타이어	ta-i-eo
copriruota (m)	휠캡	hwil-kaep
ruote (f pl) motrici	구동륜	gu-dong-nyun
a trazione anteriore	전륜 구동의	jeol-lyun gu-dong-ui
a trazione posteriore	후륜 구동의	hu-ryun gu-dong-ui
a trazione integrale	사륜 구동의	sa-ryun gu-dong-ui
scatola (f) del cambio	변속기	byeon-sok-gi
automatico (agg)	자동의	ja-dong-ui
meccanico (agg)	기계식의	gi-gye-si-gui
leva (f) del cambio	기어	gi-eo
faro (m)	헤드라이트	he-deu-ra-i-teu
luci (f pl), fari (m pl)	헤드라이트	he-deu-ra-i-teu
luci (f pl) anabbaglianti	하향등	ha-hyang-deung
luci (f pl) abbaglianti	상향등	sang-hyang-deung
luci (f pl) di arresto	브레이크 등	beu-re-i-keu deung
luci (f pl) di posizione	미등	mi-deung
luci (f pl) di emergenza	비상등	bi-sang-deung
fari (m pl) antinebbia	안개등	an-gae-deung
freccia (f)	방향지시등	bang-hyang-ji-si-deung
luci (f pl) di retromarcia	후미등	hu-mi-deung

176. Automobili. Vano passeggeri

abitacolo (m)	내부	nae-bu
di pelle	가죽의	ga-ju-gui
in velluto	벨루어의	bel-lu-eo-ui
rivestimento (m)	커버	keo-beo
strumento (m) di bordo	계기	gye-gi
cruscotto (m)	계기반	gye-gi-ban

tachimetro (m)	속도계	sok-do-gye
lancetta (f)	지침	ji-chim
contachilometri (m)	주행기록계	ju-haeng-gi-rok-gye
indicatore (m)	센서	sen-seo
livello (m)	레벨	re-bel
spia (f) luminosa	경고등	gyeong-go-deung
volante (m)	핸들	haen-deul
clacson (m)	경적	gyeong-jeok
pulsante (m)	버튼	beo-teun
interruttore (m)	스위치	seu-wi-chi
sedile (m)	좌석	jwa-seok
spalliera (f)	등받이	deung-ba-ji
appoggiatesta (m)	머리 받침	meo-ri bat-chim
cintura (f) di sicurezza	안전 벨트	an-jeon bel-teu
allacciare la cintura	안전 벨트를 매다	an-jeon bel-teu-reul mae-da
regolazione (f)	조절	jo-jeol
airbag (m)	에어백	e-eo-baek
condizionatore (m)	에어컨	e-eo-keon
radio (f)	라디오	ra-di-o
lettore (m) CD	씨디 플레이어	ssi-di peul-le-i-eo
accendere (vt)	켜다	kyeo-da
antenna (f)	안테나	an-te-na
vano (m) portaoggetti	글러브 박스	geul-leo-beu bak-seu
portacenere (m)	재떨이	jae-tteo-ri

177. Automobili. Motore

motore (m)	엔진	en-jin
motore (m)	모터	mo-teo
a diesel	디젤의	di-je-rui
a benzina	가솔린	ga-sol-lin
cilindrata (f)	배기량	bae-gi-ryang
potenza (f)	출력	chul-lyeok
cavallo vapore (m)	마력	ma-ryeok
pistone (m)	피스톤	pi-seu-ton
cilindro (m)	실린더	sil-lin-deo
valvola (f)	밸브	bael-beu
iniettore (m)	연료 분사기	yeol-lyo bun-sa-gi
generatore (m)	발전기	bal-jeon-gi
carburatore (m)	카뷰레터	ka-byu-re-teo
olio (m) motore	엔진 오일	en-jin o-il
radiatore (m)	라디에이터	ra-di-e-i-teo
liquido (m) di raffreddamento	냉매	naeng-mae
ventilatore (m)	냉각팬	paen
batteria (m)	배터리	bae-teo-ri
motorino (m) d'avviamento	시동기	si-dong-gi

accensione (f)	점화 장치	jeom-hwa jang-chi
candela (f) d'accensione	점화플러그	jeom-hwa-peul-leo-geu
morsetto (m)	전극	jeon-geuk
più (m)	플러스	peul-leo-seu
meno (m)	마이너스	ma-i-neo-seu
fusibile (m)	퓨즈	pyu-jeu
filtro (m) dell'aria	공기 필터	gong-gi pil-teo
filtro (m) dell'olio	오일 필터	o-il pil-teo
filtro (m) del carburante	연료 필터	yeol-lyo pil-teo

178. Automobili. Incidente. Riparazione

incidente (m)	사고	sa-go
incidente (m) stradale	교통 사고	gyo-tong sa-go
sbattere contro ...	들이받다	deu-ri-bat-da
avere un incidente	부서지다	bu-seo-ji-da
danno (m)	피해	pi-hae
illeso (agg)	손상 없는	son-sang eom-neun
essere rotto	고장 나다	go-jang na-da
cavo (m) di rimorchio	견인줄	gyeon-in-jul
foratura (f)	펑크	peong-keu
essere a terra	펑크 나다	peong-keu na-da
gonfiare (vt)	타이어 부풀리다	ta-i-eo bu-pul-li-da
pressione (f)	압력	am-nyeok
controllare (verificare)	확인하다	hwa-gin-ha-da
riparazione (f)	수리	su-ri
officina (f) meccanica	정비소	jeong-bi-so
pezzo (m) di ricambio	예비 부품	ye-bi bu-pum
pezzo (m)	부품	bu-pum
bullone (m)	볼트	bol-teu
bullone (m) a vite	나사	na-sa
dado (m)	너트	neo-teu
rondella (f)	와셔	wa-syeo
cuscinetto (m)	베어링	be-eo-ring
tubo (m)	파이프	pa-i-peu
guarnizione (f)	개스킷	gae-seu-kit
filo (m), cavo (m)	전선	jeon-seon
cric (m)	잭	jaek
chiave (f)	스패너	seu-pae-neo
martello (m)	망치	mang-chi
pompa (f)	펌프	peom-peu
giravite (m)	나사돌리개	na-sa-dol-li-gae
estintore (m)	소화기	so-hwa-gi
triangolo (m) di emergenza	안전 삼각대	an-jeon sam-gak-dae
spegnersi (vr)	멎다	meot-da

spegnimento (m) motore	정지	jeong-ji
essere rotto	부서지다	bu-seo-ji-da
surriscaldarsi (vr)	과열되다	gwa-yeol-doe-da
intasarsi (vr)	막히다	mak-i-da
ghiacciarsi (di tubi, ecc.)	얼다	eol-da
spaccarsi (vr)	터지다	teo-ji-da
pressione (f)	압력	am-nyeok
livello (m)	레벨	re-bel
lento (cinghia ~a)	느슨한	neu-seun-han
ammaccatura (f)	덴트	den-teu
battito (m) (nel motore)	똑똑거리는 소음	ttok-ttok-geo-ri-neun so-eum
fessura (f)	균열	gyu-nyeol
graffiatura (f)	긁힘	geuk-him

179. Automobili. Strada

strada (f)	도로	do-ro
autostrada (f)	고속도로	go-sok-do-ro
superstrada (f)	고속도로	go-sok-do-ro
direzione (f)	방향	bang-hyang
distanza (f)	거리	geo-ri
ponte (m)	다리	da-ri
parcheggio (m)	주차장	ju-cha-jang
piazza (f)	광장	gwang-jang
svincolo (m)	인터체인지	in-teo-che-in-ji
galleria (f), tunnel (m)	터널	teo-neol
distributore (m) di benzina	주유소	ju-yu-so
parcheggio (m)	주차장	ju-cha-jang
pompa (f) di benzina	가솔린 펌프	ga-sol-lin peom-peu
officina (f) meccanica	정비소	jeong-bi-so
fare benzina	기름을 넣다	gi-reu-meul leo-ta
carburante (m)	연료	yeol-lyo
tanica (f)	통	tong
asfalto (m)	아스팔트	a-seu-pal-teu
segnaletica (f) stradale	노면 표지	no-myeon pyo-ji
cordolo (m)	도로 경계석	do-ro gyeong-gye-seok
barriera (f) di sicurezza	가드레일	ga-deu-re-il
fosso (m)	도랑	do-rang
ciglio (m) della strada	길가	gil-ga
lampione (m)	가로등	ga-ro-deung
guidare (~ un veicolo)	운전하다	un-jeon-ha-da
girare (~ a destra)	돌다	dol-da
fare un'inversione a U	유턴하다	yu-teon-ha-da
retromarcia (m)	후진 기어	hu-jin gi-eo
suonare il clacson	경적을 울리다	gyeong-jeo-geul rul-li-da
colpo (m) di clacson	경적	gyeong-jeok

incastrarsi (vr)	빠지다	ppa-ji-da
impantanarsi (vr)	미끄러지다	mi-kkeu-reo-ji-da
spegnere (~ il motore)	멈추다	meom-chu-da
velocità (f)	속도	sok-do
superare i limiti di velocità	과속으로 달리다	gwa-so-geu-ro dal-li-da
multare (vt)	딱지를 떼다	ttak-ji-reul tte-da
semaforo (m)	신호등	sin-ho-deung
patente (f) di guida	운전 면허증	un-jeon myeon-heo-jeung
passaggio (m) a livello	십자로	sip-ja-ro
incrocio (m)	교차로	gyo-cha-ro
passaggio (m) pedonale	횡단 보도	hoeng-dan bo-do
curva (f)	커브	keo-beu
zona (f) pedonale	보행자 공간	bo-haeng-ja gong-gan

180. Segnaletica stradale

codice (m) stradale	교통 규칙	gyo-tong gyu-chik
segnale (m) stradale	도로 표지	do-ro pyo-ji
sorpasso (m)	추월	chu-wol
curva (f)	커브	keo-beu
inversione ad U	유턴	yu-teon
rotatoria (f)	로터리	ro-teo-ri
divieto d'accesso	진입 금지	ji-nip geum-ji
divieto di transito	통행금지	tong-haeng-geum-ji
divieto di sorpasso	추월 금지	chu-wol geum-ji
divieto di sosta	주차금지	ju-cha-geum-ji
divieto di fermata	정차 금지	jeong-cha geum-ji
curva (f) pericolosa	급커브	geup-keo-beu
discesa (f) ripida	내리막경사	nae-ri-mak-gyeong-sa
senso (m) unico	일방통행	il-bang-tong-haeng
passaggio (m) pedonale	횡단 보도	hoeng-dan bo-do
strada (f) scivolosa	미끄러운 도로	mi-kkeu-reo-un do-ro
dare la precedenza	양보	yang-bo

GENTE. SITUAZIONI QUOTIDIANE

Situazioni quotidiane

181. Vacanze. Evento

festa (f)	휴일	hyu-il
festa (f) nazionale	국경일	guk-gyeong-il
festività (f) civile	공휴일	gong-hyu-il
festeggiare (vt)	기념하다	gi-nyeom-ha-da
avvenimento (m)	사건	sa-geon
evento (m) (organizzare un ~)	이벤트	i-ben-teu
banchetto (m)	연회	yeon-hoe
ricevimento (m)	리셉션	ri-sep-syeon
festino (m)	연회	yeon-hoe
anniversario (m)	기념일	gi-nyeom-il
giubileo (m)	기념일	gi-nyeom-il
festeggiare (vt)	경축하다	gyeong-chuk-a-da
Capodanno (m)	새해	sae-hae
Buon Anno!	새해 복 많이 받으세요!	sae-hae bok ma-ni ba-deu-se-yo!
Babbo Natale (m)	산타클로스	san-ta-keul-lo-seu
Natale (m)	크리스마스	keu-ri-seu-ma-seu
Buon Natale!	성탄을 축하합니다!	seong-ta-neul chuk-a-ham-ni-da!
Albero (m) di Natale	크리스마스트리	keu-ri-seu-ma-seu-teu-ri
fuochi (m pl) artificiali	불꽃놀이	bul-kkon-no-ri
nozze (f pl)	결혼식	gyeol-hon-sik
sposo (m)	신랑	sil-lang
sposa (f)	신부	sin-bu
invitare (vt)	초대하다	cho-dae-ha-da
invito (m)	초대장	cho-dae-jang
ospite (m)	손님	son-nim
andare a trovare	방문하다	bang-mun-ha-da
accogliere gli invitati	손님을 맞이하다	son-ni-meul ma-ji-ha-da
regalo (m)	선물	seon-mul
offrire (~ un regalo)	선물 하다	seon-mul ha-da
ricevere i regali	선물 받다	seon-mul bat-da
mazzo (m) di fiori	꽃다발	kkot-da-bal
auguri (m pl)	축하를	chuk-a-reul
augurare (vt)	축하하다	chuk-a-ha-da

cartolina (f)	축하 카드	chuk-a ka-deu
mandare una cartolina	카드를 보내다	ka-deu-reul bo-nae-da
ricevere una cartolina	카드 받다	ka-deu bat-da
brindisi (m)	축배	chuk-bae
offrire (~ qualcosa da bere)	대접하다	dae-jeo-pa-da
champagne (m)	샴페인	syam-pe-in
divertirsi (vr)	즐기다	jeul-gi-da
allegria (f)	즐거움	jeul-geo-um
gioia (f)	기쁨, 즐거움	gi-ppeun, jeul-geo-um
danza (f), ballo (m)	춤	chum
ballare (vi, vt)	춤추다	chum-chu-da
valzer (m)	왈츠	wal-cheu
tango (m)	탱고	taeng-go

182. Funerali. Sepoltura

cimitero (m)	묘지	myo-ji
tomba (f)	무덤	mu-deom
croce (f)	십자가	sip-ja-ga
pietra (f) tombale	묘석	myo-seok
recinto (m)	울타리	ul-ta-ri
cappella (f)	채플	chae-peul
morte (f)	죽음	ju-geum
morire (vi)	죽다	juk-da
defunto (m)	고인	go-in
lutto (m)	상	sang
seppellire (vt)	묻다	mut-da
sede (f) di pompe funebri	장례식장	jang-nye-sik-jang
funerale (m)	장례식	jang-nye-sik
corona (f) di fiori	화환	hwa-hwan
bara (f)	관	gwan
carro (m) funebre	영구차	yeong-gu-cha
lenzuolo (m) funebre	수의	su-ui
urna (f) funeraria	유골 단지	yu-gol dan-ji
crematorio (m)	화장장	hwa-jang-jang
necrologio (m)	부고	bu-go
piangere (vi)	울다	ul-da
singhiozzare (vi)	흐느껴 울다	heu-neu-kkyeo ul-da

183. Guerra. Soldati

plotone (m)	소대	so-dae
compagnia (f)	중대	jung-dae

reggimento (m)	연대	yeon-dae
esercito (m)	군대	gun-dae
divisione (f)	사단	sa-dan
distaccamento (m)	분대	bun-dae
armata (f)	군대	gun-dae
soldato (m)	군인	gun-in
ufficiale (m)	장교	jang-gyo
soldato (m) semplice	일병	il-byeong
sergente (m)	병장	byeong-jang
tenente (m)	중위	jung-wi
capitano (m)	대위	dae-wi
maggiore (m)	소령	so-ryeong
colonnello (m)	대령	dae-ryeong
generale (m)	장군	jang-gun
marinaio (m)	선원	seon-won
capitano (m)	대위	dae-wi
nostromo (m)	갑판장	gap-pan-jang
artigliere (m)	포병	po-byeong
paracadutista (m)	낙하산 부대원	nak-a-san bu-dae-won
pilota (m)	조종사	jo-jong-sa
navigatore (m)	항법사	hang-beop-sa
meccanico (m)	정비공	jeong-bi-gong
geniere (m)	공병대원	gong-byeong-dae-won
paracadutista (m)	낙하산병	nak-a-san-byeong
esploratore (m)	정찰대	jeong-chal-dae
cecchino (m)	저격병	jeo-gyeok-byeong
pattuglia (f)	순찰	sun-chal
pattugliare (vt)	순찰하다	sun-chal-ha-da
sentinella (f)	경비병	gyeong-bi-byeong
guerriero (m)	전사	jeon-sa
patriota (m)	애국자	ae-guk-ja
eroe (m)	영웅	yeong-ung
eroina (f)	여걸	yeo-geol
traditore (m)	매국노	mae-gung-no
disertore (m)	탈영병	ta-ryeong-byeong
disertare (vi)	탈영하다	ta-ryeong-ha-da
mercenario (m)	용병	yong-byeong
recluta (f)	훈련병	hul-lyeon-byeong
volontario (m)	지원병	ji-won-byeong
ucciso (m)	사망자	sa-mang-ja
ferito (m)	부상자	bu-sang-ja
prigioniero (m) di guerra	포로	po-ro

184. Guerra. Azioni militari. Parte 1

guerra (f)	전쟁	jeon-jaeng
essere in guerra	참전하다	cham-jeon-ha-da
guerra (f) civile	내전	nae-jeon
perfidamente	비겁하게	bi-geo-pa-ge
dichiarazione (f) di guerra	선전 포고	seon-jeon po-go
dichiarare (~ guerra)	선포하다	seon-po-ha-da
aggressione (f)	침략	chim-nyak
attaccare (vt)	공격하다	gong-gyeo-ka-da
invadere (vt)	침략하다	chim-nyak-a-da
invasore (m)	침략자	chim-nyak-ja
conquistatore (m)	정복자	jeong-bok-ja
difesa (f)	방어	bang-eo
difendere (~ un paese)	방어하다	bang-eo-ha-da
difendersi (vr)	… 를 방어하다	… reul bang-eo-ha-da
nemico (m)	적	jeok
avversario (m)	원수	won-su
ostile (agg)	적의	jeo-gui
strategia (f)	전략	jeol-lyak
tattica (f)	전술	jeon-sul
ordine (m)	명령	myeong-nyeong
comando (m)	명령	myeong-nyeong
ordinare (vt)	명령하다	myeong-nyeong-ha-da
missione (f)	임무	im-mu
segreto (agg)	비밀의	bi-mi-rui
battaglia (f)	전투	jeon-tu
battaglia (f)	전투	jeon-tu
combattimento (m)	전투	jeon-tu
attacco (m)	공격	gong-gyeok
assalto (m)	돌격	dol-gyeok
assalire (vt)	습격하다	seup-gyeok-a-da
assedio (m)	포위 공격	po-wi gong-gyeok
offensiva (f)	공세	gong-se
passare all'offensiva	공격하다	gong-gyeo-ka-da
ritirata (f)	퇴각	toe-gak
ritirarsi (vr)	퇴각하다	toe-gak-a-da
accerchiamento (m)	포위	po-wi
accerchiare (vt)	둘러싸다	dul-leo-ssa-da
bombardamento (m)	폭격	pok-gyeok
lanciare una bomba	폭탄을 투하하다	pok-ta-neul tu-ha-ha-da
bombardare (vt)	폭격하다	pok-gyeok-a-da
esplosione (f)	폭발	pok-bal

sparo (m)	발포	bal-po
sparare un colpo	쏘다	sso-da
sparatoria (f)	사격	sa-gyeok
puntare su ...	겨냥대다	gyeo-nyang-dae-da
puntare (~ una pistola)	총을 겨누다	chong-eul gyeo-nu-da
colpire (~ il bersaglio)	맞히다	ma-chi-da
affondare (mandare a fondo)	가라앉히다	ga-ra-an-chi-da
falla (f)	구멍	gu-meong
affondare (andare a fondo)	가라앉히다	ga-ra-an-chi-da
fronte (m) (~ di guerra)	전선	jeon-seon
evacuazione (f)	철수	cheol-su
evacuare (vt)	대피시키다	dae-pi-si-ki-da
trincea (f)	참호	cham-ho
filo (m) spinato	가시철사	ga-si-cheol-sa
sbarramento (m)	장애물	jang-ae-mul
torretta (f) di osservazione	감시탑	gam-si-tap
ospedale (m) militare	군 병원	gun byeong-won
ferire (vt)	부상을 입히다	bu-sang-eul ri-pi-da
ferita (f)	부상	bu-sang
ferito (m)	부상자	bu-sang-ja
rimanere ferito	부상을 입다	bu-sang-eul rip-da
grave (ferita ~)	심각한	sim-gak-an

185. Guerra. Azioni militari. Parte 2

prigionia (f)	사로잡힘	sa-ro-ja-pim
fare prigioniero	포로로 하다	po-ro-ro ha-da
essere prigioniero	사로잡히어	sa-ro-ja-pi-eo
essere fatto prigioniero	포로가 되다	po-ro-ga doe-da
campo (m) di concentramento	강제 수용소	gang-je su-yong-so
prigioniero (m) di guerra	포로	po-ro
fuggire (vi)	탈출하다	tal-chul-ha-da
tradire (vt)	팔아먹다	pa-ra-meok-da
traditore (m)	배반자	bae-ban-ja
tradimento (m)	배반	bae-ban
fucilare (vt)	총살하다	chong-sal-ha-da
fucilazione (f)	총살형	chong-sal-hyeong
divisa (f) militare	군장	gun-jang
spallina (f)	계급 견장	gye-geup gyeon-jang
maschera (f) antigas	가스 마스크	ga-seu ma-seu-keu
radiotrasmettitore (m)	군용무전기	gu-nyong-mu-jeon-gi
codice (m)	암호	am-ho
complotto (m)	비밀 유지	bi-mil ryu-ji
parola (f) d'ordine	비밀번호	bi-mil-beon-ho

mina (f)	지뢰	ji-roe
minare (~ la strada)	지뢰를 매설하다	ji-roe-reul mae-seol-ha-da
campo (m) minato	지뢰밭	ji-roe-bat
allarme (m) aereo	공습 경보	gong-seup gyeong-bo
allarme (m)	경보	gyeong-bo
segnale (m)	신호	sin-ho
razzo (m) di segnalazione	신호탄	sin-ho-tan
quartier (m) generale	본부	bon-bu
esplorazione (m)	정찰	jeong-chal
situazione (f)	정세	jeong-se
rapporto (m)	보고	bo-go
agguato (m)	기습	gi-seup
rinforzo (m)	강화	gang-hwa
bersaglio (m)	과녁	gwa-nyeok
terreno (m) di caccia	성능 시험장	seong-neung si-heom-jang
manovre (f pl)	군사 훈련	gun-sa hul-lyeon
panico (m)	공황	gong-hwang
devastazione (f)	파멸	pa-myeol
distruzione (m)	파괴	pa-goe
distruggere (vt)	파괴하다	pa-goe-ha-da
sopravvivere (vi, vt)	살아남다	sa-ra-nam-da
disarmare (vt)	무장해제하다	mu-jang-hae-je-ha-da
maneggiare (una pistola, ecc.)	다루다	da-ru-da
Attenti!	차려!	cha-ryeo!
Riposo!	쉬어!	swi-eo!
atto (m) eroico	무훈	mu-hun
giuramento (m)	맹세	maeng-se
giurare (vi)	맹세하다	maeng-se-ha-da
decorazione (f)	훈장	hun-jang
decorare (qn)	훈장을 주다	hun-jang-eul ju-da
medaglia (f)	메달	me-dal
ordine (m) (~ al Merito)	훈장	hun-jang
vittoria (f)	승리	seung-ni
sconfitta (m)	패배	pae-bae
armistizio (m)	휴전	hyu-jeon
bandiera (f)	기	gi
gloria (f)	영광	yeong-gwang
parata (f)	퍼레이드	peo-re-i-deu
marciare (in parata)	행진하다	haeng-jin-ha-da

186. Armi

armi (f pl)	무기	mu-gi
arma (f) da fuoco	화기	hwa-gi

armi (f pl) chimiche	화학 병기	hwa-hak byeong-gi
nucleare (agg)	핵의	hae-gui
armi (f pl) nucleari	핵무기	haeng-mu-gi
bomba (f)	폭탄	pok-tan
bomba (f) atomica	원자폭탄	won-ja-pok-tan
pistola (f)	권총	gwon-chong
fucile (m)	장총	jang-chong
mitra (m)	기관단총	gi-gwan-dan-chong
mitragliatrice (f)	기관총	gi-gwan-chong
bocca (f)	총구	chong-gu
canna (f)	총열	chong-yeol
calibro (m)	구경	gu-gyeong
grilletto (m)	방아쇠	bang-a-soe
mirino (m)	가늠자	ga-neum-ja
calcio (m)	개머리	gae-meo-ri
bomba (f) a mano	수류탄	su-ryu-tan
esplosivo (m)	폭약	po-gyak
pallottola (f)	총알	chong-al
cartuccia (f)	탄약통	ta-nyak-tong
carica (f)	화약	hwa-yak
munizioni (f pl)	탄약	ta-nyak
bombardiere (m)	폭격기	pok-gyeok-gi
aereo (m) da caccia	전투기	jeon-tu-gi
elicottero (m)	헬리콥터	hel-li-kop-teo
cannone (m) antiaereo	대공포	dae-gong-po
carro (m) armato	전차	jeon-cha
artiglieria (f)	대포	dae-po
cannone (m)	대포	dae-po
mirare a ...	총을 겨누다	chong-eul gyeo-nu-da
proiettile (m)	탄피	tan-pi
granata (f) da mortaio	박격포탄	bak-gyeok-po-tan
mortaio (m)	박격포	bak-gyeok-po
scheggia (f)	포탄파편	po-tan-pa-pyeon
sottomarino (m)	잠수함	jam-su-ham
siluro (m)	어뢰	eo-roe
missile (m)	미사일	mi-sa-il
caricare (~ una pistola)	장탄하다	jang-tan-ha-da
sparare (vi)	쏘다	sso-da
puntare su ...	총을 겨누다	chong-eul gyeo-nu-da
baionetta (f)	총검	chong-geom
spada (f)	레이피어	re-i-pi-eo
sciabola (f)	군도	gun-do
lancia (f)	창	chang

arco (m)	활	hwal
freccia (f)	화살	hwa-sal
moschetto (m)	머스킷	meo-seu-kit
balestra (f)	석궁	seok-gung

187. Gli antichi

primitivo (agg)	원시적인	won-si-jeo-gin
preistorico (agg)	선사시대의	seon-sa-si-dae-ui
antico (agg)	고대의	go-dae-ui
Età (f) della pietra	석기 시대	seok-gi si-dae
Età (f) del bronzo	청동기 시대	cheong-dong-gi si-dae
epoca (f) glaciale	빙하 시대	bing-ha si-dae
tribù (f)	부족	bu-jok
cannibale (m)	식인종	si-gin-jong
cacciatore (m)	사냥꾼	sa-nyang-kkun
cacciare (vt)	사냥하다	sa-nyang-ha-da
mammut (m)	매머드	mae-meo-deu
caverna (f), grotta (f)	동굴	dong-gul
fuoco (m)	불	bul
falò (m)	모닥불	mo-dak-bul
pittura (f) rupestre	동굴 벽화	dong-gul byeok-wa
strumento (m) di lavoro	도구	do-gu
lancia (f)	창	chang
ascia (f) di pietra	돌도끼	dol-do-kki
essere in guerra	참전하다	cham-jeon-ha-da
addomesticare (vt)	길들이다	gil-deu-ri-da
idolo (m)	우상	u-sang
idolatrare (vt)	숭배하다	sung-bae-ha-da
superstizione (f)	미신	mi-sin
evoluzione (f)	진화	jin-hwa
sviluppo (m)	개발	gae-bal
estinzione (f)	멸종	myeol-jong
adattarsi (vr)	적응하다	jeo-geung-ha-da
archeologia (f)	고고학	go-go-hak
archeologo (m)	고고학자	go-go-hak-ja
archeologico (agg)	고고학의	go-go-ha-gui
sito (m) archeologico	발굴 현장	bal-gul hyeon-jang
scavi (m pl)	발굴	bal-gul
reperto (m)	발견물	bal-gyeon-mul
frammento (m)	파편	pa-pyeon

188. Il Medio Evo

popolo (m)	민족	min-jok
popoli (m pl)	민족	min-jok

tribù (f)	부족	bu-jok
tribù (f pl)	부족들	bu-jok-deul
barbari (m pl)	오랑캐	o-rang-kae
galli (m pl)	갈리아인	gal-li-a-in
goti (m pl)	고트족	go-teu-jok
slavi (m pl)	슬라브족	seul-la-beu-jok
vichinghi (m pl)	바이킹	ba-i-king
romani (m pl)	로마 사람	ro-ma sa-ram
romano (agg)	로마의	ro-ma-ui
bizantini (m pl)	비잔티움 사람들	bi-jan-ti-um sa-ram-deul
Bisanzio (m)	비잔티움	bi-jan-ti-um
bizantino (agg)	비잔틴의	bi-jan-tin-ui
imperatore (m)	황제	hwang-je
capo (m)	추장	chu-jang
potente (un re ~)	강력한	gang-nyeo-kan
re (m)	왕	wang
governante (m) (sovrano)	통치자	tong-chi-ja
cavaliere (m)	기사	gi-sa
feudatario (m)	봉건 영주	bong-geon nyeong-ju
feudale (agg)	봉건적인	bong-geon-jeo-gin
vassallo (m)	봉신	bong-sin
duca (m)	공작	gong-jak
conte (m)	백작	baek-jak
barone (m)	남작	nam-jak
vescovo (m)	주교	ju-gyo
armatura (f)	갑옷	ga-bot
scudo (m)	방패	bang-pae
spada (f)	검	geom
visiera (f)	얼굴 가리개	eol-gul ga-ri-gae
cotta (f) di maglia	미늘 갑옷	mi-neul ga-bot
crociata (f)	십자군	sip-ja-gun
crociato (m)	십자군 전사	sip-ja-gun jeon-sa
territorio (m)	영토	yeong-to
attaccare (vt)	공격하다	gong-gyeo-ka-da
conquistare (vt)	정복하다	jeong-bok-a-da
occupare (invadere)	점령하다	jeom-nyeong-ha-da
assedio (m)	포위 공격	po-wi gong-gyeok
assediato (agg)	포위당한	po-wi-dang-han
assediare (vt)	포위하다	po-wi-ha-da
inquisizione (f)	이단심문	i-dan-sim-mun
inquisitore (m)	종교 재판관	jong-gyo jae-pan-gwan
tortura (f)	고문	go-mun
crudele (agg)	잔혹한	jan-hok-an
eretico (m)	이단자	i-dan-ja
eresia (f)	이단으로	i-da-neu-ro

navigazione (f)	항해	hang-hae
pirata (m)	해적	hae-jeok
pirateria (f)	해적 행위	hae-jeok aeng-wi
arrembaggio (m)	널판장	neol-pan-jang
bottino (m)	노획물	no-hoeng-mul
tesori (m)	보물	bo-mul
scoperta (f)	발견	bal-gyeon
scoprire (~ nuove terre)	발견하다	bal-gyeon-ha-da
spedizione (f)	탐험	tam-heom
moschettiere (m)	총병	chong-byeong
cardinale (m)	추기경	chu-gi-gyeong
araldica (f)	문장학	mun-jang-hak
araldico (agg)	문장학의	mun-jang-ha-gui

189. Leader. Capo. Le autorità

re (m)	왕	wang
regina (f)	여왕	yeo-wang
reale (agg)	왕족의	wang-jo-gui
regno (m)	왕국	wang-guk
principe (m)	왕자	wang-ja
principessa (f)	공주	gong-ju
presidente (m)	대통령	dae-tong-nyeong
vicepresidente (m)	부통령	bu-tong-nyeong
senatore (m)	상원의원	sang-won-ui-won
monarca (m)	군주	gun-ju
governante (m) (sovrano)	통치자	tong-chi-ja
dittatore (m)	독재자	dok-jae-ja
tiranno (m)	폭군	pok-gun
magnate (m)	거물	geo-mul
direttore (m)	사장	sa-jang
capo (m)	추장	chu-jang
dirigente (m)	지배인	ji-bae-in
capo (m)	상사	sang-sa
proprietario (m)	소유자	so-yu-ja
capo (m) (~ delegazione)	책임자	chae-gim-ja
autorità (f pl)	당국	dang-guk
superiori (m pl)	상사	sang-sa
governatore (m)	주지사	ju-ji-sa
console (m)	영사	yeong-sa
diplomatico (m)	외교관	oe-gyo-gwan
sindaco (m)	시장	si-jang
sceriffo (m)	보안관	bo-an-gwan
imperatore (m)	황제	hwang-je
zar (m)	황제	hwang-je

faraone (m)	파라오	pa-ra-o
khan (m)	칸	kan

190. Strada. Via. Indicazioni

strada (f)	도로	do-ro
cammino (m)	길	gil
superstrada (f)	고속도로	go-sok-do-ro
autostrada (f)	고속도로	go-sok-do-ro
strada (f) statale	광역	gwang-yeok
strada (f) principale	대로	dae-ro
strada (f) sterrata	비포장도로	bi-po-jang-do-ro
viottolo (m)	길	gil
sentiero (m)	오솔길	o-sol-gil
Dove? (~ è?)	어디?	eo-di?
Dove? (~ vai?)	어디로?	eo-di-ro?
Di dove?, Da dove?	어디로부터?	eo-di-ro-bu-teo?
direzione (f)	방향	bang-hyang
indicare (~ la strada)	가리키다	ga-ri-ki-da
a sinistra (girare ~)	왼쪽으로	oen-jjo-geu-ro
a destra (girare ~)	오른쪽으로	o-reun-jjo-geu-ro
dritto (avv)	똑바로	ttok-ba-ro
indietro (tornare ~)	뒤로	dwi-ro
curva (f)	커브	keo-beu
girare (~ a destra)	돌다	dol-da
fare un'inversione a U	유턴하다	yu-teon-ha-da
essere visibile	보이다	bo-i-da
apparire (vi)	나타나다	na-ta-na-da
sosta (f) (breve fermata)	정지	jeong-ji
riposarsi, fermarsi (vr)	쉬다	swi-da
riposo (m)	휴양	hyu-yang
perdersi (vr)	길을 잃다	gi-reul ril-ta
portare verso ...	… 로 이어지다	... ro i-eo-ji-da
raggiungere (arrivare a)	나가다	na-ga-da
tratto (m) di strada	구간	gu-gan
asfalto (m)	아스팔트	a-seu-pal-teu
cordolo (m)	도로 경계석	do-ro gyeong-gye-seok
fosso (m)	도랑	do-rang
tombino (m)	맨홀	maen-hol
ciglio (m) della strada	길가	gil-ga
buca (f)	패인 곳	pae-in got
andare (a piedi)	가다	ga-da
sorpassare (vt)	추월하다	chu-wol-ha-da

passo (m)	걸음	geo-reum
a piedi	도보로	do-bo-ro
sbarrare (~ la strada)	길을 막다	gi-reul mak-da
sbarra (f)	차단기	cha-dan-gi
vicolo (m) cieco	막다른길	mak-da-reun-gil

191. Infrangere la legge. Criminali. Parte 1

bandito (m)	산적	san-jeok
delitto (m)	범죄	beom-joe
criminale (m)	범죄자	beom-joe-ja
ladro (m)	도둑	do-duk
rubare (vi, vt)	훔치다	hum-chi-da
ruberia (f)	절도	jeol-do
reato (m) di furto	도둑질	do-duk-jil
rapire (vt)	납치하다	nap-chi-ha-da
rapimento (m)	유괴	yu-goe
rapitore (m)	유괴범	yu-goe-beom
riscatto (m)	몸값	mom-gap
chiedere il riscatto	몸값을 요구하다	mom-gap-seul ryo-gu-ha-da
rapinare (vt)	뺏다	ppaet-da
rapinatore (m)	강도	gang-do
estorcere (vt)	갈취하다	gal-chwi-ha-da
estorsore (m)	갈취자	gal-chwi-ja
estorsione (f)	갈취	gal-chwi
uccidere (vt)	죽이다	ju-gi-da
assassinio (m)	살인	sa-rin
assassino (m)	살인자	sa-rin-ja
sparo (m)	발포	bal-po
tirare un colpo	쏘다	sso-da
abbattere (con armi da fuoco)	쏘아 죽이다	sso-a ju-gi-da
sparare (vi)	쏘다	sso-da
sparatoria (f)	발사	bal-sa
incidente (m) (rissa, ecc.)	사건	sa-geon
rissa (f)	몸싸움	mom-ssa-um
vittima (f)	희생자	hui-saeng-ja
danneggiare (vt)	해치다	hae-chi-da
danno (m)	피해	pi-hae
cadavere (m)	시신	si-sin
grave (reato ~)	중대한	jung-dae-han
aggredire (vt)	공격하다	gong-gyeo-ka-da
picchiare (vt)	때리다	ttae-ri-da
malmenare (picchiare)	조지다	jo-ji-da

sottrarre (vt)	훔치다	hum-chi-da
accoltellare a morte	찔러 죽이다	jjil-leo ju-gi-da
mutilare (vt)	불구로 만들다	bul-gu-ro man-deul-da
ferire (vt)	부상을 입히다	bu-sang-eul ri-pi-da
ricatto (m)	공갈	gong-gal
ricattare (vt)	공갈하다	gong-gal-ha-da
ricattatore (m)	공갈범	gong-gal-beom
estorsione (f)	폭력단의 갈취 행위	pong-nyeok-dan-ui gal-chwi haeng-wi
estortore (m)	모리배	mo-ri-bae
gangster (m)	갱	gaeng
mafia (f)	마피아	ma-pi-a
borseggiatore (m)	소매치기	so-mae-chi-gi
scassinatore (m)	빈집털이범	bin-jip-teo-ri-beom
contrabbando (m)	밀수입	mil-su-ip
contrabbandiere (m)	밀수입자	mil-su-ip-ja
falsificazione (f)	위조	wi-jo
falsificare (vt)	위조하다	wi-jo-ha-da
falso, falsificato (agg)	가짜의	ga-jja-ui

192. Infrangere la legge. Criminali. Parte 2

stupro (m)	강간	gang-gan
stuprare (vt)	강간하다	gang-gan-ha-da
stupratore (m)	강간범	gang-gan-beom
maniaco (m)	미치광이	mi-chi-gwang-i
prostituta (f)	매춘부	mae-chun-bu
prostituzione (f)	매춘	mae-chun
magnaccia (m)	포주	po-ju
drogato (m)	마약 중독자	ma-yak jung-dok-ja
trafficante (m) di droga	마약 밀매자	ma-yak mil-mae-ja
far esplodere	폭발하다	pok-bal-ha-da
esplosione (f)	폭발	pok-bal
incendiare (vt)	방화하다	bang-hwa-ha-da
incendiario (m)	방화범	bang-hwa-beom
terrorismo (m)	테러리즘	te-reo-ri-jeum
terrorista (m)	테러리스트	te-reo-ri-seu-teu
ostaggio (m)	볼모	bol-mo
imbrogliare (vt)	속이다	so-gi-da
imbroglio (m)	사기	sa-gi
imbroglione (m)	사기꾼	sa-gi-kkun
corrompere (vt)	뇌물을 주다	noe-mu-reul ju-da
corruzione (f)	뇌물 수수	noe-mul su-su
bustarella (f)	뇌물	noe-mul

veleno (m)	독	dok
avvelenare (vt)	독살하다	dok-sal-ha-da
avvelenarsi (vr)	음독하다	eum-dok-a-da
suicidio (m)	자살	ja-sal
suicida (m)	자살자	ja-sal-ja
minacciare (vt)	협박하다	hyeop-bak-a-da
minaccia (f)	협박	hyeop-bak
attentare (vi)	살해를 꾀하다	sal-hae-reul kkoe-ha-da
attentato (m)	미수	mi-su
rubare (~ una macchina)	훔치는	hum-chi-da
dirottare (~ un aereo)	납치하다	nap-chi-ha-da
vendetta (f)	복수	bok-su
vendicare (vt)	복수하다	bok-su-ha-da
torturare (vt)	고문하다	go-mun-ha-da
tortura (f)	고문	go-mun
maltrattare (vt)	괴롭히다	goe-ro-pi-da
pirata (m)	해적	hae-jeok
teppista (m)	난동꾼	nan-dong-kkun
armato (agg)	무장한	mu-jang-han
violenza (f)	폭력	pong-nyeok
spionaggio (m)	간첩행위	gan-cheo-paeng-wi
spiare (vi)	간첩 행위를 하다	gan-cheop paeng-wi-reul ha-da

193. Polizia. Legge. Parte 1

giustizia (f)	정의	jeong-ui
tribunale (m)	법정	beop-jeong
giudice (m)	판사	pan-sa
giurati (m)	배심원	bae-sim-won
processo (m) con giuria	배심 재판	bae-sim jae-pan
giudicare (vt)	재판에 부치다	jae-pan-e bu-chi-da
avvocato (m)	변호사	byeon-ho-sa
imputato (m)	피고	pi-go
banco (m) degli imputati	피고인석	pi-go-in-seok
accusa (f)	혐의	hyeom-ui
accusato (m)	형사 피고인	pi-go-in
condanna (f)	형량	hyeong-nyang
condannare (vt)	선고하다	seon-go-ha-da
colpevole (m)	유죄	yu-joe
punire (vt)	처벌하다	cheo-beol-ha-da
punizione (f)	벌	beol

multa (f), ammenda (f)	벌금	beol-geum
ergastolo (m)	종신형	jong-sin-hyeong
pena (f) di morte	사형	sa-hyeong
sedia (f) elettrica	전기 의자	jeon-gi ui-ja
impiccagione (f)	교수대	gyo-su-dae
giustiziare (vt)	집행하다	ji-paeng-ha-da
esecuzione (f)	처형	cheo-hyeong
prigione (f)	교도소	gyo-do-so
cella (f)	감방	gam-bang
scorta (f)	호송	ho-song
guardia (f) carceraria	간수	gan-su
prigioniero (m)	죄수	joe-su
manette (f pl)	수갑	su-gap
mettere le manette	수갑을 채우다	su-ga-beul chae-u-da
fuga (f)	탈옥	ta-rok
fuggire (vi)	탈옥하다	ta-rok-a-da
scomparire (vi)	사라지다	sa-ra-ji-da
liberare (vt)	출옥하다	chu-rok-a-da
amnistia (f)	사면	sa-myeon
polizia (f)	경찰	gyeong-chal
poliziotto (m)	경찰관	gyeong-chal-gwan
commissariato (m)	경찰서	gyeong-chal-seo
manganello (m)	경찰봉	gyeong-chal-bong
altoparlante (m)	메가폰	me-ga-pon
macchina (f) di pattuglia	순찰차	sun-chal-cha
sirena (f)	사이렌	sa-i-ren
mettere la sirena	사이렌을 켜다	sa-i-re-neul kyeo-da
suono (m) della sirena	사이렌 소리	sa-i-ren so-ri
luogo (m) del crimine	범죄현장	beom-joe-hyeon-jang
testimone (m)	목격자	mok-gyeok-ja
libertà (f)	자유	ja-yu
complice (m)	공범자	gong-beom-ja
fuggire (vi)	달아나다	da-ra-na-da
traccia (f)	흔적	heun-jeok

194. Polizia. Legge. Parte 2

ricerca (f) (~ di un criminale)	조사	jo-sa
cercare (vt)	… 를 찾다	… reul chat-da
sospetto (m)	혐의	hyeom-ui
sospetto (agg)	의심스러운	ui-sim-seu-reo-un
fermare (vt)	멈추다	meom-chu-da
arrestare (qn)	구류하다	gu-ryu-ha-da
causa (f)	판례	pal-lye
inchiesta (f)	조사	jo-sa

detective (m)	형사	hyeong-sa
investigatore (m)	조사관	jo-sa-gwan
versione (f)	가설	ga-seol
movente (m)	동기	dong-gi
interrogatorio (m)	심문	sim-mun
interrogare (sospetto)	신문하다	sin-mun-ha-da
interrogare (vicini)	심문하다	sim-mun-ha-da
controllo (m) (~ di polizia)	확인	hwa-gin
retata (f)	일제 검거	il-je geom-geo
perquisizione (f)	수색	su-saek
inseguimento (m)	추적	chu-jeok
inseguire (vt)	추적하다	chu-jeok-a-da
essere sulle tracce	추적하다	chu-jeok-a-da
arresto (m)	체포	che-po
arrestare (qn)	체포하다	che-po-ha-da
catturare (~ un ladro)	붙잡다	but-jap-da
cattura (f)	체포	che-po
documento (m)	서류	seo-ryu
prova (f), reperto (m)	증거	jeung-geo
provare (vt)	증명하다	jeung-myeong-ha-da
impronta (f) del piede	발자국	bal-ja-guk
impronte (f pl) digitali	지문	ji-mun
elemento (m) di prova	증거물	jeung-geo-mul
alibi (m)	알리바이	al-li-ba-i
innocente (agg)	무죄인	mu-joe-in
ingiustizia (f)	부정	bu-jeong
ingiusto (agg)	부당한	bu-dang-han
criminale (agg)	범죄의	beom-joe-ui
confiscare (vt)	몰수하다	mol-su-ha-da
droga (f)	마약	ma-yak
armi (f pl)	무기	mu-gi
disarmare (vt)	무장해제하다	mu-jang-hae-je-ha-da
ordinare (vt)	명령하다	myeong-nyeong-ha-da
sparire (vi)	사라지다	sa-ra-ji-da
legge (f)	법률	beom-nyul
legale (agg)	합법적인	hap-beop-jeo-gin
illegale (agg)	불법적인	bul-beop-jeo-gin
responsabilità (f)	책임	chae-gim
responsabile (agg)	책임 있는	chae-gim in-neun

LA NATURA

La Terra. Parte 1

195. L'Universo

cosmo (m)	우주	u-ju
cosmico, spaziale (agg)	우주의	u-ju-ui
spazio (m) cosmico	우주 공간	u-ju gong-gan
mondo (m)	세계	se-gye
universo (m)	우주	u-ju
galassia (f)	은하	eun-ha
stella (f)	별, 항성	byeol, hang-seong
costellazione (f)	별자리	byeol-ja-ri
pianeta (m)	행성	haeng-seong
satellite (m)	인공위성	in-gong-wi-seong
meteorite (m)	운석	un-seok
cometa (f)	혜성	hye-seong
asteroide (m)	소행성	so-haeng-seong
orbita (f)	궤도	gwe-do
ruotare (vi)	회전한다	hoe-jeon-han-da
atmosfera (f)	대기	dae-gi
il Sole	태양	tae-yang
sistema (m) solare	태양계	tae-yang-gye
eclisse (f) solare	일식	il-sik
la Terra	지구	ji-gu
la Luna	달	dal
Marte (m)	화성	hwa-seong
Venere (f)	금성	geum-seong
Giove (m)	목성	mok-seong
Saturno (m)	토성	to-seong
Mercurio (m)	수성	su-seong
Urano (m)	천왕성	cheon-wang-seong
Nettuno (m)	해왕성	hae-wang-seong
Plutone (m)	명왕성	myeong-wang-seong
Via (f) Lattea	은하수	eun-ha-su
Orsa (f) Maggiore	큰곰자리	keun-gom-ja-ri
Stella (f) Polare	북극성	buk-geuk-seong
marziano (m)	화성인	hwa-seong-in
extraterrestre (m)	외계인	oe-gye-in

alieno (m)	외계인	oe-gye-in
disco (m) volante	비행 접시	bi-haeng jeop-si
nave (f) spaziale	우주선	u-ju-seon
stazione (f) spaziale	우주 정거장	u-ju jeong-nyu-jang
motore (m)	엔진	en-jin
ugello (m)	노즐	no-jeul
combustibile (m)	연료	yeol-lyo
cabina (f) di pilotaggio	조종석	jo-jong-seok
antenna (f)	안테나	an-te-na
oblò (m)	현창	hyeon-chang
batteria (f) solare	태양 전지	tae-yang jeon-ji
scafandro (m)	우주복	u-ju-bok
imponderabilità (f)	무중력	mu-jung-nyeok
ossigeno (m)	산소	san-so
aggancio (m)	도킹	do-king
agganciarsi (vr)	도킹하다	do-king-ha-da
osservatorio (m)	천문대	cheon-mun-dae
telescopio (m)	망원경	mang-won-gyeong
osservare (vt)	관찰하다	gwan-chal-ha-da
esplorare (vt)	탐험하다	tam-heom-ha-da

196. La Terra

la Terra	지구	ji-gu
globo (m) terrestre	지구	ji-gu
pianeta (m)	행성	haeng-seong
atmosfera (f)	대기	dae-gi
geografia (f)	지리학	ji-ri-hak
natura (f)	자연	ja-yeon
mappamondo (m)	지구의	ji-gu-ui
carta (f) geografica	지도	ji-do
atlante (m)	지도첩	ji-do-cheop
Europa (f)	유럽	yu-reop
Asia (f)	아시아	a-si-a
Africa (f)	아프리카	a-peu-ri-ka
Australia (f)	호주	ho-ju
America (f)	아메리카 대륙	a-me-ri-ka dae-ryuk
America (f) del Nord	북아메리카	bu-ga-me-ri-ka
America (f) del Sud	남아메리카	nam-a-me-ri-ka
Antartide (f)	남극 대륙	nam-geuk dae-ryuk
Artico (m)	극지방	geuk-ji-bang

197. Punti cardinali

nord (m)	북쪽	buk-jjok
a nord	북쪽으로	buk-jjo-geu-ro
al nord	북쪽에	buk-jjo-ge
del nord (agg)	북쪽의	buk-jjo-gui
sud (m)	남쪽	nam-jjok
a sud	남쪽으로	nam-jjo-geu-ro
al sud	남쪽에	nam-jjo-ge
del sud (agg)	남쪽의	nam-jjo-gui
ovest (m)	서쪽	seo-jjok
a ovest	서쪽으로	seo-jjo-geu-ro
all'ovest	서쪽에	seo-jjo-ge
dell'ovest, occidentale	서쪽의	seo-jjo-gui
est (m)	동쪽	dong-jjok
a est	동쪽으로	dong-jjo-geu-ro
all'est	동쪽에	dong-jjo-ge
dell'est, orientale	동쪽의	dong-jjo-gui

198. Mare. Oceano

mare (m)	바다	ba-da
oceano (m)	대양	dae-yang
golfo (m)	만	man
stretto (m)	해협	hae-hyeop
continente (m)	대륙	dae-ryuk
isola (f)	섬	seom
penisola (f)	반도	ban-do
arcipelago (m)	군도	gun-do
baia (f)	만	man
porto (m)	항구	hang-gu
laguna (f)	석호	seok-o
capo (m)	곶	got
atollo (m)	환초	hwan-cho
scogliera (f)	암초	am-cho
corallo (m)	산호	san-ho
barriera (f) corallina	산호초	san-ho-cho
profondo (agg)	깊은	gi-peun
profondità (f)	깊이	gi-pi
fossa (f) (~ delle Marianne)	해구	hae-gu
corrente (f)	해류	hae-ryu
circondare (vt)	둘러싸다	dul-leo-ssa-da
litorale (m)	해변	hae-byeon
costa (f)	바닷가	ba-dat-ga

alta marea (f)	밀물	mil-mul
bassa marea (f)	썰물	sseol-mul
banco (m) di sabbia	모래톱	mo-rae-top
fondo (m)	해저	hae-jeo
onda (f)	파도	pa-do
cresta (f) dell'onda	물마루	mul-ma-ru
schiuma (f)	거품	geo-pum
uragano (m)	허리케인	heo-ri-ke-in
tsunami (m)	해일	hae-il
bonaccia (f)	고요함	go-yo-ham
tranquillo (agg)	고요한	go-yo-han
polo (m)	극	geuk
polare (agg)	극지의	geuk-ji-ui
latitudine (f)	위도	wi-do
longitudine (f)	경도	gyeong-do
parallelo (m)	위도선	wi-do-seon
equatore (m)	적도	jeok-do
cielo (m)	하늘	ha-neul
orizzonte (m)	수평선	su-pyeong-seon
aria (f)	공기	gong-gi
faro (m)	등대	deung-dae
tuffarsi (vr)	뛰어들다	ttwi-eo-deul-da
affondare (andare a fondo)	가라앉다	ga-ra-an-da
tesori (m)	보물	bo-mul

199. Nomi dei mari e degli oceani

Oceano (m) Atlantico	대서양	dae-seo-yang
Oceano (m) Indiano	인도양	in-do-yang
Oceano (m) Pacifico	태평양	tae-pyeong-yang
mar (m) Glaciale Artico	북극해	buk-geuk-ae
mar (m) Nero	흑해	heuk-ae
mar (m) Rosso	홍해	hong-hae
mar (m) Giallo	황해	hwang-hae
mar (m) Bianco	백해	baek-ae
mar (m) Caspio	카스피 해	ka-seu-pi hae
mar (m) Morto	사해	sa-hae
mar (m) Mediterraneo	지중해	ji-jung-hae
mar (m) Egeo	에게 해	e-ge hae
mar (m) Adriatico	아드리아 해	a-deu-ri-a hae
mar (m) Arabico	아라비아 해	a-ra-bi-a hae
mar (m) del Giappone	동해	dong-hae
mare (m) di Bering	베링 해	be-ring hae
mar (m) Cinese meridionale	남중국해	nam-jung-guk-ae

mar (m) dei Coralli	산호해	san-ho-hae
mar (m) di Tasman	태즈먼 해	tae-jeu-meon hae
mar (m) dei Caraibi	카리브 해	ka-ri-beu hae
mare (m) di Barents	바렌츠 해	ba-ren-cheu hae
mare (m) di Kara	카라 해	ka-ra hae
mare (m) del Nord	북해	buk-ae
mar (m) Baltico	발트 해	bal-teu hae
mare (m) di Norvegia	노르웨이 해	no-reu-we-i hae

200. Montagne

monte (m), montagna (f)	산	san
catena (f) montuosa	산맥	san-maek
crinale (m)	능선	neung-seon
cima (f)	정상	jeong-sang
picco (m)	봉우리	bong-u-ri
piedi (m pl)	기슭	gi-seuk
pendio (m)	경사면	gyeong-sa-myeon
vulcano (m)	화산	hwa-san
vulcano (m) attivo	활화산	hwal-hwa-san
vulcano (m) inattivo	사화산	sa-hwa-san
eruzione (f)	폭발	pok-bal
cratere (m)	분화구	bun-hwa-gu
magma (m)	마그마	ma-geu-ma
lava (f)	용암	yong-am
fuso (lava ~a)	녹은	no-geun
canyon (m)	협곡	hyeop-gok
gola (f)	협곡	hyeop-gok
crepaccio (m)	갈라진	gal-la-jin
passo (m), valico (m)	산길	san-gil
altopiano (m)	고원	go-won
falesia (f)	절벽	jeol-byeok
collina (f)	언덕, 작은 산	eon-deok, ja-geun san
ghiacciaio (m)	빙하	bing-ha
cascata (f)	폭포	pok-po
geyser (m)	간헐천	gan-heol-cheon
lago (m)	호수	ho-su
pianura (f)	평원	pyeong-won
paesaggio (m)	경관	gyeong-gwan
eco (f)	메아리	me-a-ri
alpinista (m)	등산가	deung-san-ga
scalatore (m)	암벽 등반가	am-byeok deung-ban-ga
conquistare (~ una cima)	정복하다	jeong-bok-a-da
scalata (f)	등반	deung-ban

201. Nomi delle montagne

Alpi (f pl)	알프스 산맥	al-peu-seu san-maek
Monte (m) Bianco	몽블랑 산	mong-beul-lang san
Pirenei (m pl)	피레네 산맥	pi-re-ne san-maek
Carpazi (m pl)	카르파티아 산맥	ka-reu-pa-ti-a san-maek
gli Urali (m pl)	우랄 산맥	u-ral san-maek
Caucaso (m)	코카서스 산맥	ko-ka-seo-seu san-maek
Monte (m) Elbrus	엘브루스 산	el-beu-ru-seu san
Monti (m pl) Altai	알타이 산맥	al-ta-i san-maek
Tien Shan (m)	텐샨 산맥	ten-syan san-maek
Pamir (m)	파미르 고원	pa-mi-reu go-won
Himalaia (m)	히말라야 산맥	hi-mal-la-ya san-maek
Everest (m)	에베레스트 산	e-be-re-seu-teu san
Ande (f pl)	안데스 산맥	an-de-seu san-maek
Kilimangiaro (m)	킬리만자로 산	kil-li-man-ja-ro san

202. Fiumi

fiume (m)	강	gang
fonte (f) (sorgente)	샘	saem
letto (m) (~ del fiume)	강바닥	gang-ba-dak
bacino (m)	유역	yu-yeok
sfociare nel ...	... 로 흘러가다	... ro heul-leo-ga-da
affluente (m)	지류	ji-ryu
riva (f)	둑	duk
corrente (f)	흐름	heu-reum
a valle	하류로	gang ha-ryu-ro
a monte	상류로	sang-nyu-ro
inondazione (f)	홍수	hong-su
piena (f)	홍수	hong-su
straripare (vi)	범람하다	beom-nam-ha-da
inondare (vt)	범람하다	beom-nam-ha-da
secca (f)	얕은 곳	ya-teun got
rapida (f)	여울	yeo-ul
diga (f)	댐	daem
canale (m)	운하	un-ha
bacino (m) di riserva	저수지	jeo-su-ji
chiusa (f)	수문	su-mun
specchio (m) d'acqua	저장 수량	jeo-jang su-ryang
palude (f)	늪, 소택지	neup, so-taek-ji
pantano (m)	수렁	su-reong
vortice (m)	소용돌이	so-yong-do-ri
ruscello (m)	개울, 시내	gae-ul, si-nae

potabile (agg)	마실 수 있는	ma-sil su in-neun
dolce (di acqua ~)	민물의	min-mu-rui
ghiaccio (m)	얼음	eo-reum
ghiacciarsi (vr)	얼다	eol-da

203. Nomi dei fiumi

Senna (f)	센 강	sen gang
Loira (f)	루아르 강	ru-a-reu gang
Tamigi (m)	템스 강	tem-seu gang
Reno (m)	라인 강	ra-in gang
Danubio (m)	도나우 강	do-na-u gang
Volga (m)	볼가 강	bol-ga gang
Don (m)	돈 강	don gang
Lena (f)	레나 강	re-na gang
Fiume (m) Giallo	황허강	hwang-heo-gang
Fiume (m) Azzurro	양자강	yang-ja-gang
Mekong (m)	메콩 강	me-kong gang
Gange (m)	갠지스 강	gaen-ji-seu gang
Nilo (m)	나일 강	na-il gang
Congo (m)	콩고 강	kong-go gang
Okavango	오카방고 강	o-ka-bang-go gang
Zambesi (m)	잠베지 강	jam-be-ji gang
Limpopo (m)	림포포 강	rim-po-po gang

204. Foresta

foresta (f)	숲	sup
forestale (agg)	산림의	sal-li-mui
foresta (f) fitta	밀림	mil-lim
boschetto (m)	작은 숲	ja-geun sup
radura (f)	빈터	bin-teo
roveto (m)	덤불	deom-bul
boscaglia (f)	관목지	gwan-mok-ji
sentiero (m)	오솔길	o-sol-gil
calanco (m)	도랑	do-rang
albero (m)	나무	na-mu
foglia (f)	잎	ip
fogliame (m)	나뭇잎	na-mun-nip
caduta (f) delle foglie	낙엽	na-gyeop
cadere (vi)	떨어지다	tteo-reo-ji-da
ramo (m), ramoscello (m)	가지	ga-ji

ramo (m)	큰 가지	keun ga-ji
gemma (f)	잎눈	im-nun
ago (m)	바늘	ba-neul
pigna (f)	솔방울	sol-bang-ul
cavità (f)	구멍	gu-meong
nido (m)	둥지	dung-ji
tana (f) (del fox, ecc.)	굴	gul
tronco (m)	몸통	mom-tong
radice (f)	뿌리	ppu-ri
corteccia (f)	껍질	kkeop-jil
musco (m)	이끼	i-kki
sradicare (vt)	수목을 통째 뽑다	su-mo-geul tong-jjae ppop-da
abbattere (~ un albero)	자르다	ja-reu-da
disboscare (vt)	삼림을 없애다	sam-ni-meul reop-sae-da
ceppo (m)	그루터기	geu-ru-teo-gi
falò (m)	모닥불	mo-dak-bul
incendio (m) boschivo	산불	san-bul
spegnere (vt)	끄다	kkeu-da
guardia (f) forestale	산림경비원	sal-lim-gyeong-bi-won
protezione (f)	보호	bo-ho
proteggere (~ la natura)	보호하다	bo-ho-ha-da
bracconiere (m)	밀렵자	mil-lyeop-ja
tagliola (f) (~ per orsi)	덫	deot
raccogliere (vt)	따다	tta-da
perdersi (vr)	길을 잃다	gi-reul ril-ta

205. Risorse naturali

risorse (f pl) naturali	천연 자원	cheo-nyeon ja-won
deposito (m) (~ di carbone)	매장량	mae-jang-nyang
giacimento (m) (~ petrolifero)	지역	ji-yeok
estrarre (vt)	채광하다	chae-gwang-ha-da
estrazione (f)	막장일	mak-jang-il
minerale (m) grezzo	광석	gwang-seok
miniera (f)	광산	gwang-san
pozzo (m) di miniera	갱도	gaeng-do
minatore (m)	광부	gwang-bu
gas (m)	가스	ga-seu
gasdotto (m)	가스관	ga-seu-gwan
petrolio (m)	석유	seo-gyu
oleodotto (m)	석유 파이프라인	seo-gyu pa-i-peu-ra-in
torre (f) di estrazione	유정	yu-jeong
torre (f) di trivellazione	유정탑	yu-jeong-tap
petroliera (f)	유조선	yu-jo-seon
sabbia (f)	모래	mo-rae

calcare (m)	석회석	seok-oe-seok
ghiaia (f)	자갈	ja-gal
torba (f)	토탄	to-tan
argilla (f)	점토	jeom-to
carbone (m)	석탄	seok-tan
ferro (m)	철	cheol
oro (m)	금	geum
argento (m)	은	eun
nichel (m)	니켈	ni-kel
rame (m)	구리	gu-ri
zinco (m)	아연	a-yeon
manganese (m)	망간	mang-gan
mercurio (m)	수은	su-eun
piombo (m)	납	nap
minerale (m)	광물	gwang-mul
cristallo (m)	수정	su-jeong
marmo (m)	대리석	dae-ri-seok
uranio (m)	우라늄	u-ra-nyum

La Terra. Parte 2

206. Tempo

tempo (m)	날씨	nal-ssi
previsione (f) del tempo	일기 예보	il-gi ye-bo
temperatura (f)	온도	on-do
termometro (m)	온도계	on-do-gye
barometro (m)	기압계	gi-ap-gye
umidità (f)	습함, 습기	seu-pam, seup-gi
caldo (m), afa (f)	더위	deo-wi
molto caldo (agg)	더운	deo-un
fa molto caldo	덥다	deop-da
fa caldo	따뜻하다	tta-tteu-ta-da
caldo, mite (agg)	따뜻한	tta-tteu-tan
fa freddo	춥다	chup-da
freddo (agg)	추운	chu-un
sole (m)	해	hae
splendere (vi)	빛나다	bin-na-da
di sole (una giornata ~)	화창한	hwa-chang-han
sorgere, levarsi (vr)	뜨다	tteu-da
tramontare (vi)	지다	ji-da
nuvola (f)	구름	gu-reum
nuvoloso (agg)	구름의	gu-reum-ui
nuvoloso (agg)	흐린	heu-rin
pioggia (f)	비	bi
piove	비가 오다	bi-ga o-da
piovoso (agg)	비가 오는	bi-ga o-neun
piovigginare (vi)	이슬비가 내리다	i-seul-bi-ga nae-ri-da
pioggia (f) torrenziale	억수	eok-su
acquazzone (m)	호우	ho-u
forte (una ~ pioggia)	심한	sim-han
pozzanghera (f)	웅덩이	ung-deong-i
bagnarsi (~ sotto la pioggia)	젖다	jeot-da
foschia (f), nebbia (f)	안개	an-gae
nebbioso (agg)	안개가 자욱한	an-gae-ga ja-uk-an
neve (f)	눈	nun
nevica	눈이 오다	nun-i o-da

207. Rigide condizioni metereologiche. Disastri naturali

temporale (m)	뇌우	noe-u
fulmine (f)	번개	beon-gae
lampeggiare (vi)	번쩍이다	beon-jjeo-gi-da
tuono (m)	천둥	cheon-dung
tuonare (vi)	천둥이 치다	cheon-dung-i chi-da
tuona	천둥이 치다	cheon-dung-i chi-da
grandine (f)	싸락눈	ssa-rang-nun
grandina	싸락눈이 내리다	ssa-rang-nun-i nae-ri-da
inondare (vt)	범람하다	beom-nam-ha-da
inondazione (f)	홍수	hong-su
terremoto (m)	지진	ji-jin
scossa (f)	진동	jin-dong
epicentro (m)	진앙	jin-ang
eruzione (f)	폭발	pok-bal
lava (f)	용암	yong-am
tromba (f) d'aria	회오리바람	hoe-o-ri-ba-ram
tornado (m)	토네이도	to-ne-i-do
tifone (m)	태풍	tae-pung
uragano (m)	허리케인	heo-ri-ke-in
tempesta (f)	폭풍우	pok-pung-u
tsunami (m)	해일	hae-il
incendio (m)	불	bul
disastro (m)	재해	jae-hae
meteorite (m)	운석	un-seok
valanga (f)	눈사태	nun-sa-tae
slavina (f)	눈사태	nun-sa-tae
tempesta (f) di neve	눈보라	nun-bo-ra
bufera (f) di neve	눈보라	nun-bo-ra

208. Rumori. Suoni

silenzio (m)	고요함	go-yo-ham
suono (m)	소리	so-ri
rumore (m)	소음	so-eum
far rumore	소리를 내다	so-ri-reul lae-da
rumoroso (agg)	시끄러운	si-kkeu-reo-un
ad alta voce (parlare ~)	큰 소리로	keun so-ri-ro
alto (voce ~a)	시끄러운	si-kkeu-reo-un
costante (agg)	끊임없는	kkeu-nim-eom-neun
grido (m)	고함을	go-ha-meul
gridare (vi)	소리를 치다	so-ri-reul chi-da

sussurro (m)	속삭임	sok-sa-gim
sussurrare (vi, vt)	속삭이다	sok-sa-gi-da
abbaiamento (m)	짖는 소리	jin-neun so-ri
abbaiare (vi)	짖다	jit-da
gemito (m) (~ di dolore)	신음 소리	si-neum so-ri
gemere (vi)	신음하다	si-neum-ha-da
tosse (f)	기침	gi-chim
tossire (vi)	기침을 하다	gi-chi-meul ha-da
fischio (m)	휘파람	hwi-pa-ram
fischiare (vi)	휘파람을 불다	hwi-pa-ra-meul bul-da
bussata (f)	노크	no-keu
bussare (vi)	두드리다	du-deu-ri-da
crepitare (vi)	날카로운 소리가 나다	nal-ka-ro-un so-ri-ga na-da
crepitio (m)	딱딱 튀는 소리	ttak-ttak twi-neun so-ri
sirena (f)	사이렌	sa-i-ren
sirena (f) (di fabbrica)	경적	gyeong-jeok
emettere un fischio	기적을 울리다	gi-jeo-geul rul-li-da
colpo (m) di clacson	경적	gyeong-jeok
clacsonare (vi)	경적을 울리다	gyeong-jeo-geul rul-li-da

209. Inverno

inverno (m)	겨울	gyeo-ul
invernale (agg)	겨울의	gyeo-ul
d'inverno	겨울에	gyeo-u-re
neve (f)	눈	nun
nevica	눈이 오다	nun-i o-da
nevicata (f)	강설	gang-seol
mucchio (m) di neve	눈더미	nun-deo-mi
fiocco (m) di neve	눈송이	nun-song-i
palla (f) di neve	눈뭉치	nun-mung-chi
pupazzo (m) di neve	눈사람	nun-sa-ram
ghiacciolo (m)	고드름	go-deu-reum
dicembre (m)	십이월	si-bi-wol
gennaio (m)	일월	i-rwol
febbraio (m)	이월	i-wol
gelo (m)	지독한 서리	ji-dok-an seo-ri
gelido (aria ~a)	서리가 내리는	seo-ri-ga nae-ri-neun
sotto zero	영하	yeong-ha
brina (f)	서리	seo-ri
freddo (m)	추위	chu-wi
fa freddo	춥다	chup-da
pelliccia (f)	모피 외투	mo-pi oe-tu

manopole (f pl)	벙어리장갑	beong-eo-ri-jang-gap
ammalarsi (vr)	병에 걸리다	byeong-e geol-li-da
raffreddore (m)	감기	gam-gi
raffreddarsi (vr)	감기에 걸리다	gam-gi-e geol-li-da
ghiaccio (m)	얼음	eo-reum
ghiaccio (m) trasparente	빙판	bing-pan
ghiacciarsi (vr)	얼다	eol-da
banco (m) di ghiaccio	부빙	bu-bing
sci (m pl)	스키	seu-ki
sciatore (m)	스키 타는 사람	seu-ki ta-neun sa-ram
sciare (vi)	스키를 타다	seu-ki-reul ta-da
pattinare (vi)	스케이트를 타다	seu-ke-i-teu-reul ta-da

Fauna

210. Mammiferi. Predatori

predatore (m)	육식 동물	yuk-sik dong-mul
tigre (f)	호랑이	ho-rang-i
leone (m)	사자	sa-ja
lupo (m)	이리	i-ri
volpe (m)	여우	yeo-u
giaguaro (m)	재규어	jae-gyu-eo
leopardo (m)	표범	pyo-beom
ghepardo (m)	치타	chi-ta
puma (f)	퓨마	pyu-ma
leopardo (m) delle nevi	눈표범	nun-pyo-beom
lince (f)	스라소니	seu-ra-so-ni
coyote (m)	코요테	ko-yo-te
sciacallo (m)	재칼	jae-kal
iena (f)	하이에나	ha-i-e-na

211. Animali selvatici

animale (m)	동물	dong-mul
bestia (f)	짐승	jim-seung
scoiattolo (m)	다람쥐	da-ram-jwi
riccio (m)	고슴도치	go-seum-do-chi
lepre (f)	토끼	to-kki
coniglio (m)	굴토끼	gul-to-kki
tasso (m)	오소리	o-so-ri
procione (f)	너구리	neo-gu-ri
criceto (m)	햄스터	haem-seu-teo
marmotta (f)	마멋	ma-meot
talpa (f)	두더지	du-deo-ji
topo (m)	생쥐	saeng-jwi
ratto (m)	시궁쥐	si-gung-jwi
pipistrello (m)	박쥐	bak-jwi
ermellino (m)	북방족제비	buk-bang-jok-je-bi
zibellino (m)	검은담비	geo-meun-dam-bi
martora (f)	담비	dam-bi
visone (m)	밍크	ming-keu
castoro (m)	비버	bi-beo
lontra (f)	수달	su-dal

cavallo (m)	말	mal
alce (m)	엘크, 무스	el-keu, mu-seu
cervo (m)	사슴	sa-seum
cammello (m)	낙타	nak-ta
bisonte (m) americano	미국들소	mi-guk-deul-so
bisonte (m) europeo	유럽들소	yu-reop-deul-so
bufalo (m)	물소	mul-so
zebra (f)	얼룩말	eol-lung-mal
antilope (f)	영양	yeong-yang
capriolo (m)	노루	no-ru
daino (m)	다마사슴	da-ma-sa-seum
camoscio (m)	샤모아	sya-mo-a
cinghiale (m)	멧돼지	met-dwae-ji
balena (f)	고래	go-rae
foca (f)	바다표범	ba-da-pyo-beom
tricheco (m)	바다코끼리	ba-da-ko-kki-ri
otaria (f)	물개	mul-gae
delfino (m)	돌고래	dol-go-rae
orso (m)	곰	gom
orso (m) bianco	북극곰	buk-geuk-gom
panda (m)	판다	pan-da
scimmia (f)	원숭이	won-sung-i
scimpanzè (m)	침팬지	chim-paen-ji
orango (m)	오랑우탄	o-rang-u-tan
gorilla (m)	고릴라	go-ril-la
macaco (m)	마카크	ma-ka-keu
gibbone (m)	긴팔원숭이	gin-pa-rwon-sung-i
elefante (m)	코끼리	ko-kki-ri
rinoceronte (m)	코뿔소	ko-ppul-so
giraffa (f)	기린	gi-rin
ippopotamo (m)	하마	ha-ma
canguro (m)	캥거루	kaeng-geo-ru
koala (m)	코알라	ko-al-la
mangusta (f)	몽구스	mong-gu-seu
cincillà (f)	친칠라	chin-chil-la
moffetta (f)	스컹크	seu-keong-keu
istrice (m)	호저	ho-jeo

212. Animali domestici

gatta (f)	고양이	go-yang-i
gatto (m)	수고양이	su-go-yang-i
cavallo (m)	말	mal
stallone (m)	수말, 종마	su-mal, jong-ma
giumenta (f)	암말	am-mal

mucca (f)	암소	am-so
toro (m)	황소	hwang-so
bue (m)	수소	su-so
pecora (f)	양, 암양	yang, a-myang
montone (m)	수양	su-yang
capra (f)	염소	yeom-so
caprone (m)	숫염소	sun-nyeom-so
asino (m)	당나귀	dang-na-gwi
mulo (m)	노새	no-sae
porco (m)	돼지	dwae-ji
porcellino (m)	돼지 새끼	dwae-ji sae-kki
coniglio (m)	집토끼	jip-to-kki
gallina (f)	암탉	am-tak
gallo (m)	수탉	su-tak
anatra (f)	집오리	ji-bo-ri
maschio (m) dell'anatra	수오리	su-o-ri
oca (f)	집거위	jip-geo-wi
tacchino (m)	수칠면조	su-chil-myeon-jo
tacchina (f)	칠면조	chil-myeon-jo
animali (m pl) domestici	가축	ga-chuk
addomesticato (agg)	길들여진	gil-deu-ryeo-jin
addomesticare (vt)	길들이다	gil-deu-ri-da
allevare (vt)	사육하다, 기르다	sa-yuk-a-da, gi-reu-da
fattoria (f)	농장	nong-jang
pollame (m)	가금	ga-geum
bestiame (m)	가축	ga-chuk
branco (m), mandria (f)	떼	tte
scuderia (f)	마구간	ma-gu-gan
porcile (m)	돼지 우리	dwae-ji u-ri
stalla (f)	외양간	oe-yang-gan
conigliera (f)	토끼장	to-kki-jang
pollaio (m)	닭장	dak-jang

213. Cani. Razze canine

cane (m)	개	gae
cane (m) da pastore	양치기 개	yang-chi-gi gae
barbone (m)	푸들	pu-deul
bassotto (m)	닥스훈트	dak-seu-hun-teu
bulldog (m)	불독	bul-dok
boxer (m)	복서	bok-seo
mastino (m)	매스티프	mae-seu-ti-peu
rottweiler (m)	로트와일러	ro-teu-wa-il-leo
dobermann (m)	도베르만	do-be-reu-man

bassotto (m)	바셋 하운드	ba-set ta-un-deu
bobtail (m)	밥테일	bap-te-il
dalmata (m)	달마시안	dal-ma-si-an
cocker (m)	코커 스패니얼	ko-keo seu-pae-ni-eol
terranova (m)	뉴펀들랜드	nyu-peon-deul-laen-deu
sanbernardo (m)	세인트버나드	se-in-teu-beo-na-deu
husky (m)	허스키	heo-seu-ki
volpino (m)	스피츠	seu-pi-cheu
carlino (m)	퍼그	peo-geu

214. Versi emessi dagli animali

abbaiamento (m)	짖는 소리	jin-neun so-ri
abbaiare (vi)	짖다	jit-da
miagolare (vi)	야옹 하고 울다	ya-ong ha-go ul-da
fare le fusa	목을 가르랑거리다	mo-geul ga-reu-rang-geo-ri-da
muggire (vacca)	음매 울다	eum-mae ul-da
muggire (toro)	우렁찬 소리를 내다	u-reong-chan so-ri-reul lae-da
ringhiare (vi)	으르렁거리다	eu-reu-reong-geo-ri-da
ululato (m)	울부짖음	ul-bu-ji-jeum
ululare (vi)	울다	ul-da
guaire (vi)	낑낑거리다	kking-kking-geo-ri-da
belare (pecora)	매애하고 울다	mae-ae-ha-go ul-da
grugnire (maiale)	꿀꿀거리다	kkul-kkul-geo-ri-da
squittire (vi)	하는 소리를 내다	ha-neun so-ri-reul lae-da
gracidare (rana)	개골개골하다	gae-gol-gae-gol-ha-da
ronzare (insetto)	윙윙거리다	wing-wing-geo-ri-da
frinire (vi)	찌르찌르 울다	jji-reu-jji-reu ul-da

215. Cuccioli di animali

cucciolo (m)	새끼	sae-kki
micino (m)	새끼고양이	sae-kki-go-yang-i
topolino (m)	아기 생쥐	a-gi saeng-jwi
cucciolo (m) di cane	강아지	gang-a-ji
leprotto (m)	토끼의 새끼	to-kki-ui sae-kki
coniglietto (m)	집토끼의 새끼	jip-to-kki-ui sae-kki
cucciolo (m) di lupo	이리 새끼	i-ri sae-kki
cucciolo (m) di volpe	여우 새끼	yeo-u sae-kki
cucciolo (m) di orso	곰 새끼	gom sae-kki
cucciolo (m) di leone	사자의 새끼	sa-ja-ui sae-kki
cucciolo (m) di tigre	호랑이 새끼	ho-rang-i sae-kki

elefantino (m)	코끼리의 새끼	ko-kki-ri-ui sae-kki
porcellino (m)	돼지 새끼	dwae-ji sae-kki
vitello (m)	송아지	song-a-ji
capretto (m)	염소의 새끼	yeom-so-ui sae-kki
agnello (m)	어린 양	eo-rin nyang
cerbiatto (m)	새끼 사슴	sae-kki sa-seum
cucciolo (m) di cammello	낙타새끼	nak-ta-sae-kki
piccolo (m) di serpente	새끼 뱀	sae-kki baem
piccolo (m) di rana	새끼 개구리	sae-kki gae-gu-ri
uccellino (m)	새 새끼	sae sae-kki
pulcino (m)	병아리	byeong-a-ri
anatroccolo (m)	오리새끼	o-ri-sae-kki

216. Uccelli

uccello (m)	새	sae
colombo (m), piccione (m)	비둘기	bi-dul-gi
passero (m)	참새	cham-sae
cincia (f)	박새	bak-sae
gazza (f)	까치	kka-chi
corvo (m)	갈가마귀	gal-ga-ma-gwi
cornacchia (f)	까마귀	kka-ma-gwi
taccola (f)	갈가마귀	gal-ga-ma-gwi
corvo (m) nero	떼까마귀	ttae-kka-ma-gwi
anatra (f)	오리	o-ri
oca (f)	거위	geo-wi
fagiano (m)	꿩	kkwong
aquila (f)	독수리	dok-su-ri
astore (m)	매	mae
falco (m)	매	mae
grifone (m)	독수리, 콘도르	dok-su-ri, kon-do-reu
condor (m)	콘도르	kon-do-reu
cigno (m)	백조	baek-jo
gru (f)	두루미	du-ru-mi
cicogna (f)	황새	hwang-sae
pappagallo (m)	앵무새	aeng-mu-sae
colibrì (m)	벌새	beol-sae
pavone (m)	공작	gong-jak
struzzo (m)	타조	ta-jo
airone (m)	왜가리	wae-ga-ri
fenicottero (m)	플라밍고	peul-la-ming-go
pellicano (m)	펠리컨	pel-li-keon
usignolo (m)	나이팅게일	na-i-ting-ge-il
rondine (f)	제비	je-bi
tordo (m)	지빠귀	ji-ppa-gwi

tordo (m) sasello	노래지빠귀	no-rae-ji-ppa-gwi
merlo (m)	대륙검은지빠귀	dae-ryuk-geo-meun-ji-ppa-gwi
rondone (m)	칼새	kal-sae
allodola (f)	종다리	jong-da-ri
quaglia (f)	메추라기	me-chu-ra-gi
picchio (m)	딱따구리	ttak-tta-gu-ri
cuculo (m)	뻐꾸기	ppeo-kku-gi
civetta (f)	올빼미	ol-ppae-mi
gufo (m) reale	수리부엉이	su-ri-bu-eong-i
urogallo (m)	큰뇌조	keun-noe-jo
fagiano (m) di monte	멧닭	met-dak
pernice (f)	자고	ja-go
storno (m)	찌르레기	jji-reu-re-gi
canarino (m)	카나리아	ka-na-ri-a
fringuello (m)	되새	doe-sae
ciuffolotto (m)	피리새	pi-ri-sae
gabbiano (m)	갈매기	gal-mae-gi
albatro (m)	신천옹	sin-cheon-ong
pinguino (m)	펭귄	peng-gwin

217. Uccelli. Cinguettio e versi

cantare (vi)	노래하다	no-rae-ha-da
gridare (vi)	울다	ul-da
cantare (gallo)	꼬끼오 하고 울다	kko-kki-o ha-go ul-da
chicchirichì (m)	꼬끼오	kko-kki-o
chiocciare (gallina)	꼬꼬댁거리다	kko-kko-daek-geo-ri-da
gracchiare (vi)	까악까악 울다	kka-ak-kka-ak gul-da
fare qua qua	꽥꽥 울다	kkwaek-kkwaek gul-da
pigolare (vi)	삐약삐약 울다	ppi-yak-ppi-yak gul-da
cinguettare (vi)	짹짹 울다	jjaek-jjaek gul-da

218. Pesci. Animali marini

abramide (f)	도미류	do-mi-ryu
carpa (f)	잉어	ing-eo
perca (f)	농어의 일종	nong-eo-ui il-jong
pesce (m) gatto	메기	me-gi
luccio (m)	북부민물꼬치고기	buk-bu-min-mul-kko-chi-go-gi
salmone (m)	연어	yeon-eo
storione (m)	철갑상어	cheol-gap-sang-eo
aringa (f)	청어	cheong-eo
salmone (m)	대서양 연어	dae-seo-yang yeon-eo
scombro (m)	고등어	go-deung-eo

sogliola (f)	넙치	neop-chi
merluzzo (m)	대구	dae-gu
tonno (m)	참치	cham-chi
trota (f)	송어	song-eo
anguilla (f)	뱀장어	baem-jang-eo
torpedine (f)	시끈가오리	si-kkeun-ga-o-ri
murena (f)	곰치	gom-chi
piranha (f)	피라니아	pi-ra-ni-a
squalo (m)	상어	sang-eo
delfino (m)	돌고래	dol-go-rae
balena (f)	고래	go-rae
granchio (m)	게	ge
medusa (f)	해파리	hae-pa-ri
polpo (m)	낙지	nak-ji
stella (f) marina	불가사리	bul-ga-sa-ri
riccio (m) di mare	성게	seong-ge
cavalluccio (m) marino	해마	hae-ma
ostrica (f)	굴	gul
gamberetto (m)	새우	sae-u
astice (m)	바닷가재	ba-dat-ga-jae
aragosta (f)	대하	dae-ha

219. Anfibi. Rettili

serpente (m)	뱀	baem
velenoso (agg)	독이 있는	do-gi in-neun
vipera (f)	살무사	sal-mu-sa
cobra (m)	코브라	ko-beu-ra
pitone (m)	비단뱀	bi-dan-baem
boa (m)	보아	bo-a
biscia (f)	풀뱀	pul-baem
serpente (m) a sonagli	방울뱀	bang-ul-baem
anaconda (f)	아나콘다	a-na-kon-da
lucertola (f)	도마뱀	do-ma-baem
iguana (f)	이구아나	i-gu-a-na
salamandra (f)	도롱뇽	do-rong-nyong
camaleonte (m)	카멜레온	ka-mel-le-on
scorpione (m)	전갈	jeon-gal
tartaruga (f)	거북	geo-buk
rana (f)	개구리	gae-gu-ri
rospo (m)	두꺼비	du-kkeo-bi
coccodrillo (m)	악어	a-geo

220. Insetti

insetto (m)	곤충	gon-chung
farfalla (f)	나비	na-bi
formica (f)	개미	gae-mi
mosca (f)	파리	pa-ri
zanzara (f)	모기	mo-gi
scarabeo (m)	딱정벌레	ttak-jeong-beol-le
vespa (f)	말벌	mal-beol
ape (f)	꿀벌	kkul-beol
bombo (m)	호박벌	ho-bak-beol
tafano (m)	쇠파리	soe-pa-ri
ragno (m)	거미	geo-mi
ragnatela (f)	거미줄	geo-mi-jul
libellula (f)	잠자리	jam-ja-ri
cavalletta (f)	메뚜기	me-ttu-gi
farfalla (f) notturna	나방	na-bang
scarafaggio (m)	바퀴벌레	ba-kwi-beol-le
zecca (f)	진드기	jin-deu-gi
pulce (f)	벼룩	byeo-ruk
moscerino (m)	깔따구	kkal-tta-gu
locusta (f)	메뚜기	me-ttu-gi
lumaca (f)	달팽이	dal-paeng-i
grillo (m)	귀뚜라미	gwi-ttu-ra-mi
lucciola (f)	개똥벌레	gae-ttong-beol-le
coccinella (f)	무당벌레	mu-dang-beol-le
maggiolino (m)	왕풍뎅이	wang-pung-deng-i
sanguisuga (f)	거머리	geo-meo-ri
bruco (m)	애벌레	ae-beol-le
verme (m)	지렁이	ji-reong-i
larva (f)	애벌레	ae-beol-le

221. Animali. Parti del corpo

becco (m)	부리	bu-ri
ali (f pl)	날개	nal-gae
zampa (f)	다리	da-ri
piumaggio (m)	깃털	git-teol
penna (f), piuma (f)	깃털	git-teol
cresta (f)	볏	byeot
branchia (f)	아가미	a-ga-mi
uova (f pl)	알을 낳다	a-reul la-ta
larva (f)	애벌레	ae-beol-le
pinna (f)	지느러미	ji-neu-reo-mi
squama (f)	비늘	bi-neul
zanna (f)	송곳니	song-gon-ni

zampa (f)	발	bal
muso (m)	주둥이	ju-dung-i
bocca (f)	입	ip
coda (f)	꼬리	kko-ri
baffi (m pl)	수염	su-yeom
zoccolo (m)	발굽	bal-gup
corno (m)	뿔	ppul
carapace (f)	등딱지	deung-ttak-ji
conchiglia (f)	조개 껍질	jo-gae kkeop-jil
guscio (m) dell'uovo	달걀 껍질	dal-gyal kkeop-jil
pelo (m)	털	teol
pelle (f)	가죽	ga-juk

222. Azioni degli animali

volare (vi)	날다	nal-da
volteggiare (vi)	선회하다	seon-hoe-ha-da
volare via	날아가버리다	na-ra-ga-beo-ri-da
battere le ali	날개를 치다	nal-gae-reul chi-da
beccare (vi)	쪼다	jjo-da
covare (vt)	알을 품다	a-reul pum-da
sgusciare (vi)	까다	kka-da
fare il nido	보금자리를 짓다	bo-geum-ja-ri-reul jit-da
strisciare (vi)	기다	gi-da
pungere (insetto)	물다	mul-da
mordere (vt)	물다	mul-da
fiutare (vt)	냄새맡다	naem-sae-mat-da
abbaiare (vi)	짖다	jit-da
sibilare (vi)	쉬익하는 소리를 내다	swi-ik-a-neun so-ri-reul lae-da
spaventare (vt)	겁주다	geop-ju-da
attaccare (vt)	공격하다	gong-gyeo-ka-da
rodere (osso, ecc.)	쏠다	ssol-da
graffiare (vt)	할퀴다	hal-kwi-da
nascondersi (vr)	숨기다	sum-gi-da
giocare (vi)	놀다	nol-da
cacciare (vt)	사냥하다	sa-nyang-ha-da
ibernare (vi)	동면하다	dong-myeon-ha-da
estinguersi (vr)	멸종하다	myeol-jong-ha-da

223. Animali. Ambiente naturale

ambiente (m) naturale	서식지	seo-sik-ji
migrazione (f)	이동	i-dong

monte (m), montagna (f)	산	san
scogliera (f)	암초	am-cho
falesia (f)	절벽	jeol-byeok
foresta (f)	숲	sup
giungla (f)	정글	jeong-geul
savana (f)	대초원	dae-cho-won
tundra (f)	툰드라	tun-deu-ra
steppa (f)	스텝 지대	seu-tep ji-dae
deserto (m)	사막	sa-mak
oasi (f)	오아시스	o-a-si-seu
mare (m)	바다	ba-da
lago (m)	호수	ho-su
oceano (m)	대양	dae-yang
palude (f)	늪, 소택지	neup, so-taek-ji
di acqua dolce	민물의	min-mu-rui
stagno (m)	연못	yeon-mot
fiume (m)	강	gang
tana (f) (dell'orso)	굴	gul
nido (m)	둥지	dung-ji
cavità (f) (~ in un albero)	구멍	gu-meong
tana (f) (del fox, ecc.)	굴	gul
formicaio (m)	개미탑	gae-mi-tap

224. Cura degli animali

zoo (m)	동물원	dong-mu-rwon
riserva (f) naturale	자연 보호구역	ja-yeon bo-ho-gu-yeok
allevatore (m)	사육장	sa-yuk-jang
gabbia (f) all'aperto	야외 사육장	ya-oe sa-yuk-jang
gabbia (f)	우리	u-ri
canile (m)	개집	gae-jip
piccionaia (f)	비둘기장	bi-dul-gi-jang
acquario (m)	어항	eo-hang
allevare (vt)	사육하다, 기르다	sa-yuk-a-da, gi-reu-da
cucciolata (f)	한 배 새끼	han bae sae-kki
addomesticare (vt)	길들이다	gil-deu-ri-da
ammaestrare (vt)	가르치다	ga-reu-chi-da
mangime (m)	먹이	meo-gi
dare da mangiare	먹이다	meo-gi-da
negozio (m) di animali	애완 동물 상점	ae-wan dong-mul sang-jeom
museruola (f)	입마개	im-ma-gae
collare (m)	개목걸이	gae-mok-geo-ri
nome (m) (di un cane, ecc.)	이름	i-reum
pedigree (m)	족보	gye-tong yeon-gu

225. Animali. Varie

branco (m)	떼	tte
stormo (m)	새 떼	sae tte
banco (m)	떼	tte
mandria (f)	무리	mu-ri
maschio (m)	수컷	su-keot
femmina (f)	암컷	am-keot
affamato (agg)	배고픈	bae-go-peun
selvatico (agg)	야생의	ya-saeng-ui
pericoloso (agg)	위험한	wi-heom-han

226. Cavalli

razza (f)	품종	pum-jong
puledro (m)	망아지	mang-a-ji
giumenta (f)	암말	am-mal
mustang (m)	무스탕	mu-seu-tang
pony (m)	조랑말	jo-rang-mal
cavallo (m) da tiro pesante	짐수레말	jim-su-re-mal
criniera (f)	갈기	gal-gi
coda (f)	꼬리	kko-ri
zoccolo (m)	발굽	bal-gup
ferro (m) di cavallo	편자	pyeon-ja
ferrare (vt)	편자를 박다	pyeon-ja-reul bak-da
fabbro (m)	편자공	pyeon-ja-gong
sella (f)	안장	an-jang
staffa (f)	등자	deung-ja
briglia (f)	굴레	gul-le
redini (m pl)	고삐	go-ppi
frusta (f)	채찍	chae-jjik
fantino (m)	기수는	gi-su-neun
sellare (vt)	안장을 얹다	an-jang-eul reon-da
montare in sella	말에 타다	ma-re ta-da
galoppo (m)	갤럽	gael-leop
galoppare (vi)	전속력으로 달리다	jeon-song-nyeo-geu-ro dal-li-da
trotto (m)	속보	sok-bo
al trotto	속보로	sok-bo-ro
cavallo (m) da corsa	경마용 말	gyeong-ma-yong mal
corse (f pl)	경마	gyeong-ma
scuderia (f)	마구간	ma-gu-gan
dare da mangiare	먹이다	meo-gi-da

fieno (m)	건초	geon-cho
abbeverare (vt)	물을 먹이다	mu-reul meo-gi-da
lavare (~ il cavallo)	씻기다	ssit-gi-da
pascolare (vi)	풀을 뜯다	pu-reul tteut-da
nitrire (vi)	울다	ul-da
dare un calcio	걷어차다	geo-deo-cha-da

Flora

227. Alberi

albero (m)	나무	na-mu
deciduo (agg)	낙엽수의	na-gyeop-su-ui
conifero (agg)	침엽수의	chi-myeop-su-ui
sempreverde (agg)	상록의	sang-no-gui
melo (m)	사과나무	sa-gwa-na-mu
pero (m)	배나무	bae-na-mu
ciliegio (m), amareno (m)	벚나무	beon-na-mu
prugno (m)	자두나무	ja-du-na-mu
betulla (f)	자작나무	ja-jang-na-mu
quercia (f)	오크	o-keu
tiglio (m)	보리수	bo-ri-su
pioppo (m) tremolo	사시나무	sa-si-na-mu
acero (m)	단풍나무	dan-pung-na-mu
abete (m)	가문비나무	ga-mun-bi-na-mu
pino (m)	소나무	so-na-mu
larice (m)	낙엽송	na-gyeop-song
abete (m) bianco	전나무	jeon-na-mu
cedro (m)	시다	si-da
pioppo (m)	포플러	po-peul-leo
sorbo (m)	마가목	ma-ga-mok
salice (m)	버드나무	beo-deu-na-mu
alno (m)	오리나무	o-ri-na-mu
faggio (m)	너도밤나무	neo-do-bam-na-mu
olmo (m)	느릅나무	neu-reum-na-mu
frassino (m)	물푸레나무	mul-pu-re-na-mu
castagno (m)	밤나무	bam-na-mu
magnolia (f)	목련	mong-nyeon
palma (f)	야자나무	ya-ja-na-mu
cipresso (m)	사이프러스	sa-i-peu-reo-seu
mangrovia (f)	맹그로브	maeng-geu-ro-beu
baobab (m)	바오밥나무	ba-o-bam-na-mu
eucalipto (m)	유칼립투스	yu-kal-lip-tu-seu
sequoia (f)	세쿼이아	se-kwo-i-a

228. Arbusti

cespuglio (m)	덤불	deom-bul
arbusto (m)	관목	gwan-mok

vite (f)	포도 덩굴	po-do deong-gul
vigneto (m)	포도밭	po-do-bat
lampone (m)	라즈베리	ra-jeu-be-ri
ribes (m) rosso	레드커런트 나무	re-deu-keo-reon-teu na-mu
uva (f) spina	구스베리 나무	gu-seu-be-ri na-mu
acacia (f)	아카시아	a-ka-si-a
crespino (m)	매자나무	mae-ja-na-mu
gelsomino (m)	재스민	jae-seu-min
ginepro (m)	두송	du-song
roseto (m)	장미 덤불	jang-mi deom-bul
rosa (f) canina	찔레나무	jjil-le-na-mu

229. Funghi

fungo (m)	버섯	beo-seot
fungo (m) commestibile	식용 버섯	si-gyong beo-seot
fungo (m) velenoso	독버섯	dok-beo-seot
cappello (m)	버섯의 갓	beo-seos-ui gat
gambo (m)	줄기	jul-gi
boleto (m) rufo	등색껄껄이그물버섯	deung-saek-kkeol-kkeo-ri-geu-mul-beo-seot
porcinello (m)	거친껄껄이그물버섯	geo-chin-kkeol-kkeo-ri-geu-mul-beo-seot
gallinaccio (m)	살구버섯	sal-gu-beo-seot
rossola (f)	무당버섯	mu-dang-beo-seot
spugnola (f)	곰보버섯	gom-bo-beo-seot
ovolaccio (m)	광대버섯	gwang-dae-beo-seot
fungo (m) moscario	알광대버섯	al-gwang-dae-beo-seot

230. Frutti. Bacche

mela (f)	사과	sa-gwa
pera (f)	배	bae
prugna (f)	자두	ja-du
fragola (f)	딸기	ttal-gi
amarena (f)	신양	si-nyang
ciliegia (f)	양벚나무	yang-beon-na-mu
uva (f)	포도	po-do
lampone (m)	라즈베리	ra-jeu-be-ri
ribes (m) nero	블랙커렌트	beul-laek-keo-ren-teu
ribes (m) rosso	레드커렌트	re-deu-keo-ren-teu
uva (f) spina	구스베리	gu-seu-be-ri
mirtillo (m) di palude	크랜베리	keu-raen-be-ri
arancia (f)	오렌지	o-ren-ji
mandarino (m)	귤	gyul

ananas (m)	파인애플	pa-in-ae-peul
banana (f)	바나나	ba-na-na
dattero (m)	대추야자	dae-chu-ya-ja
limone (m)	레몬	re-mon
albicocca (f)	살구	sal-gu
pesca (f)	복숭아	bok-sung-a
kiwi (m)	키위	ki-wi
pompelmo (m)	자몽	ja-mong
bacca (f)	장과	jang-gwa
bacche (f pl)	장과류	jang-gwa-ryu
mirtillo (m) rosso	월귤나무	wol-gyul-la-mu
fragola (f) di bosco	야생딸기	ya-saeng-ttal-gi
mirtillo (m)	빌베리	bil-be-ri

231. Fiori. Piante

fiore (m)	꽃	kkot
mazzo (m) di fiori	꽃다발	kkot-da-bal
rosa (f)	장미	jang-mi
tulipano (m)	튤립	tyul-lip
garofano (m)	카네이션	ka-ne-i-syeon
gladiolo (m)	글라디올러스	geul-la-di-ol-leo-seu
fiordaliso (m)	수레국화	su-re-guk-wa
campanella (f)	실잔대	sil-jan-dae
soffione (m)	민들레	min-deul-le
camomilla (f)	캐모마일	kae-mo-ma-il
aloe (m)	알로에	al-lo-e
cactus (m)	선인장	seon-in-jang
ficus (m)	고무나무	go-mu-na-mu
giglio (m)	백합	baek-ap
geranio (m)	제라늄	je-ra-nyum
giacinto (m)	히아신스	hi-a-sin-seu
mimosa (f)	미모사	mi-mo-sa
narciso (m)	수선화	su-seon-hwa
nasturzio (m)	한련	hal-lyeon
orchidea (f)	난초	nan-cho
peonia (f)	모란	mo-ran
viola (f)	바이올렛	ba-i-ol-let
viola (f) del pensiero	팬지	paen-ji
nontiscordardimé (m)	물망초	mul-mang-cho
margherita (f)	데이지	de-i-ji
papavero (m)	양귀비	yang-gwi-bi
canapa (f)	삼	sam
menta (f)	박하	bak-a

mughetto (m)	은방울꽃	eun-bang-ul-kkot
bucaneve (m)	스노드롭	seu-no-deu-rop
ortica (f)	쐐기풀	sswae-gi-pul
acetosa (f)	수영	su-yeong
ninfea (f)	수련	su-ryeon
felce (f)	고사리	go-sa-ri
lichene (m)	이끼	i-kki
serra (f)	온실	on-sil
prato (m) erboso	잔디	jan-di
aiuola (f)	꽃밭	kkot-bat
pianta (f)	식물	sing-mul
erba (f)	풀	pul
filo (m) d'erba	풀잎	pu-rip
foglia (f)	잎	ip
petalo (m)	꽃잎	kko-chip
stelo (m)	줄기	jul-gi
tubero (m)	구근	gu-geun
germoglio (m)	새싹	sae-ssak
spina (f)	가시	ga-si
fiorire (vi)	피우다	pi-u-da
appassire (vi)	시들다	si-deul-da
odore (m), profumo (m)	향기	hyang-gi
tagliare (~ i fiori)	자르다	ja-reu-da
cogliere (vt)	따다	tta-da

232. Cereali, granaglie

grano (m)	곡물	gong-mul
cereali (m pl)	곡류	gong-nyu
spiga (f)	이삭	i-sak
frumento (m)	밀	mil
segale (f)	호밀	ho-mil
avena (f)	귀리	gwi-ri
miglio (m)	수수, 기장	su-su, gi-jang
orzo (m)	보리	bo-ri
mais (m)	옥수수	ok-su-su
riso (m)	쌀	ssal
grano (m) saraceno	메밀	me-mil
pisello (m)	완두	wan-du
fagiolo (m)	강낭콩	gang-nang-kong
soia (f)	콩	kong
lenticchie (f pl)	렌즈콩	ren-jeu-kong
fave (f pl)	콩	kong

233. Ortaggi. Verdure

ortaggi (m pl)	채소	chae-so
verdura (f)	녹황색 채소	nok-wang-saek chae-so
pomodoro (m)	토마토	to-ma-to
cetriolo (m)	오이	o-i
carota (f)	당근	dang-geun
patata (f)	감자	gam-ja
cipolla (f)	양파	yang-pa
aglio (m)	마늘	ma-neul
cavolo (m)	양배추	yang-bae-chu
cavolfiore (m)	컬리플라워	keol-li-peul-la-wo
cavoletti (m pl) di Bruxelles	방울다다기 양배추	bang-ul-da-da-gi yang-bae-chu
barbabietola (f)	비트	bi-teu
melanzana (f)	가지	ga-ji
zucchina (f)	애호박	ae-ho-bak
zucca (f)	호박	ho-bak
rapa (f)	순무	sun-mu
prezzemolo (m)	파슬리	pa-seul-li
aneto (m)	딜	dil
lattuga (f)	양상추	yang-sang-chu
sedano (m)	셀러리	sel-leo-ri
asparago (m)	아스파라거스	a-seu-pa-ra-geo-seu
spinaci (m pl)	시금치	si-geum-chi
pisello (m)	완두	wan-du
fave (f pl)	콩	kong
mais (m)	옥수수	ok-su-su
fagiolo (m)	강낭콩	gang-nang-kong
peperone (m)	피망	pi-mang
ravanello (m)	무	mu
carciofo (m)	아티초크	a-ti-cho-keu

GEOGRAFIA REGIONALE

Paesi. Nazionalità

234. Europa occidentale

Europa (f)	유럽	yu-reop
Unione (f) Europea	유럽 연합	yu-reop byeon-hap
europeo (m)	유럽 사람	yu-reop sa-ram
europeo (agg)	유럽의	yu-reo-bui
Austria (f)	오스트리아	o-seu-teu-ri-a
austriaco (m)	오스트리아 사람	o-seu-teu-ri-a sa-ram
austriaca (f)	오스트리아 사람	o-seu-teu-ri-a sa-ram
austriaco (agg)	오스트리아의	o-seu-teu-ri-a-ui
Gran Bretagna (f)	영국	yeong-guk
Inghilterra (f)	잉글랜드	ing-geul-laen-deu
britannico (m), inglese (m)	영국 남자	yeong-guk nam-ja
britannica (f), inglese (f)	영국 여성	yeong-guk gyeo-ja
inglese (agg)	영국의	yeong-gu-gui
Belgio (m)	벨기에	bel-gi-e
belga (m)	벨기에 사람	bel-gi-e sa-ram
belga (f)	벨기에 사람	bel-gi-e sa-ram
belga (agg)	벨기에의	bel-gi-e-ui
Germania (f)	독일	do-gil
tedesco (m)	독일 사람	do-gil sa-ram
tedesca (f)	독일 사람	do-gil sa-ram
tedesco (agg)	독일의	do-gi-rui
Paesi Bassi (m pl)	네덜란드	ne-deol-lan-deu
Olanda (f)	네덜란드	ne-deol-lan-deu
olandese (m)	네덜란드 사람	ne-deol-lan-deu sa-ram
olandese (f)	네덜란드 사람	ne-deol-lan-deu sa-ram
olandese (agg)	네덜란드의	ne-deol-lan-deu-ui
Grecia (f)	그리스	geu-ri-seu
greco (m)	그리스 사람	geu-ri-seu sa-ram
greca (f)	그리스 사람	geu-ri-seu sa-ram
greco (agg)	그리스의	geu-ri-seu-ui
Danimarca (f)	덴마크	den-ma-keu
danese (m)	덴마크 사람	den-ma-keu sa-ram
danese (f)	덴마크 사람	den-ma-keu sa-ram
danese (agg)	덴마크의	den-ma-keu-ui
Irlanda (f)	아일랜드	a-il-laen-deu
irlandese (m)	아일랜드 사람	a-il-laen-deu sa-ram

irlandese (f)	아일랜드 사람	a-il-laen-deu sa-ram
irlandese (agg)	아일랜드의	a-il-laen-deu-ui
Islanda (f)	아이슬란드	a-i-seul-lan-deu
islandese (m)	아이슬란드 사람	a-i-seul-lan-deu sa-ram
islandese (f)	아이슬란드 사람	a-i-seul-lan-deu sa-ram
islandese (agg)	아이슬란드의	a-i-seul-lan-deu-ui
Spagna (f)	스페인	seu-pe-in
spagnolo (m)	스페인 사람	seu-pe-in sa-ram
spagnola (f)	스페인 사람	seu-pe-in sa-ram
spagnolo (agg)	스페인의	seu-pe-in-ui
Italia (f)	이탈리아	i-tal-li-a
italiano (m)	이탈리아 사람	i-tal-li-a sa-ram
italiana (f)	이탈리아 사람	i-tal-li-a sa-ram
italiano (agg)	이탈리아의	i-tal-li-a-ui
Cipro (m)	키프로스	ki-peu-ro-seu
cipriota (m)	키프로스 사람	ki-peu-ro-seu sa-ram
cipriota (f)	키프로스 사람	ki-peu-ro-seu sa-ram
cipriota (agg)	키프로스의	ki-peu-ro-seu-ui
Malta (f)	몰타	mol-ta
maltese (m)	몰타 사람	mol-ta sa-ram
maltese (f)	몰타 사람	mol-ta sa-ram
maltese (agg)	몰타의	mol-ta-ui
Norvegia (f)	노르웨이	no-reu-we-i
norvegese (m)	노르웨이 사람	no-reu-we-i sa-ram
norvegese (f)	노르웨이사람	no-reu-we-i sa-ram
norvegese (agg)	노르웨이의	no-reu-we-i-ui
Portogallo (f)	포르투갈	po-reu-tu-gal
portoghese (m)	포르투갈 사람	po-reu-tu-gal sa-ram
portoghese (f)	포르투갈 사람	po-reu-tu-gal sa-ram
portoghese (agg)	포르투갈의	po-reu-tu-ga-rui
Finlandia (f)	핀란드	pil-lan-deu
finlandese (m)	핀란드 사람	pil-lan-deu sa-ram
finlandese (f)	핀란드사람	pil-lan-deu-sa-ram
finlandese (agg)	핀란드의	pil-lan-deu-ui
Francia (f)	프랑스	peu-rang-seu
francese (m)	프랑스 사람	peu-rang-seu sa-ram
francese (f)	프랑스 사람	peu-rang-seu sa-ram
francese (agg)	프랑스의	peu-rang-seu-ui
Svezia (f)	스웨덴	seu-we-den
svedese (m)	스웨덴 사람	seu-we-den sa-ram
svedese (f)	스웨덴 사람	seu-we-den sa-ram
svedese (agg)	스웨덴의	seu-we-den-ui
Svizzera (f)	스위스	seu-wi-seu
svizzero (m)	스위스 사람	seu-wi-seu sa-ram
svizzera (f)	스위스 사람	seu-wi-seu sa-ram

svizzero (agg)	스위스의	seu-wi-seu-ui
Scozia (f)	스코틀랜드	seu-ko-teul-laen-deu
scozzese (m)	스코틀랜드 사람	seu-ko-teul-laen-deu sa-ram
scozzese (f)	스코틀랜드 사람	seu-ko-teul-laen-deu sa-ram
scozzese (agg)	스코틀랜드의	seu-ko-teul-laen-deu-ui
Vaticano (m)	바티칸	ba-ti-kan
Liechtenstein (m)	리히텐슈타인	ri-hi-ten-syu-ta-in
Lussemburgo (m)	룩셈부르크	ruk-sem-bu-reu-keu
Monaco (m)	모나코	mo-na-ko

235. Europa centrale e orientale

Albania (f)	알바니아	al-ba-ni-a
albanese (m)	알바니아 사람	al-ba-ni-a sa-ram
albanese (f)	알바니아 사람	al-ba-ni-a sa-ram
albanese (agg)	알바니아의	al-ba-ni-a-ui
Bulgaria (f)	불가리아	bul-ga-ri-a
bulgaro (m)	불가리아 사람	bul-ga-ri-a sa-ram
bulgara (f)	불가리아 사람	bul-ga-ri-a sa-ram
bulgaro (agg)	불가리아의	bul-ga-ri-a-ui
Ungheria (f)	헝가리	heong-ga-ri
ungherese (m)	헝가리 사람	heong-ga-ri sa-ram
ungherese (f)	헝가리 사람	heong-ga-ri sa-ram
ungherese (agg)	헝가리의	heong-ga-ri-ui
Lettonia (f)	라트비아	ra-teu-bi-a
lettone (m)	라트비아 사람	ra-teu-bi-a sa-ram
lettone (f)	라트비아 사람	ra-teu-bi-a sa-ram
lettone (agg)	라트비아의	ra-teu-bi-a-ui
Lituania (f)	리투아니아	ri-tu-a-ni-a
lituano (m)	리투아니아 사람	ri-tu-a-ni-a sa-ram
lituana (f)	리투아니아 사람	ri-tu-a-ni-a sa-ram
lituano (agg)	리투아니아의	ri-tu-a-ni-a-ui
Polonia (f)	폴란드	pol-lan-deu
polacco (m)	폴란드 사람	pol-lan-deu sa-ram
polacca (f)	폴란드 사람	pol-lan-deu sa-ram
polacco (agg)	폴란드의	pol-lan-deu-ui
Romania (f)	루마니아	ru-ma-ni-a
rumeno (m)	루마니아 사람	ru-ma-ni-a sa-ram
rumena (f)	루마니아 사람	ru-ma-ni-a sa-ram
rumeno (agg)	루마니아의	ru-ma-ni-a-ui
Serbia (f)	세르비아	se-reu-bi-a
serbo (m)	세르비아 사람	se-reu-bi-a sa-ram
serba (f)	세르비아 사람	se-reu-bi-a sa-ram
serbo (agg)	세르비아의	se-reu-bi-a-ui
Slovacchia (f)	슬로바키아	seul-lo-ba-ki-a
slovacco (m)	슬로바키아 사람	seul-lo-ba-ki-a sa-ram

slovacca (f)	슬로바키아 사람	seul-lo-ba-ki-a sa-ram
slovacco (agg)	슬로바키아의	seul-lo-ba-ki-a-ui
Croazia (f)	크로아티아	keu-ro-a-ti-a
croato (m)	크로아티아 사람	keu-ro-a-ti-a sa-ram
croata (f)	크로아티아 사람	keu-ro-a-ti-a sa-ram
croato (agg)	크로아티아의	keu-ro-a-ti-a-ui
Repubblica (f) Ceca	체코	che-ko
ceco (m)	체코 사람	che-ko sa-ram
ceca (f)	체코 사람	che-ko sa-ram
ceco (agg)	체코의	che-ko-ui
Estonia (f)	에스토니아	e-seu-to-ni-a
estone (m)	에스토니아 사람	e-seu-to-ni-a sa-ram
estone (f)	에스토니아 사람	e-seu-to-ni-a sa-ram
estone (agg)	에스토니아의	e-seu-to-ni-a-ui
Bosnia-Erzegovina (f)	보스니아 헤르체코비나	bo-seu-ni-a he-reu-che-ko-bi-na
Macedonia (f)	마케도니아	ma-ke-do-ni-a
Slovenia (f)	슬로베니아	seul-lo-be-ni-a
Montenegro (m)	몬테네그로	mon-te-ne-geu-ro

236. Paesi dell'ex Unione Sovietica

Azerbaigian (m)	아제르바이잔	a-je-reu-ba-i-jan
azerbaigiano (m)	아제르바이잔 사람	a-je-reu-ba-i-jan sa-ram
azerbaigiana (f)	아제르바이잔 사람	a-je-reu-ba-i-jan sa-ram
azerbaigiano (agg)	아제르바이잔의	a-je-reu-ba-i-jan-ui
Armenia (f)	아르메니아	a-reu-me-ni-a
armeno (m)	아르메니아 사람	a-reu-me-ni-a sa-ram
armena (f)	아르메니아 사람	a-reu-me-ni-a sa-ram
armeno (agg)	아르메니아의	a-reu-me-ni-a-ui
Bielorussia (f)	벨로루시	bel-lo-ru-si
bielorusso (m)	벨로루시 사람	bel-lo-ru-si sa-ram
bielorussa (f)	벨로루시 사람	bel-lo-ru-si sa-ram
bielorusso (agg)	벨로루시의	bel-lo-ru-si-ui
Georgia (f)	그루지야	geu-ru-ji-ya
georgiano (m)	그루지야 사람	geu-ru-ji-ya sa-ram
georgiana (f)	그루지야 사람	geu-ru-ji-ya sa-ram
georgiano (agg)	그루지야의	geu-ru-ji-ya-ui
Kazakistan (m)	카자흐스탄	ka-ja-heu-seu-tan
kazaco (m)	카자흐스탄 사람	ka-ja-heu-seu-tan sa-ram
kazaca (f)	카자흐스탄 사람	ka-ja-heu-seu-tan sa-ram
kazaco (agg)	카자흐스탄의	ka-ja-heu-seu-tan-ui
Kirghizistan (m)	키르기스스탄	ki-reu-gi-seu-seu-tan
kirghiso (m)	키르기스스탄 사람	ki-reu-gi-seu-seu-tan sa-ram
kirghisa (f)	키르기스스탄 사람	ki-reu-gi-seu-seu-tan sa-ram

kirghiso (agg)	키르기스스탄의	ki-reu-gi-seu-seu-tan-ui
Moldavia (f)	몰도바	mol-do-ba
moldavo (m)	몰도바 사람	mol-do-ba sa-ram
moldava (f)	몰도바 사람	mol-do-ba sa-ram
moldavo (agg)	몰도바의	mol-do-ba-ui
Russia (f)	러시아	reo-si-a
russo (m)	러시아 사람	reo-si-a sa-ram
russa (f)	러시아 사람	reo-si-a sa-ram
russo (agg)	러시아의	reo-si-a-ui
Tagikistan (m)	타지키스탄	ta-ji-ki-seu-tan
tagico (m)	타지키스탄 사람	ta-ji-ki-seu-tan sa-ram
tagica (f)	타지키스탄 사람	ta-ji-ki-seu-tan sa-ram
tagico (agg)	타지키스탄의	ta-ji-ki-seu-tan-ui
Turkmenistan (m)	투르크메니스탄	tu-reu-keu-me-ni-seu-tan
turkmeno (m)	투르크메니스탄 사람	tu-reu-keu-me-ni-seu-tan sa-ram
turkmena (f)	투르크메니스탄 사람	tu-reu-keu-me-ni-seu-tan sa-ram
turkmeno (agg)	투르크메니스탄의	tu-reu-keu-me-ni-seu-tan-ui
Uzbekistan (m)	우즈베키스탄	u-jeu-be-ki-seu-tan
usbeco (m)	우즈베키스탄 사람	u-jeu-be-ki-seu-tan sa-ram
usbeca (f)	우즈베키스탄 사람	u-jeu-be-ki-seu-tan sa-ram
usbeco (agg)	우즈베키스탄의	u-jeu-be-ki-seu-tan-ui
Ucraina (f)	우크라이나	u-keu-ra-i-na
ucraino (m)	우크라이나 사람	u-keu-ra-i-na sa-ram
ucraina (f)	우크라이나 사람	u-keu-ra-i-na sa-ram
ucraino (agg)	우크라이나의	u-keu-ra-i-na-ui

237. Asia

Asia (f)	아시아	a-si-a
asiatico (agg)	아시아의	a-si-a-ui
Vietnam (m)	베트남	be-teu-nam
vietnamita (m)	베트남 사람	be-teu-nam sa-ram
vietnamita (f)	베트남 사람	be-teu-nam sa-ram
vietnamita (agg)	베트남의	be-teu-nam-ui
India (f)	인도	in-do
indiano (m)	인도 사람	in-do sa-ram
indiana (f)	인도 사람	in-do sa-ram
indiano (agg)	인도의	in-do-ui
Israele (m)	이스라엘	i-seu-ra-el
israeliano (m)	이스라엘 사람	i-seu-ra-el sa-ram
israeliana (f)	이스라엘 사람	i-seu-ra-el sa-ram
israeliano (agg)	이스라엘의	i-seu-ra-e-rui
ebreo (m)	유대인	yu-dae-in
ebrea (f)	유대인 여자	yu-dae-in nyeo-ja

ebraico (agg)	유대인의	yu-dae-in-ui
Cina (f)	중국	jung-guk
cinese (m)	중국 사람	jung-guk sa-ram
cinese (f)	중국 사람	jung-guk sa-ram
cinese (agg)	중국의	jung-gu-gui
coreano (m)	한국 사람	han-guk sa-ram
coreana (f)	한국 사람	han-guk sa-ram
coreano (agg)	한국의	han-gu-gui
Libano (m)	레바논	re-ba-non
libanese (m)	레바논 사람	re-ba-non sa-ram
libanese (f)	레바논 사람	re-ba-non sa-ram
libanese (agg)	레바논의	re-ba-non-ui
Mongolia (f)	몽골	mong-gol
mongolo (m)	몽골 사람	mong-gol sa-ram
mongola (f)	몽골 사람	mong-gol sa-ram
mongolo (agg)	몽골의	mong-go-rui
Malesia (f)	말레이시아	mal-le-i-si-a
malese (m)	말레이시아 사람	mal-le-i-si-a sa-ram
malese (f)	말레이시아 사람	mal-le-i-si-a sa-ram
malese (agg)	말레이시아의	mal-le-i-si-a-ui
Pakistan (m)	파키스탄	pa-ki-seu-tan
pakistano (m)	파키스탄 사람	pa-ki-seu-tan sa-ram
pakistana (f)	파키스탄 사람	pa-ki-seu-tan sa-ram
pakistano (agg)	파키스탄의	pa-ki-seu-tan-ui
Arabia Saudita (f)	사우디아라비아	sa-u-di-a-ra-bi-a
arabo (m), saudita (m)	아랍 사람	a-rap sa-ram
araba (f), saudita (f)	아랍 사람	a-rap sa-ram
arabo (agg)	아랍인의	sa-u-di-a-ra-bi-a-ui
Tailandia (f)	태국	tae-guk
tailandese (m)	태국 사람	tae-guk sa-ram
tailandese (f)	태국 사람	tae-guk sa-ram
tailandese (agg)	태국의	tae-gu-gui
Taiwan (m)	대만	dae-man
taiwanese (m)	대만 사람	dae-man sa-ram
taiwanese (f)	대만 사람	dae-man sa-ram
taiwanese (agg)	대만의	dae-man-ui
Turchia (f)	터키	teo-ki
turco (m)	터키 사람	teo-ki sa-ram
turca (f)	터키 사람	teo-ki sa-ram
turco (agg)	터키의	teo-ki-ui
Giappone (m)	일본	il-bon
giapponese (m)	일본 사람	il-bon sa-ram
giapponese (f)	일본 사람	il-bon sa-ram
giapponese (agg)	일본의	il-bon-ui
Afghanistan (m)	아프가니스탄	a-peu-ga-ni-seu-tan
Bangladesh (m)	방글라데시	bang-geul-la-de-si

Indonesia (f)	인도네시아	in-do-ne-si-a
Giordania (f)	요르단	yo-reu-dan
Iraq (m)	이라크	i-ra-keu
Iran (m)	이란	i-ran
Cambogia (f)	캄보디아	kam-bo-di-a
Kuwait (m)	쿠웨이트	ku-we-i-teu
Laos (m)	라오스	ra-o-seu
Birmania (f)	미얀마	mi-yan-ma
Nepal (m)	네팔	ne-pal
Emirati (m pl) Arabi	아랍에미리트	a-ra-be-mi-ri-teu
Siria (f)	시리아	si-ri-a
Palestina (f)	팔레스타인	pal-le-seu-ta-in
Corea (f) del Sud	한국	han-guk
Corea (f) del Nord	북한	buk-an

238. America del Nord

Stati (m pl) Uniti d'America	미국	mi-guk
americano (m)	미국 사람	mi-guk sa-ram
americana (f)	미국 사람	mi-guk sa-ram
americano (agg)	미국의	mi-gu-gui
Canada (m)	캐나다	kae-na-da
canadese (m)	캐나다 사람	kae-na-da sa-ram
canadese (f)	캐나다 사람	kae-na-da sa-ram
canadese (agg)	캐나다의	kae-na-da-ui
Messico (m)	멕시코	mek-si-ko
messicano (m)	멕시코 사람	mek-si-ko sa-ram
messicana (f)	멕시코 사람	mek-si-ko sa-ram
messicano (agg)	멕시코의	mek-si-ko-ui

239. America centrale e America del Sud

Argentina (f)	아르헨티나	a-reu-hen-ti-na
argentino (m)	아르헨티나 사람	a-reu-hen-ti-na sa-ram
argentina (f)	아르헨티나 사람	a-reu-hen-ti-na sa-ram
argentino (agg)	아르헨티나의	a-reu-hen-ti-na-ui
Brasile (m)	브라질	beu-ra-jil
brasiliano (m)	브라질 사람	beu-ra-jil sa-ram
brasiliana (f)	브라질 사람	beu-ra-jil sa-ram
brasiliano (agg)	브라질의	beu-ra-ji-rui
Colombia (f)	콜롬비아	kol-lom-bi-a
colombiano (m)	콜롬비아 사람	kol-lom-bi-a sa-ram
colombiana (f)	콜롬비아 사람	kol-lom-bi-a sa-ram
colombiano (agg)	콜롬비아의	kol-lom-bi-a-ui
Cuba (f)	쿠바	ku-ba

cubano (m)	쿠바 사람	ku-ba sa-ram
cubana (f)	쿠바 사람	ku-ba sa-ram
cubano (agg)	쿠바의	ku-ba-ui
Cile (m)	칠레	chil-le
cileno (m)	칠레 사람	chil-le sa-ram
cilena (f)	칠레 사람	chil-le sa-ram
cileno (agg)	칠레의	chil-le-ui
Bolivia (f)	볼리비아	bol-li-bi-a
Venezuela (f)	베네수엘라	be-ne-su-el-la
Paraguay (m)	파라과이	pa-ra-gwa-i
Perù (m)	페루	pe-ru
Suriname (m)	수리남	su-ri-nam
Uruguay (m)	우루과이	u-ru-gwa-i
Ecuador (m)	에콰도르	e-kwa-do-reu
Le Bahamas	바하마	ba-ha-ma
Haiti (m)	아이티	a-i-ti
Repubblica (f) Dominicana	도미니카 공화국	do-mi-ni-ka gong-hwa-guk
Panama (m)	파나마	pa-na-ma
Giamaica (f)	자메이카	ja-me-i-ka

240. Africa

Egitto (m)	이집트	i-jip-teu
egiziano (m)	이집트 사람	i-jip-teu sa-ram
egiziana (f)	이집트 사람	i-jip-teu sa-ram
egiziano (agg)	이집트의	i-jip-teu-ui
Marocco (m)	모로코	mo-ro-ko
marocchino (m)	모로코 사람	mo-ro-ko sa-ram
marocchina (f)	모로코 사람	mo-ro-ko sa-ram
marocchino (agg)	모로코의	mo-ro-ko-ui
Tunisia (f)	튀니지	twi-ni-ji
tunisino (m)	튀니지 사람	twi-ni-ji sa-ram
tunisina (f)	튀니지 사람	twi-ni-ji sa-ram
tunisino (agg)	튀니지의	twi-ni-ji-ui
Ghana (m)	가나	ga-na
Zanzibar	잔지바르	jan-ji-ba-reu
Kenya (m)	케냐	ke-nya
Libia (f)	리비아	ri-bi-a
Madagascar (m)	마다가스카르	ma-da-ga-seu-ka-reu
Namibia (f)	나미비아	na-mi-bi-a
Senegal (m)	세네갈	se-ne-gal
Tanzania (f)	탄자니아	tan-ja-ni-a
Repubblica (f) Sudafricana	남아프리카 공화국	nam-a-peu-ri-ka gong-hwa-guk
africano (m)	아프리카 사람	a-peu-ri-ka sa-ram
africana (f)	아프리카 사람	a-peu-ri-ka sa-ram
africano (agg)	아프리카의	a-peu-ri-ka-ui

241. Australia. Oceania

Australia (f)	호주	ho-ju
australiano (m)	호주 사람	ho-ju sa-ram
australiana (f)	호주 사람	ho-ju sa-ram
australiano (agg)	호주의	ho-ju-ui
Nuova Zelanda (f)	뉴질랜드	nyu-jil-laen-deu
neozelandese (m)	뉴질랜드 사람	nyu-jil-laen-deu sa-ram
neozelandese (f)	뉴질랜드 사람	nyu-jil-laen-deu sa-ram
neozelandese (agg)	뉴질랜드의	nyu-jil-laen-deu-ui
Tasmania (f)	태즈메이니아	tae-jeu-me-i-ni-a
Polinesia (f) Francese	폴리네시아	pol-li-ne-si-a

242. Città

L'Aia	헤이그	he-i-geu
Amburgo	함부르크	ham-bu-reu-keu
Amsterdam	암스테르담	am-seu-te-reu-dam
Ankara	앙카라	ang-ka-ra
Atene	아테네	a-te-ne
L'Avana	아바나	a-ba-na
Baghdad	바그다드	ba-geu-da-deu
Bangkok	방콕	bang-kok
Barcellona	바르셀로나	ba-reu-sel-lo-na
Beirut	베이루트	be-i-ru-teu
Berlino	베를린	be-reul-lin
Bombay, Mumbai	봄베이, 뭄바이	bom-be-i, mum-ba-i
Bonn	본	bon
Bordeaux	보르도	bo-reu-do
Bratislava	브라티슬라바	beu-ra-ti-seul-la-ba
Bruxelles	브뤼셀	beu-rwi-sel
Bucarest	부쿠레슈티	bu-ku-re-syu-ti
Budapest	부다페스트	bu-da-pe-seu-teu
Il Cairo	카이로	ka-i-ro
Calcutta	캘커타	kael-keo-ta
Chicago	시카고	si-ka-go
Città del Messico	멕시코시티	mek-si-ko-si-ti
Copenaghen	코펜하겐	ko-pen-ha-gen
Dar es Salaam	다르에스살람	da-reu-e-seu-sal-lam
Delhi	델리	del-li
Dubai	두바이	du-ba-i
Dublino	더블린	deo-beul-lin
Düsseldorf	뒤셀도르프	dwi-sel-do-reu-peu
Firenze	플로렌스	peul-lo-ren-seu
Francoforte	프랑크푸르트	peu-rang-keu-pu-reu-teu
Gerusalemme	예루살렘	ye-ru-sal-lem

Ginevra	제네바	je-ne-ba
Hanoi	하노이	ha-no-i
Helsinki	헬싱키	hel-sing-ki
Hiroshima	히로시마	hi-ro-si-ma
Hong Kong	홍콩	hong-kong
Istanbul	이스탄불	i-seu-tan-bul
Kiev	키예프	ki-ye-peu
Kuala Lumpur	콸라룸푸르	kwal-la-rum-pu-reu
Lione	리옹	ri-ong
Lisbona	리스본	ri-seu-bon
Londra	런던	reon-deon
Los Angeles	로스앤젤레스	ro-seu-aen-jel-le-seu
Madrid	마드리드	ma-deu-ri-deu
Marsiglia	마르세유	ma-reu-se-yu
Miami	마이애미	ma-i-ae-mi
Monaco di Baviera	뮌헨	mwin-hen
Montreal	몬트리올	mon-teu-ri-ol
Mosca	모스크바	mo-seu-keu-ba
Nairobi	나이로비	na-i-ro-bi
Napoli	나폴리	na-pol-li
New York	뉴욕	nyu-yok
Nizza	니스	ni-seu
Oslo	오슬로	o-seul-lo
Ottawa	오타와	o-ta-wa
Parigi	파리	pa-ri
Pechino	베이징	be-i-jing
Praga	프라하	peu-ra-ha
Rio de Janeiro	리우데자네이루	ri-u-de-ja-ne-i-ru
Roma	로마	ro-ma
San Pietroburgo	상트페테르부르크	sang-teu-pe-te-reu-bu-reu-keu
Seoul	서울	seo-ul
Shanghai	상하이	sang-ha-i
Sidney	시드니	si-deu-ni
Singapore	싱가포르	sing-ga-po-reu
Stoccolma	스톡홀름	seu-tok-ol-leum
Taipei	타이베이	ta-i-be-i
Tokio	도쿄	do-kyo
Toronto	토론토	to-ron-to
Varsavia	바르샤바	ba-reu-sya-ba
Venezia	베니스	be-ni-seu
Vienna	빈	bin
Washington	워싱턴	wo-sing-teon

243. Politica. Governo. Parte 1

politica (f)	정치	jeong-chi
politico (agg)	정치의	jeong-chi-ui

politico (m)	정치가	jeong-chi-ga
stato (m) (nazione, paese)	국가	guk-ga
cittadino (m)	시민	si-min
cittadinanza (f)	시민권	si-min-gwon
emblema (m) nazionale	국장	guk-jang
inno (m) nazionale	국가	guk-ga
governo (m)	정부	jeong-bu
capo (m) di Stato	국가 수장	guk-ga su-jang
parlamento (m)	의회	ui-hoe
partito (m)	정당	jeong-dang
capitalismo (m)	자본주의	ja-bon-ju-ui
capitalistico (agg)	자본주의의	ja-bon-ju-ui-ui
socialismo (m)	사회주의	sa-hoe-ju-ui
socialista (agg)	사회주의의	sa-hoe-ju-ui-ui
comunismo (m)	공산주의	gong-san-ju-ui
comunista (agg)	공산주의의	gong-san-ju-ui-ui
comunista (m)	공산주의자	gong-san-ju-ui-ja
democrazia (f)	민주주의	min-ju-ju-ui
democratico (m)	민주주의자	min-ju-ju-ui-ja
democratico (agg)	민주주의의	min-ju-ju-ui-ui
partito (m) democratico	민주당	min-ju-dang
liberale (m)	자유주의자	ja-yu-ju-ui-ja
liberale (agg)	자유주의의	ja-yu-ju-ui-ui
conservatore (m)	보수주의자	bo-su-ju-ui-ja
conservatore (agg)	보수적인	bo-su-jeo-gin
repubblica (f)	공화국	gong-hwa-guk
repubblicano (m)	공화당원	gong-hwa-dang-won
partito (m) repubblicano	공화당	gong-hwa-dang
elezioni (f pl)	선거	seon-geo
eleggere (vt)	선거하다	seon-geo-ha-da
elettore (m)	유권자	yu-gwon-ja
campagna (f) elettorale	선거 운동	seon-geo un-dong
votazione (f)	선거	seon-geo
votare (vi)	투표하다	tu-pyo-ha-da
diritto (m) di voto	투표권	tu-pyo-gwon
candidato (m)	후보자	hu-bo-ja
candidarsi (vr)	입후보하다	i-pu-bo-ha-da
campagna (f)	캠페인	kaem-pe-in
d'opposizione (agg)	반대의	ban-dae-ui
opposizione (f)	반대	ban-dae
visita (f)	방문	bang-mun
visita (f) ufficiale	공식 방문	gong-sik bang-mun
internazionale (agg)	국제적인	guk-je-jeo-gin

trattative (f pl)	협상	hyeop-sang
negoziare (vi)	협상하다	hyeop-sang-ha-da

244. Politica. Governo. Parte 2

società (f)	사회	sa-hoe
costituzione (f)	헌법	heon-beop
potere (m) (~ politico)	권력	gwol-lyeok
corruzione (f)	부패	bu-pae
legge (f)	법률	beom-nyul
legittimo (agg)	합법적인	hap-beop-jeo-gin
giustizia (f)	정의	jeong-ui
giusto (imparziale)	공정한	gong-jeong-han
comitato (m)	위원회	wi-won-hoe
disegno (m) di legge	법안	beo-ban
bilancio (m)	예산	ye-san
politica (f)	정책	jeong-chaek
riforma (f)	개혁	gae-hyeok
radicale (agg)	급진적인	geup-jin-jeo-gin
forza (f) (potenza)	힘	him
potente (agg)	강력한	gang-nyeo-kan
sostenitore (m)	지지자	ji-ji-ja
influenza (f)	영향	yeong-hyang
regime (m) (~ militare)	정권	jeong-gwon
conflitto (m)	갈등	gal-deung
complotto (m)	음모	eum-mo
provocazione (f)	도발	do-bal
rovesciare (~ un regime)	타도하다	ta-do-ha-da
rovesciamento (m)	전복	jeon-bok
rivoluzione (f)	혁명	hyeong-myeong
colpo (m) di Stato	쿠데타	ku-de-ta
golpe (m) militare	군사 쿠데타	gun-sa ku-de-ta
crisi (f)	위기	wi-gi
recessione (f) economica	경기침체	gyeong-gi-chim-che
manifestante (m)	시위자	si-wi-ja
manifestazione (f)	데모	de-mo
legge (f) marziale	계엄령	gye-eom-nyeong
base (f) militare	군사 거점	gun-sa geo-jeom
stabilità (f)	안정	an-jeong
stabile (agg)	안정된	an-jeong-doen
sfruttamento (m)	착취	chak-chwi
sfruttare (~ i lavoratori)	착취하다	chak-chwi-ha-da
razzismo (m)	인종차별주의	in-jong-cha-byeol-ju-ui
razzista (m)	인종차별주의자	in-jong-cha-byeol-ju-ui-ja

fascismo (m)	파시즘	pa-si-jeum
fascista (m)	파시스트	pa-si-seu-teu

245. Paesi. Varie

straniero (m)	외국인	oe-gu-gin
straniero (agg)	외국의	oe-gu-gui
all'estero	해외로	hae-oe-ro
emigrato (m)	이민자	i-min-ja
emigrazione (f)	이민	i-min
emigrare (vi)	이주하다	i-ju-ha-da
Ovest (m)	서양	seo-yang
Est (m)	동양	dong-yang
Estremo Oriente (m)	극동	geuk-dong
civiltà (f)	문명	mun-myeong
umanità (f)	인류	il-lyu
mondo (m)	세계	se-gye
pace (f)	평화	pyeong-hwa
mondiale (agg)	세계의	se-gye-ui
patria (f)	고향	go-hyang
popolo (m)	국민	gung-min
popolazione (f)	인구	in-gu
gente (f)	사람들	sa-ram-deul
nazione (f)	국가	guk-ga
generazione (f)	세대	se-dae
territorio (m)	영토	yeong-to
regione (f)	지방, 지역	ji-bang, ji-yeok
stato (m)	주	ju
tradizione (f)	전통	jeon-tong
costume (m)	풍습	pung-seup
ecologia (f)	생태학	saeng-tae-hak
indiano (m)	인디언	in-di-eon
zingaro (m)	집시	jip-si
zingara (f)	집시	jip-si
di zingaro	집시의	jip-si-ui
impero (m)	제국	je-guk
colonia (f)	식민지	sing-min-ji
schiavitù (f)	노예제도	no-ye-je-do
invasione (f)	침략	chim-nyak
carestia (f)	기근	gi-geun

246. Principali gruppi religiosi. Credi religiosi

religione (f)	종교	jong-gyo
religioso (agg)	종교의	jong-gyo-ui

fede (f)	믿음	mi-deum
credere (vi)	믿다	mit-da
credente (m)	신자	sin-ja
ateismo (m)	무신론	mu-sin-non
ateo (m)	무신론자	mu-sin-non-ja
cristianesimo (m)	기독교	gi-dok-gyo
cristiano (m)	기독교도	gi-dok-gyo-do
cristiano (agg)	기독교의	gi-dok-gyo-ui
cattolicesimo (m)	가톨릭	ga-tol-lik
cattolico (m)	가톨릭 신자	ga-tol-lik sin-ja
cattolico (agg)	가톨릭의	ga-tol-li-gui
Protestantesimo (m)	개신교	gae-sin-gyo
Chiesa (f) protestante	개신교 교회	gae-sin-gyo gyo-hoe
protestante (m)	개신교도	gae-sin-gyo-do
Ortodossia (f)	동방정교	dong-bang-jeong-gyo
Chiesa (f) ortodossa	동방정교회	dong-bang-jeong-gyo-hoe
ortodosso (m)	동방정교 신자	dong-bang-jeong-gyo sin-ja
Presbiterianesimo (m)	장로교	jang-no-gyo
Chiesa (f) presbiteriana	장로교회	jang-no-gyo-hoe
presbiteriano (m)	장로교 교인	jang-no-gyo gyo-in
Luteranesimo (m)	루터교회	ru-teo-gyo-hoe
luterano (m)	루터 교회 신자	ru-teo gyo-hoe sin-ja
confessione (f) battista	침례교	chim-nye-gyo
battista (m)	침례교도	chim-nye-gyo-do
Chiesa (f) anglicana	성공회	seong-gong-hoe
anglicano (m)	성공회 신자	seong-gong-hoe sin-ja
mormonismo (m)	모르몬교	mo-reu-mon-gyo
mormone (m)	모르몬 교도	mo-reu-mon gyo-do
giudaismo (m)	유대교	yu-dae-gyo
ebreo (m)	유대인	yu-dae-in
buddismo (m)	불교	bul-gyo
buddista (m)	불교도	bul-gyo-do
Induismo (m)	힌두교	hin-du-gyo
induista (m)	힌두교도	hin-du-gyo-do
Islam (m)	이슬람교	i-seul-lam-gyo
musulmano (m)	이슬람교도	i-seul-lam-gyo-ui
musulmano (agg)	이슬람의	i-seul-la-mui
sciismo (m)	시아파 이슬람	si-a-pa i-seul-lam
sciita (m)	시아파 신도	si-a-pa sin-do
sunnismo (m)	수니파 이슬람	su-ni-pa i-seul-lam
sunnita (m)	수니파 신도	su-ni-pa sin-do

247. Religioni. Sacerdoti

prete (m)	사제	sa-je
Papa (m)	교황	gyo-hwang
monaco (m)	수도사	su-do-sa
monaca (f)	수녀	su-nyeo
abate (m)	수도원장	su-do-won-jang
vicario (m)	교구 목사	gyo-gu mok-sa
vescovo (m)	주교	ju-gyo
cardinale (m)	추기경	chu-gi-gyeong
predicatore (m)	전도사	jeon-do-sa
predica (f)	설교	seol-gyo
parrocchiani (m)	교구민	gyo-gu-min
credente (m)	신자	sin-ja
ateo (m)	무신론자	mu-sin-non-ja

248. Fede. Cristianesimo. Islam

Adamo	아담	a-dam
Eva	이브	i-beu
Dio (m)	신	sin
Signore (m)	하나님	ha-na-nim
Onnipotente (m)	전능의 신	jeon-neung-ui sin
peccato (m)	죄	joe
peccare (vi)	죄를 범하다	joe-reul beom-ha-da
peccatore (m)	죄인	joe-in
peccatrice (f)	죄인	joe-in
inferno (m)	지옥	ji-ok
paradiso (m)	천국	cheon-guk
Gesù	예수	ye-su
Gesù Cristo	예수 그리스도	ye-su geu-ri-seu-do
Spirito (m) Santo	성령	seong-nyeong
Salvatore (m)	구세주	gu-se-ju
Madonna	성모 마리아	seong-mo ma-ri-a
Diavolo (m)	악마	ang-ma
del diavolo	악마의	ang-ma-ui
Satana (m)	사탄	sa-tan
satanico (agg)	사탄의	sa-tan-ui
angelo (m)	천사	cheon-sa
angelo (m) custode	수호천사	su-ho-cheon-sa
angelico (agg)	천사의	cheon-sa-ui
apostolo (m)	사도	sa-do

arcangelo (m)	대천사	dae-cheon-sa
Anticristo (m)	적그리스도	jeok-geu-ri-seu-do
Chiesa (f)	교회	gyo-hoe
Bibbia (f)	성경	seong-gyeong
biblico (agg)	성경의	seong-gyeong-ui
Vecchio Testamento (m)	구약성서	gu-yak-seong-seo
Nuovo Testamento (m)	신약성서	si-nyak-seong-seo
Vangelo (m)	복음	bo-geum
Sacra Scrittura (f)	성서	seong-seo
Il Regno dei Cieli	하늘나라	ha-neul-la-ra
comandamento (m)	율법	yul-beop
profeta (m)	예언자	ye-eon-ja
profezia (f)	예언	ye-eon
Allah	알라	al-la
Maometto	마호메트	ma-ho-me-teu
Corano (m)	코란	ko-ran
moschea (f)	모스크	mo-seu-keu
mullah (m)	물라	mul-la
preghiera (f)	기도	gi-do
pregare (vi, vt)	기도하다	gi-do-ha-da
pellegrinaggio (m)	순례 여행	sul-lye yeo-haeng
pellegrino (m)	순례자	sul-lye-ja
La Mecca (f)	메카	me-ka
chiesa (f)	교회	gyo-hoe
tempio (m)	사원, 신전	sa-won, sin-jeon
cattedrale (f)	대성당	dae-seong-dang
gotico (agg)	고딕 양식의	go-dik gyang-si-gui
sinagoga (f)	유대교 회당	yu-dae-gyo hoe-dang
moschea (f)	모스크	mo-seu-keu
cappella (f)	채플	chae-peul
abbazia (f)	수도원	su-do-won
convento (m) di suore	수녀원	su-nyeo-won
monastero (m)	수도원	su-do-won
campana (f)	종	jong
campanile (m)	종루	jong-nu
suonare (campane)	울리다	ul-li-da
croce (f)	십자가	sip-ja-ga
cupola (f)	둥근 지붕	dung-geun ji-bung
icona (f)	성상	seong-sang
anima (f)	영혼	yeong-hon
destino (m), sorte (f)	운명	un-myeong
male (m)	악	ak
bene (m)	선	seon
vampiro (m)	흡혈귀	heu-pyeol-gwi
strega (f)	마녀	ma-nyeo

demone (m)	악령	ang-nyeong
spirito (m)	정신, 영혼	jeong-sin, yeong-hon
redenzione (f)	구원	gu-won
redimere (vt)	상환하다	sang-hwan-ha-da
messa (f)	예배, 미사	ye-bae, mi-sa
dire la messa	미사를 올리다	mi-sa-reul rol-li-da
confessione (f)	고해	go-hae
confessarsi (vr)	고해하다	go-hae-ha-da
santo (m)	성인	seong-in
sacro (agg)	신성한	sin-seong-han
acqua (f) santa	성수	seong-su
rito (m)	의식	ui-sik
rituale (agg)	의식의	ui-si-gui
sacrificio (m) (offerta)	제물	je-mul
superstizione (f)	미신	mi-sin
superstizioso (agg)	미신의	mi-sin-ui
vita (f) dell'oltretomba	내세	nae-se
vita (f) eterna	영생	yeong-saeng

VARIE

249. Varie parole utili

aiuto (m)	도움	do-um
barriera (f) (ostacolo)	장벽	jang-byeok
base (f)	근거	geun-geo
bilancio (m) (equilibrio)	균형	gyun-hyeong
categoria (f)	범주	beom-ju
causa (f) (ragione)	이유	i-yu
coincidenza (f)	우연	u-yeon
comodo (agg)	편안한	pyeon-an-han
compenso (m)	배상	bae-sang
confronto (m)	비교	bi-gyo
cosa (f) (oggetto, articolo)	물건	mul-geon
crescita (f)	성장	seong-jang
differenza (f)	다름	da-reum
effetto (m)	효과	hyo-gwa
elemento (m)	요소	yo-so
errore (m)	실수	sil-su
esempio (m)	예	ye
fatto (m)	사실	sa-sil
forma (f) (aspetto)	모양	mo-yang
frequente (agg)	빈번한	bin-beon-han
genere (m) (tipo, sorta)	종류	jong-nyu
grado (m) (livello)	정도	jeong-do
ideale (m)	이상	i-sang
inizio (m)	시작	si-jak
labirinto (m)	미궁	mi-gung
modo (m) (maniera)	방법	bang-beop
momento (m)	순간	sun-gan
oggetto (m) (cosa)	대상	dae-sang
originale (m) (non è una copia)	원본	won-bon
ostacolo (m)	장애	jang-ae
parte (f) (~ di qc)	부분	bu-bun
particella (f)	입자	ip-ja
pausa (f)	정지	jeong-ji
pausa (f) (sosta)	휴식	hyu-sik
posizione (f)	위치	wi-chi
principio (m)	원칙	won-chik
problema (m)	문제	mun-je
processo (m)	과정	gwa-jeong
progresso (m)	진척	jin-cheok

proprietà (f) (qualità)	특질	teuk-jil
reazione (f)	반응	ba-neung
rischio (m)	위험	wi-heom
ritmo (m)	완급	wan-geup
scelta (f)	선택	seon-taek
segreto (m)	비밀	bi-mil
serie (f)	일련	il-lyeon
sfondo (m)	배경	bae-gyeong
sforzo (m) (fatica)	노력	no-ryeok
sistema (m)	체계	che-gye
situazione (f)	상황	sang-hwang
soluzione (f)	해결	hae-gyeol
standard (agg)	기준의	gi-jun-ui
standard (m)	기준	gi-jun
stile (m)	스타일	seu-ta-il
sviluppo (m)	개발	gae-bal
tabella (f) (delle calorie, ecc.)	표	pyo
termine (m)	끝	kkeut
termine (m) (parola)	용어	yong-eo
tipo (m)	형태, 종류	hyeong-tae, jong-nyu
turno (m) (aspettare il proprio ~)	차례	cha-rye
urgente (agg)	긴급한	gin-geu-pan
urgentemente	급히	geu-pi
utilità (f)	유용성	yu-yong-seong
variante (f)	변종	byeon-jong
verità (f)	진리	jil-li
zona (f)	지대	ji-dae

250. Modificatori. Aggettivi. Parte 1

a buon mercato	싼	ssan
abbronzato (agg)	햇볕에 탄	haet-byeo-te tan
acido, agro (sapore)	시큼한	si-keum-han
affamato (agg)	배고픈	bae-go-peun
affilato (coltello ~)	날카로운	nal-ka-ro-un
allegro (agg)	명랑한	myeong-nang-han
alto (voce ~a)	시끄러운	si-kkeu-reo-un
amaro (sapore)	쓴	sseun
antico (civiltà, ecc.)	고대의	go-dae-ui
aperto (agg)	열린	yeol-lin
artificiale (agg)	인공의	in-gong-ui
bagnato (vestiti ~i)	젖은	jeo-jeun
basso (~a voce)	낮은	na-jeun
bello (agg)	아름다운	a-reum-da-un
breve (di breve durata)	단기의	dan-gi-ui
bruno (agg)	거무스레한	geo-mu-seu-re-han

buio, scuro (stanza ~a)	어두운	eo-du-un
buono (un libro, ecc.)	좋은	jo-eun
buono, gentile	착한	cha-kan
buono, gustoso	맛있는	man-nin-neun
caldo (agg)	뜨거운	tteu-geo-un
calmo (agg)	조용한	jo-yong-han
caro (agg)	비싼	bi-ssan
cattivo (agg)	나쁜	na-ppeun
centrale (agg)	중앙의	jung-ang-ui
chiaro (un significato ~)	명쾌한	myeong-kwae-han
chiaro, tenue (un colore ~)	밝은	bal-geun
chiuso (agg)	닫힌	da-chin
cieco (agg)	눈먼	nun-meon
civile (società ~)	시민의	si-min-ui
clandestino (agg)	은밀한	eun-mil-han
collegiale (decisione ~)	공동의	gong-dong-ui
compatibile (agg)	호환이 되는	ho-hwan-i doe-neun
complicato (progetto, ecc.)	어려운	eo-ryeo-un
contento (agg)	만족한	man-jok-an
continuo (agg)	장기적인	jang-gi-jeo-gin
continuo (ininterrotto)	연속적인	yeon-sok-jeo-gin
cortese (gentile)	친절한	chin-jeol-han
corto (non lungo)	짧은	jjal-beun
crudo (non cotto)	날것의	nal-geos-ui
denso (fumo ~)	밀집한	mil-ji-pan
destro (lato ~)	오른쪽의	o-reun-jjo-gui
di seconda mano	중고의	jung-go-ui
di sole (una giornata ~)	화창한	hwa-chang-han
differente (agg)	다양한	da-yang-han
difficile (decisione)	어려운	eo-ryeo-un
distante (agg)	먼	meon
diverso (agg)	다른	da-reun
dolce (acqua ~)	민물의	min-mu-rui
dolce (gusto)	단	dan
dolce, tenero	자상한	ja-sang-han
dritto (linea, strada ~a)	곧은	go-deun
duro (non morbido)	단단한	dan-dan-han
eccellente (agg)	우수한	u-su-han
eccessivo (esagerato)	과도한	gwa-do-han
enorme (agg)	거대한	geo-dae-han
esterno (agg)	외부의	oe-bu-ui
facile (agg)	쉬운	swi-un
faticoso (agg)	지치는	ji-chi-neun
felice (agg)	행복한	haeng-bok-an
fertile (terreno)	비옥한	bi-ok-an
fioco, soffuso (luce ~a)	희미한	hui-mi-han
fitto (nebbia ~a)	짙은	ji-teun

forte (una persona ~)	강한	gang-han
fosco (oscuro)	어둑어둑한	eo-du-geo-duk-an
fragile (porcellana, vetro)	깨지기 쉬운	kkae-ji-gi swi-un
freddo (bevanda, tempo)	차가운	cha-ga-un
fresco (freddo moderato)	서늘한	seo-neul-han
fresco (pane ~)	신선한	sin-seon-han
gentile (agg)	공손한	gong-son-han
giovane (agg)	젊은	jeol-meun
giusto (corretto)	맞는	man-neun
gradevole (voce ~)	좋은	jo-eun
grande (agg)	큰	keun
grasso (cibo ~)	지방이 많은	ji-bang-i ma-neun
grato (agg)	감사하는	gam-sa-ha-neun
gratuito (agg)	무료의	mu-ryo-ui
idoneo (adatto)	적합한	jeo-ka-pan
il più alto	가장 높은	ga-jang no-peun
il più importante	가장 중요한	ga-jang jung-yo-han
il più vicino	가장 가까운	ga-jang ga-kka-un
immobile (agg)	동요되지 않는	dong-yo-doe-ji an-neun
importante (agg)	중요한	jung-yo-han
impossibile (agg)	불가능한	bul-ga-neung-han
incomprensibile (agg)	이해할 수 없는	i-hae-hal su eom-neun
indispensabile	필수적인	pil-su-jeo-gin
inesperto (agg)	경험 없는	gyeong-heom eom-neun
insignificante (agg)	중요하지 않은	jung-yo-ha-ji a-neun
intelligente (agg)	영리한	yeong-ni-han
interno (agg)	내부의	nae-bu-ui
intero (agg)	전체의	jeon-che-ui
largo (strada ~a)	넓은	neol-beun
legale (agg)	합법적인	hap-beop-jeo-gin
leggero (che pesa poco)	가벼운	ga-byeo-un
libero (agg)	한가한	han-ga-han
limitato (agg)	한정된	han-jeong-doen
liquido (agg)	액체의	aek-che-ui
liscio (superficie ~a)	매끈한	mae-kkeun-han
lontano (agg)	먼	meon
lungo (~a strada, ecc.)	긴	gin

251. Modificatori. Aggettivi. Parte 2

magnifico (agg)	아름다운	a-reum-da-un
magro (uomo ~)	야윈	ya-win
malato (agg)	병든	byeong-deun
maturo (un frutto ~)	익은	i-geun
meticoloso, accurato	꼼꼼한	kkom-kkom-han
miope (agg)	근시의	geun-si-ui
misterioso (agg)	신비한	sin-bi-han

molto magro (agg)	깡마른	kkang-ma-reun
molto povero (agg)	극빈한	geuk-bin-han
morbido (~ al tatto)	부드러운	bu-deu-reo-un
morto (agg)	죽은	ju-geun
nativo (paese ~)	태어난 곳의	tae-eo-nan gos-ui
necessario (agg)	필요한	pi-ryo-han
negativo (agg)	부정적인	bu-jeong-jeo-gin
nervoso (agg)	신경질의	sin-gyeong-ji-rui
non difficile	힘들지 않은	him-deul-ji a-neun
non molto grande	크지 않은	keu-ji a-neun
noncurante (negligente)	부주의한	bu-ju-ui-han
normale (agg)	평범한	pyeong-beom-han
notevole (agg)	중요한	jung-yo-han
nuovo (agg)	새로운	sae-ro-un
obbligatorio (agg)	의무적인	ui-mu-jeo-gin
opaco (colore)	무광의	mu-gwang-ui
opposto (agg)	반대의	ban-dae-ui
ordinario (comune)	보통의	bo-tong-ui
originale (agg)	독창적인	dok-chang-jeo-gin
ostile (agg)	적대적인	jeok-dae-jeo-gin
passato (agg)	지나간	ji-na-gan
per bambini	어린이의	eo-ri-ni-ui
perfetto (agg)	우수한, 완벽한	u-su-han, wan-byeok-an
pericoloso (agg)	위험한	wi-heom-han
permanente (agg)	영구적인	yeong-gu-jeo-gin
personale (agg)	개인의	gae-in-ui
pesante (agg)	무거운	mu-geo-un
piatto (schermo ~)	평평한	pyeong-pyeong-han
piatto, piano (superficie ~a)	고른	go-reun
piccolo (agg)	작은	ja-geun
pieno (bicchiere, ecc.)	가득 찬	ga-deuk chan
poco chiaro (agg)	불분명한	bul-bun-myeong-han
poco profondo (agg)	얕은	ya-teun
possibile (agg)	가능한	ga-neung-han
posteriore (agg)	뒤의	dwi-ui
povero (agg)	가난한	ga-nan-han
preciso, esatto	정확한	jeong-hwak-an
premuroso (agg)	배려하는	bae-ryeo-ha-neun
presente (agg)	현재의	hyeon-jae-ui
principale (più importante)	주요한	ju-yo-han
principale (primario)	주요한	ju-yo-han
privato (agg)	사적인	sa-jeo-gin
probabile (agg)	개연성 있는	gae-yeon-seong in-neun
prossimo (spazio)	가까운	ga-kka-un
pubblico (agg)	공공의	gong-gong-ui
pulito (agg)	깨끗한	kkae-kkeu-tan

puntuale (una persona ~)	시간을 지키는	si-ga-neul ji-ki-neun
raro (non comune)	드문	deu-mun
rischioso (agg)	위험한	wi-heom-han
salato (cibo)	짠	jjan
scorso (il mese ~)	지난	ji-nan
secco (asciutto)	마른	ma-reun
semplice (agg)	단순한	dan-sun-han
sereno (agg)	구름 없는	gu-reum eom-neun
sicuro (non pericoloso)	안전한	an-jeon-han
simile (agg)	비슷한	bi-seu-tan
sinistro (agg)	왼쪽의	oen-jjo-gui
soddisfatto (agg)	만족한	man-jok-an
solido (parete ~a)	튼튼한	teun-teun-han
spazioso (stanza ~a)	넓은	neol-beun
speciale (agg)	특별한	teuk-byeol-han
spesso (un muro ~)	두툼한	du-tum-han
sporco (agg)	더러운	deo-reo-un
stanco (esausto)	피곤한	pi-gon-han
straniero (studente ~)	외국의	oe-gu-gui
stretto (un vicolo ~)	좁은	jo-beun
stupido (agg)	미련한	mi-ryeon-han
successivo, prossimo	다음의	da-eum-ui
supplementare (agg)	추가의	chu-ga-ui
surgelato (cibo ~)	언	naeng-dong-doen
tiepido (agg)	따뜻한	tta-tteu-tan
tranquillo (agg)	고요한	go-yo-han
trasparente (agg)	투명한	tu-myeong-han
triste (infelice)	슬픈	seul-peun
triste, mesto	슬픈	seul-peun
uguale (identico)	같은	ga-teun
ultimo (agg)	마지막의	ma-ji-ma-gui
umido (agg)	습한	seu-pan
unico (situazione ~a)	독특한	dok-teuk-an
vecchio (una casa ~a)	오래된	o-rae-doen
veloce, rapido	빠른	ppa-reun
vicino, accanto (avv)	인근의	in-geu-nui
vicino, prossimo	이웃의	i-us-ui
vuoto (un bicchiere ~)	빈	bin

I 500 VERBI PRINCIPALI

252. Verbi A-C

abbagliare (vt)	앞이 안 보이게 만들다	a-pi an bo-i-ge man-deul-da
abbassare (vt)	내리다	nae-ri-da
abbracciare (vt)	껴안다	kkyeo-an-da
abitare (vi)	살다	sal-da
accarezzare (vt)	쓰다듬다	sseu-da-deum-da
accendere (~ la tv, ecc.)	켜다	kyeo-da
accendere (con una fiamma)	불을 붙이다	bu-reul bu-chi-da
accompagnare (vt)	동반하다	dong-ban-ha-da
accorgersi (vr)	알아차리다	a-ra-cha-ri-da
accusare (vt)	비난하다	bi-nan-ha-da
aderire a ...	가입하다	ga-i-pa-da
adulare (vt)	아첨하다	a-cheom-ha-da
affermare (vt)	확언하다	hwa-geon-ha-da
afferrare (la palla, ecc.)	잡다	jap-da
affittare (dare in affitto)	임대하다	im-dae-ha-da
aggiungere (vt)	추가하다	chu-ga-ha-da
agire (Come intendi ~?)	행동하다	haeng-dong-ha-da
agitare (scuotere)	흔들다	heun-deul-da
agitare la mano	손을 흔들다	so-neul heun-deul-da
aiutare (vt)	도와주다	do-wa-ju-da
alleggerire (~ la vita)	쉽게 하다	swip-ge ha-da
allenare (vt)	훈련하다	hul-lyeon-ha-da
allenarsi (vr)	훈련하다	hul-lyeon-ha-da
alludere (vi)	암시하다	am-si-ha-da
alzarsi (dal letto)	일어나다	i-reo-na-da
amare (qn)	사랑하다	sa-rang-ha-da
ammaestrare (vt)	가르치다	ga-reu-chi-da
ammirare (vi)	존경하다	jon-gyeong-ha-da
amputare (vt)	절단하다	jeol-dan-ha-da
andare (in macchina)	가다	ga-da
andare a letto	잠자리에 들다	jam-ja-ri-e deul-da
annegare (vi)	익사하다	ik-sa-ha-da
annoiarsi (vr)	심심하다	sim-sim-ha-da
annotare (vt)	적다	jeok-da
annullare (vt)	취소하다	chwi-so-ha-da
apparire (vi)	나타나다	na-ta-na-da
appartenere (vi)	... 에 속하다	... e sok-a-da

appendere (~ le tende)	걸다	geol-da
applaudire (vi, vt)	박수를 치다	bak-su-reul chi-da
aprire (vt)	열다	yeol-da
arrendersi (vr)	굴복하다	gul-bok-a-da
arrivare (di un treno)	도착하다	do-chak-a-da
arrossire (vi)	붉히다	buk-hi-da
asciugare (~ i capelli)	말리다	mal-li-da
ascoltare (vi)	듣다	deut-da
aspettare (vt)	기다리다	gi-da-ri-da
aspettarsi (vr)	예상하다	ye-sang-ha-da
aspirare (vi)	… 를 열망하다	… reul ryeol-mang-ha-da
assistere (vt)	원조하다	won-jo-ha-da
assomigliare a …	닮다	dam-da
assumere (~ personale)	고용하다	go-yong-ha-da
attaccare (vt)	공격하다	gong-gyeo-ka-da
aumentare (vi)	늘다	neul-da
aumentare (vt)	늘리다	neul-li-da
autorizzare (vt)	허락하다	heo-rak-a-da
avanzare (vi)	나아가다	na-a-ga-da
avere (vt)	가지다	ga-ji-da
avere fretta	서두르다	seo-du-reu-da
avere paura	무서워하다	mu-seo-wo-ha-da
avvertire (vt)	경고하다	gyeong-go-ha-da
avviare (un progetto)	착수하다	chak-su-ha-da
avvicinarsi (vr)	가까이 가다	ga-kka-i ga-da
basarsi su …	… 에 근거하다	… e geun-geo-ha-da
bastare (vi)	충분하다	chung-bun-ha-da
battersi (~ contro il nemico)	싸우다	ssa-u-da
bere (vi, vt)	마시다	ma-si-da
bruciare (vt)	태우다	tae-u-da
bussare (alla porta)	두드리다	du-deu-ri-da
cacciare (vt)	사냥하다	sa-nyang-ha-da
cacciare via	몰아내다	mo-ra-nae-da
calmare (vt)	진정시키다	jin-jeong-si-ki-da
cambiare (~ opinione)	바꾸다	ba-kku-da
camminare (vi)	가다	ga-da
cancellare (gomma per ~)	지우다	ji-u-da
canzonare (vt)	조롱하다	jo-rong-ha-da
capeggiare (vt)	이끌다	i-kkeul-da
capire (vt)	이해하다	i-hae-ha-da
capovolgere (~ qc)	뒤집다	dwi-jip-da
caricare (~ un camion)	싣다	sit-da
caricare (~ una pistola)	장탄하다	jang-tan-ha-da
cenare (vi)	저녁을 먹다	jeo-nyeo-geul meok-da
cercare (vt)	… 를 찾다	… reul chat-da
cessare (vt)	그만두다	geu-man-du-da

chiamare (nominare)	부르다	bu-reu-da
chiamare (rivolgersi a)	부르다	bu-reu-da
chiedere (~ aiuto)	부르다, 요청하다	bu-reu-da, yo-cheong-ha-da
chiedere (domandare)	부탁하다	bu-tak-a-da
chiudere (~ la finestra)	닫다	dat-da
citare (vt)	인용하다	i-nyong-ha-da
cogliere (fiori, ecc.)	따다	tta-da
collaborare (vi)	협동하다	hyeop-dong-ha-da
collocare (vt)	배치하다	bae-chi-ha-da
coltivare (vt)	기르다	gi-reu-da
combattere (vi)	전투하다	jeon-tu-ha-da
cominciare (vt)	시작하다	si-jak-a-da
compensare (vt)	보상하다	bo-sang-ha-da
competere (vi)	경쟁하다	gyeong-jaeng-ha-da
compilare (vt)	작성하다	jak-seong-ha-da
complicare (vt)	복잡하게 하다	bok-ja-pa-ge ha-da
comporre (~ un brano musicale)	작곡하다	jak-gok-a-da
comportarsi (vr)	행동하다	haeng-dong-ha-da
comprare (vt)	사다	sa-da
compromettere (vt)	위태롭게 하다	wi-tae-rop-ge ha-da
concentrarsi (vr)	집중하다	jip-jung-ha-da
condannare (vt)	선고하다	seon-go-ha-da
confessarsi (vr)	고백하다	go-baek-a-da
confondere (vt)	혼동하다	hon-dong-ha-da
confrontare (vt)	비교하다	bi-gyo-ha-da
congratularsi (con qn per qc)	축하하다	chuk-a-ha-da
conoscere (qn)	알다	al-da
consigliare (vt)	조언하다	jo-eon-ha-da
consultare (medico, ecc.)	상담하다	sang-dam-ha-da
contagiare (vt)	감염시키다	gam-nyeom-si-ki-da
contagiarsi (vr)	옮다	om-da
contare (calcolare)	세다	se-da
contare su ...	… 에 의지하다	... e ui-ji-ha-da
continuare (vt)	계속하다	gye-sok-a-da
controllare (vt)	제어하다	je-eo-ha-da
convincere (vt)	납득시키다	nap-deuk-si-ki-da
convincersi (vr)	확신하다	hwak-sin-ha-da
coordinare (vt)	조정하다	jo-jeong-ha-da
correggere (vt)	고치다	go-chi-da
correre (vi)	달리다	dal-li-da
costare (vt)	값이 … 이다	gap-si ... i-da
costringere (vt)	강요하다	gang-yo-ha-da
creare (vt)	창조하다	chang-jo-ha-da
credere (vt)	믿다	mit-da
curare (vt)	치료하다	chi-ryo-ha-da

253. Verbi D-G

dare da mangiare	먹이다	meo-gi-da
dare istruzioni	교육하다	gyo-yuk-a-da
decidere (~ di fare qc)	결심하다	gyeol-sim-ha-da
decollare (vi)	이륙하다	i-ryuk-a-da
decorare (adornare)	장식하다	jang-sik-a-da
decorare (qn)	훈장을 주다	hun-jang-eul ju-da
dedicare (~ un libro)	헌정하다	heon-jeong-ha-da
denunciare (vt)	고발하다	go-bal-ha-da
desiderare (vt)	원하다	won-ha-da
difendere (~ un paese)	방어하다	bang-eo-ha-da
difendersi (vr)	자기 보호하다	ja-gi bo-ho-ha-da
dimenticare (vt)	잊다	it-da
dipendere da ...	… 을 신뢰하다	... seul sil-loe-ha-da
dire (~ la verità)	말하다	mal-ha-da
dirigere (~ un'azienda)	운영하다	u-nyeong-ha-da
discutere (vt)	의논하다	ui-non-ha-da
disprezzare (vt)	경멸하다	gyeong-myeol-ha-da
distribuire (~ volantini, ecc.)	배포하다	bae-po-ha-da
distribuire (vt)	나누어 주다	na-nu-eo ju-da
distruggere (~ documenti)	파괴하다	pa-goe-ha-da
disturbare (vt)	방해하다	bang-hae-ha-da
diventare pensieroso	생각에 잠기다	saeng-ga-ge jam-gi-da
diventare, divenire	되다	doe-da
divertire (vt)	즐겁게 하다	jeul-geop-ge ha-da
divertirsi (vr)	즐기다	jeul-gi-da
dividere (vt)	나누다	na-nu-da
dovere (v aus)	… 해야 하다	... hae-ya ha-da
dubitare (vi)	의심하다	ui-sim-ha-da
eliminare (un ostacolo)	제거하다	je-geo-ha-da
emanare (~ odori)	발산하다	bal-san-ha-da
emanare odore	냄새가 나다	naem-sae-ga na-da
emergere (sommergibile)	떠오르다	tteo-o-reu-da
entrare (vi)	들어가다	deu-reo-ga-da
equipaggiare (vt)	설비하다	seol-bi-ha-da
ereditare (vt)	상속하다	sang-sok-a-da
esaminare (~ una proposta)	조사하다	jo-sa-ha-da
escludere (vt)	제명하다	je-myeong-ha-da
esigere (vt)	요구하다	yo-gu-ha-da
esistere (vi)	존재하다	jon-jae-ha-da
esprimere (vt)	표현하다	pyo-hyeon-ha-da
essere (vi)	있다	it-da
essere arrabbiato con ...	… 에게 화내다	... e-ge hwa-nae-da
essere causa di ...	… 의 이유가 되다	... ui i-yu-ga doe-da
essere conservato	보존되다	bo-jon-doe-da

essere d'accordo	동의하다	dong-ui-ha-da
essere diverso da ...	다르다	da-reu-da
essere in guerra	참전하다	cham-jeon-ha-da
essere necessario	필요하다	pi-ryo-ha-da
essere perplesso	뻥뻥하다	ppeong-ppeong-ha-da
essere preoccupato	걱정하다	geok-jeong-ha-da
essere sdraiato	눕다	nup-da
estinguere (~ un incendio)	끄다	kkeu-da
evitare (vt)	피하다	pi-ha-da
far arrabbiare	화나게 하다	hwa-na-ge ha-da
far conoscere	소개하다	so-gae-ha-da
far fare il bagno	목욕시키다	mo-gyok-si-ki-da
fare (vt)	하다	ha-da
fare colazione	아침을 먹다	a-chi-meul meok-da
fare copie	복사하다	bok-sa-ha-da
fare foto	사진을 찍다	sa-ji-neul jjik-da
fare il bagno	수영하다	su-yeong-ha-da
fare il bucato	빨래하다	ppal-lae-ha-da
fare la conoscenza di ...	... 와 아는 사이가 되다	... wa a-neun sa-i-ga doe-da
fare le pulizie	청소하다	cheong-so-ha-da
fare un bagno	목욕하다	mo-gyok-a-da
fare un rapporto	보고하다	bo-go-ha-da
fare un tentativo	시도하다	si-do-ha-da
fare, preparare	요리하다	yo-ri-ha-da
fermarsi (vr)	정지하다	jeong-ji-ha-da
fidarsi (vt)	신뢰하다	sil-loe-ha-da
finire, terminare (vt)	끝내다	kkeun-nae-da
firmare (~ un documento)	서명하다	seo-myeong-ha-da
formare (vt)	이루다	i-ru-da
garantire (vt)	보증하다	bo-jeung-ha-da
gettare (~ il sasso, ecc.)	던지다	deon-ji-da
giocare (vi)	놀다	nol-da
girare (~ a destra)	돌다	dol-da
girare lo sguardo	돌아서다	do-ra-seo-da
gradire (vt)	좋아하다	jo-a-ha-da
graffiare (vt)	할퀴다	hal-kwi-da
gridare (vi)	소리치다	so-ri-chi-da
guardare (~ fisso, ecc.)	보다	bo-da
guarire (vi)	회복하다	hoe-bok-a-da
guidare (~ un veicolo)	자동차를 운전하다	ja-dong-cha-reul run-jeon-ha-da

254. Verbi I-O

illuminare (vt)	비추다	bi-chu-da
imballare (vt)	포장하다	po-jang-ha-da
imitare (vt)	모방하다	mo-bang-ha-da

immaginare (vt)	상상하다	sang-sang-ha-da
importare (vt)	수입하다	su-i-pa-da
incantare (vt)	매료하다	mae-ryo-ha-da
indicare (~ la strada)	가리키다	ga-ri-ki-da
indignarsi (vr)	분개하다	bun-gae-ha-da
indirizzare (vt)	안내하다	an-nae-ha-da
indovinare (vt)	추측하다	chu-cheuk-a-da
influire (vt)	영향을 미치다	yeong-hyang-eul mi-chi-da
informare (vt)	알리다	al-li-da
informare di …	알리다	al-li-da
ingannare (vt)	속이다	so-gi-da
innaffiare (vt)	물을 주다	mu-reul ju-da
innamorarsi di …	… 와 사랑에 빠지다	… wa sa-rang-e ppa-ji-da
insegnare (qn)	가르치다	ga-reu-chi-da
inserire (vt)	넣다	neo-ta
insistere (vi)	주장하다	ju-jang-ha-da
insultare (vt)	모욕하다	mo-yok-a-da
interessare (vt)	관심을 끌다	gwan-si-meul kkeul-da
interessarsi di …	… 에 관심을 가지다	… e gwan-si-meul ga-ji-da
intervenire (vi)	간섭하다	gan-seo-pa-da
intraprendere (vt)	착수하다	chak-su-ha-da
intravedere (vt)	잠깐 보다	jam-kkan bo-da
inventare (vt)	발명하다	bal-myeong-ha-da
inviare (~ una lettera)	보내다	bo-nae-da
invidiare (vt)	부러워하다	bu-reo-wo-ha-da
invitare (vt)	초대하다	cho-dae-ha-da
irritare (vt)	짜증나게 하다	jja-jeung-na-ge ha-da
irritarsi (vr)	짜증을 부리다	jja-jeung-eul bu-ri-da
iscrivere (su una lista)	적어 넣다	jeo-geo neo-ta
isolare (vt)	고립시키다	go-rip-si-ki-da
ispirare (vt)	영감을 주다	yeong-ga-meul ju-da
lamentarsi (vr)	불평하다	bul-pyeong-ha-da
lasciar cadere	떨어뜨리다	tteo-reo-tteu-ri-da
lasciare (abbandonare)	떠나다	tteo-na-da
lasciare (ombrello, ecc.)	두고 오다	du-go o-da
lavare (vt)	씻다	ssit-da
lavorare (vi)	일하다	il-ha-da
legare (~ qn a un albero)	… 에 묶다	… e muk-da
legare (~ un prigioniero)	묶다	muk-da
leggere (vi, vt)	읽다	ik-da
liberare (vt)	해방하다	hae-bang-ha-da
liberarsi (~ di qn, qc)	… 를 제거하다	… reul je-geo-ha-da
limitare (vt)	제한하다	je-han-ha-da
lottare (sport)	레슬링하다	re-seul-ling-ha-da
mancare le lezioni	결석하다	gyeol-seok-a-da
mangiare (vi, vt)	먹다	meok-da

memorizzare (vt)	외우다	oe-u-da
mentire (vi)	거짓말하다	geo-jin-mal-ha-da
menzionare (vt)	언급하다	eon-geu-pa-da
meritare (vt)	받을 만하다	ba-deul man-ha-da
mescolare (vt)	섞다	seok-da
mettere fretta a ...	재촉하다	jae-chok-a-da
mettere in ordine	정리하다	jeong-ni-ha-da
mettere via	치우다	chi-u-da
mettere, collocare	놓다	no-ta
minacciare (vt)	협박하다	hyeop-bak-a-da
mirare, puntare su ...	겨냥대다	gyeo-nyang-dae-da
moltiplicare (vt)	곱하다	go-pa-da
mostrare (vt)	보여주다	bo-yeo-ju-da
nascondere (vt)	숨기다	sum-gi-da
negare (vt)	거부하다	geo-bu-ha-da
negoziare (vi)	협상하다	hyeop-sang-ha-da
noleggiare (~ una barca)	임대하다	im-dae-ha-da
nominare (incaricare)	지명하다	ji-myeong-ha-da
nuotare (vi)	수영하다	su-yeong-ha-da
obbedire (vi)	복종하다	bok-jong-ha-da
obiettare (vt)	반대하다	ban-dae-ha-da
occorrere (vi)	필요하다	pi-ryo-ha-da
odorare (sentire odore)	냄새를 맡다	naem-sae-reul mat-da
offendere (qn)	모욕하다	mo-yok-a-da
omettere (vt)	생략하다	saeng-nyak-a-da
ordinare (~ il pranzo)	주문하다	ju-mun-ha-da
ordinare (mil.)	명령하다	myeong-nyeong-ha-da
organizzare (vt)	조직하다	jo-jik-a-da
origliare (vi)	엿듣다	yeot-deut-da
ormeggiarsi (vr)	정박시키다	jeong-bak-si-ki-da
osare (vt)	감히 … 하다	gam-hi ... ha-da
osservare (vt)	지켜보다	ji-kyeo-bo-da

255. Verbi P-R

pagare (vi, vt)	지불하다	ji-bul-ha-da
parlare con ...	… 와 말하다	... wa mal-ha-da
partecipare (vi)	참가하다	cham-ga-ha-da
partire (vi)	떠나다	tteo-na-da
peccare (vi)	죄를 범하다	joe-reul beom-ha-da
penetrare (vi)	꿰뚫다	kkwe-ttul-ta
pensare (credere)	믿다	mit-da
pensare (vi, vt)	생각하다	saeng-gak-a-da
perdere (ombrello, ecc.)	잃어버리다	i-reo-beo-ri-da
perdonare (vt)	용서하다	yong-seo-ha-da

permettere (vt)	허락하다	heo-rak-a-da
pesare (~ molto)	무게를 달다	mu-ge-reul dal-da
pescare (vi)	낚시질하다	nak-si-jil-ha-da
pettinarsi (vr)	빗질하다	bit-jil-ha-da
piacere (vi)	좋아하다	jo-a-ha-da
piangere (vi)	울다	ul-da
pianificare (~ di fare qc)	계획하다	gye-hoek-a-da
picchiare (vt)	때리다	ttae-ri-da
picchiarsi (vr)	싸우다	ssa-u-da
portare (qc a qn)	가져오다	ga-jyeo-o-da
portare via	가져가다	ga-jyeo-ga-da
possedere (vt)	소유하다	so-yu-ha-da
potere (vi)	할 수 있다	hal su it-da
pranzare (vi)	점심을 먹다	jeom-si-meul meok-da
preferire (vt)	선호하다	seon-ho-ha-da
pregare (vi, vt)	기도하다	gi-do-ha-da
prendere (vt)	잡다	jap-da
prendere in prestito	빌리다	bil-li-da
prendere nota	적다	jeok-da
prenotare (~ un tavolo)	예약하다	ye-yak-a-da
preoccupare (vt)	걱정하게 만들다	geok-jeong-ha-ge man-deul-da
preoccuparsi (vr)	걱정하다	geok-jeong-ha-da
preparare (~ un piano)	준비하다	jun-bi-ha-da
presentare (~ qn)	소개하다	so-gae-ha-da
preservare (~ la pace)	보호하다	bo-ho-ha-da
prevalere (vi)	발호하다	bal-ho-ha-da
prevedere (vt)	예상하다	ye-sang-ha-da
privare (vt)	박탈하다	bak-tal-ha-da
progettare (edificio, ecc.)	설계하다	seol-gye-ha-da
promettere (vt)	약속하다	yak-sok-a-da
pronunciare (vt)	발음하다	ba-reum-ha-da
proporre (vt)	제안하다	je-an-ha-da
proteggere (vt)	보호하다	bo-ho-ha-da
protestare (vi)	항의하다	hang-ui-ha-da
provare (vt)	증명하다	jeung-myeong-ha-da
provocare (vt)	도발하다	do-bal-ha-da
pubblicizzare (vt)	광고하다	gwang-go-ha-da
pulire (vt)	닦다	dak-da
pulirsi (vr)	닦다	dak-da
punire (vt)	벌주다, 처벌하다	beol-ju-da, cheo-beol-ha-da
raccomandare (vt)	추천하다	chu-cheon-ha-da
raccontare (~ una storia)	이야기하다	i-ya-gi-ha-da
raddoppiare (vt)	두 배로 하다	du bae-ro ha-da
rafforzare (vt)	강화하다	gang-hwa-ha-da
raggiungere (arrivare a)	이르다	i-reu-da

raggiungere (obiettivo)	달성하다	dal-seong-ha-da
rammaricarsi (vr)	후회하다	hu-hoe-ha-da
rasarsi (vr)	깎다	kkak-da
realizzare (vt)	현실로 만들다	hyeon-sil-lo man-deul-da
recitare (~ un ruolo)	연기하다	yeon-gi-ha-da
regolare (~ un conflitto)	해결하다	hae-gyeol-ha-da
respirare (vi)	호흡하다	ho-heu-pa-da
riconoscere (~ qn)	알아보다	a-ra-bo-da
ricordare (a qn di fare qc)	… 을 생각나게 하다	… eul saeng-gang-na-ge ha-da
ricordare (vt)	기억하다	gi-eok-a-da
ricordarsi di (~ qn)	기억하다	gi-eok-a-da
ridere (vi)	웃다	ut-da
ridurre (vt)	줄이다	ju-ri-da
riempire (vt)	채우다	chae-u-da
rifare (vt)	다시 하다	da-si ha-da
rifiutare (vt)	거부하다	geo-bu-ha-da
rimandare (vt)	돌려보내다	dol-lyeo-bo-nae-da
rimproverare (vt)	책망하다	chaeng-mang-ha-da
rimuovere (~ una macchia)	없애다	eop-sae-da
ringraziare (vt)	감사하다	gam-sa-ha-da
riparare (vt)	보수하다	bo-su-ha-da
ripetere (ridire)	반복하다	ban-bok-a-da
riposarsi (vr)	쉬다	swi-da
risalire a (data, periodo)	… 부터 시작되다	… bu-teo si-jak-doe-da
rischiare (vi, vt)	위험을 무릅쓰다	wi-heo-meul mu-reup-sseu-da
risolvere (~ un problema)	해결하다	hae-gyeol-ha-da
rispondere (vi, vt)	대답하다	dae-da-pa-da
ritornare (vi)	되돌아가다	doe-do-ra-ga-da
rivolgersi a …	말을 걸다	ma-reul geol-da
rompere (~ un oggetto)	깨뜨리다	kkae-tteu-ri-da
rovesciare (~ il vino, ecc.)	엎지르다	eop-ji-reu-da
rubare (~ qc)	훔치다	hum-chi-da

256. Verbi S-V

salpare (vi)	출항하다	chul-hang-ha-da
salutare (vt)	인사하다	in-sa-ha-da
salvare (~ la vita a qn)	구조하다	gu-jo-ha-da
sapere (qc)	알다	al-da
sbagliare (vi)	실수하다	sil-su-ha-da
scaldare (vt)	데우다	de-u-da
scambiare (vt)	교환하다	gyo-hwan-ha-da
scambiarsi (vr)	교환하다	gyo-hwan-ha-da
scavare (~ un tunnel)	파다	pa-da

scegliere (vt)	선택하다	seon-taek-a-da
scendere (~ per le scale)	내려오다	nae-ryeo-o-da
scherzare (vi)	농담하다	nong-dam-ha-da
schiacciare (~ un insetto)	눌러서 뭉개다	nul-leo-seo mung-gae-da
scoppiare (vi)	부러뜨리다	bu-reo-tteu-ri-da
scoprire (vt)	… 에 관하여 묻다	… e gwan-ha-yeo mut-da
scoprire (vt)	발견하다	bal-gyeon-ha-da
screpolarsi (vr)	갈라지다	gal-la-ji-da
scrivere (vi, vt)	쓰다	sseu-da
scusare (vt)	용서하다	yong-seo-ha-da
scusarsi (vr)	사과하다	sa-gwa-ha-da
sedere (vi)	앉다	an-da
sedersi (vr)	앉다	an-da
segnare (~ con una croce)	표시하다	pyo-si-ha-da
seguire (vt)	… 를 따라가다	… reul tta-ra-ga-da
selezionare (vt)	고르다	go-reu-da
seminare (vt)	뿌리다	ppu-ri-da
semplificare (vt)	단순화하다	dan-sun-hwa-ha-da
sentire (percepire)	감지하다	gam-ji-ha-da
servire (~ al tavolo)	서빙을 하다	seo-bing-eul ha-da
sgridare (vt)	꾸짖다	kku-jit-da
significare (vt)	의미하다	ui-mi-ha-da
slegare (vt)	풀다	pul-da
smettere di parlare	말하기를 멈추다	mal-ha-gi-reul meom-chu-da
soddisfare (vt)	만족시키다	man-jok-si-ki-da
soffiare (vento, ecc.)	불다	bul-da
soffrire (provare dolore)	고통을 겪다	go-tong-eul gyeok-da
sognare (fantasticare)	꿈꾸다	kkum-kku-da
sognare (fare sogni)	꿈을 꾸다	kku-meul kku-da
sopportare (~ il freddo)	참다	cham-da
sopravvalutare (vt)	과대평가하다	gwa-dae-pyeong-ga-ha-da
sorpassare (vt)	지나다	ji-na-da
sorprendere (stupire)	놀라게 하다	nol-la-ge ha-da
sorridere (vi)	미소를 짓다	mi-so-reul jit-da
sospettare (vt)	수상히 여기다	su-sang-hi yeo-gi-da
sospirare (vi)	한숨을 쉬다	han-su-meul swi-da
sostenere (~ una causa)	지지하다	ji-ji-ha-da
sottolineare (vt)	밑줄을 긋다	mit-ju-reul geut-da
sottovalutare (vt)	과소평가하다	gwa-so-pyeong-ga-ha-da
sovrastare (vi)	우뚝 솟다	u-ttuk sot-da
sparare (vi)	쏘다	sso-da
sparire (vi)	사라지다	sa-ra-ji-da
spegnere (~ la luce)	끄다	kkeu-da
sperare (vi, vt)	희망하다	hui-mang-ha-da
spiare (vt)	엿보다	yeot-bo-da
spiegare (vt)	설명하다	seol-myeong-ha-da

spingere (~ la porta)	밀다	mil-da
splendere (vi)	빛나다	bin-na-da
sporcarsi (vr)	더러워지다	deo-reo-wo-ji-da
sposarsi (vr)	결혼하다	gyeol-hon-ha-da
spostare (~ i mobili)	옮기다	om-gi-da
sputare (vi)	뱉다	baet-da
staccare (vt)	잘라내다	jal-la-nae-da
stancare (vt)	피곤하게 하다	pi-gon-ha-ge ha-da
stancarsi (vr)	피곤하다	pi-gon-ha-da
stare (sul tavolo)	놓여 있다	no-yeo it-da
stare bene (vestito)	어울리다	eo-ul-li-da
stirare (con ferro da stiro)	다림질하다	da-rim-jil-ha-da
strappare (vt)	찢다	jjit-da
studiare (vt)	공부하다	gong-bu-ha-da
stupirsi (vr)	놀라다	nol-la-da
supplicare (vt)	애걸하다	ae-geol-ha-da
supporre (vt)	추측하다	chu-cheuk-a-da
sussultare (vi)	몸을 떨다	mo-meul tteol-da
svegliare (vt)	깨우다	kkae-u-da
tacere (vi)	침묵을 지키다	chim-mu-geul ji-ki-da
tagliare (vt)	자르다	ja-reu-da
tenere (conservare)	보관하다	bo-gwan-ha-da
tentare (vt)	해보다	hae-bo-da
tirare (~ la corda)	잡아당기다	ja-ba-dang-gi-da
toccare (~ il braccio)	만지다	man-ji-da
togliere (rimuovere)	떼다	tte-da
tradurre (vt)	번역하다	beo-nyeok-a-da
trarre una conclusione	결론을 내다	gyeol-lo-neul lae-da
trasformare (vt)	변형시키다	byeon-hyeong-si-ki-da
trattenere (vt)	억누르다	eong-nu-reu-da
tremare (~ dal freddo)	추워서 떨다	chu-wo-seo tteol-da
trovare (vt)	찾다	chat-da
tuffarsi (vr)	뛰어들다	ttwi-eo-deul-da
uccidere (vt)	죽이다	ju-gi-da
udire (percepire suoni)	듣다	deut-da
unire (vt)	연합하다	yeon-ha-pa-da
usare (vt)	… 를 사용하다	… reul sa-yong-ha-da
uscire (andare fuori)	나가다	na-ga-da
uscire (libro)	출간되다	chul-gan-doe-da
utilizzare (vt)	사용하다	sa-yong-ha-da
vaccinare (vt)	접종하다	jeop-jong-ha-da
vantarsi (vr)	자랑하다	ja-rang-ha-da
vendere (vt)	팔다	pal-da
vendicare (vt)	복수하다	bok-su-ha-da
versare (~ l'acqua, ecc.)	따르다	tta-reu-da

vietare (vt)	금지하다	geum-ji-ha-da
vivere (vi)	살다	sal-da
volare (vi)	날다	nal-da
voler dire (significare)	의미하다	ui-mi-ha-da
volere (desiderare)	원하다	won-ha-da
votare (vi)	투표하다	tu-pyo-ha-da

www.ingramcontent.com/pod-product-compliance
Lightning Source LLC
Chambersburg PA
CBHW071326090426
42738CB00012B/2802
* 9 7 8 1 7 8 6 1 6 5 6 3 3 *